대한천리교사(大韓天理教史)

위기의 자주교단을 사수하지만

대한천리교사(大韓天理教史)-제5권

초판 인쇄 · 2005년 8월 10일
초판 발행 · 2005년 8월 16일

지은 이 · 정명수
펴낸 이 · 임종대
펴낸 곳 · 미래문화사

등록 번호 · 제3-44호
등록 일자 · 1976년 10월 19일

주소 · 서울시 용산구 효창동 5-421
전화 · 715-4507 / 713-6647
팩시밀리 · 713-4805

정가 12,000원

ISBN 89-7299-264-X 03260
E · mail : mirae715@hanmail.net
miraebooks@korea.com

대한천리교사(大韓天理敎史)

위기의 자주교단을 사수하지만

정명수 지음

미래문화사

책 머리에

대한천리교사 제5권을 내면서

천리교가 일본으로부터 이 나라에 전파된 해가 1893년이었으니 1세기가 훨씬 넘는다. 그러나 종교로서 활동했던 당시의 흔적은 거의 찾아볼 수가 없다. 왜 그렇게 되었을까?

그간 천리교가 걸어온 발자취를 보면, 초창기 일본 제국의 종교정책에 따라 이 길의 본래 가르침과는 달리 국가신도라는 범주에 예속되어 응법(應法)의 길을 걸어왔다. 이것이 일본 제국의 패망과 함께 지금까지 신격화되어 있던 일본천황이 인간선언을 하면서 국가신도는 해산되고 교파신도의 하나였던 천리교, 엄격히 말해 신도천리교도 함께 사라져졌다. 더불어 이 나라에 존재했던 많은 천리교 교회와 관련된 문화·사회복지시설이 파괴되거나 폐쇄되었다. 그리고 적산이라 하여 재산이 모두 몰수되면서 이 나라에서는 천리교의 흔적마저 없어져 버렸던 것이다. 전쟁으로 나라가 패망하더라도 종교와 그 시설은 결코 없어지지 않는 것인데 당시의 천리교는 철저히 사라졌던 것이다.

그 후, 정부가 수립되던 1948년, 뜻있는 천리교인들이 모여 올바른 교조님의 가르침을 다시 펴서 이 나라와 이 민족을 구제해보자고 은밀히 모임을 갖었다. 그리고 1951년, 대한천리교라는 이름으로 독립교단 결성을 시도하였다. 이어서 범세계적 종교를 지향하면서 처음으로 대한천리교 본원이라는 독립교단을 창설하였다. 이를 기반으로 오직 교조님의 올바른 가르침인 양기세계 구현을 위해 먼저 천리교의 토착화운동을 전개하기 시작했다.

그러나 이 길의 선각자들이 바라던 이상적 교단은 결코 쉽게 이루어지지 않았다. 아직도 신도천리교시대에 입신한 일부 교역자들이 지난 날의 향수(鄕愁)에 젖어 있었고, 또 무지한 교역자의 사대주의사상과 노예근성이 남아 있어 타의든 자의든 일본 천리교회본부의 예속시책에 말려들어 갈라지기 시작했다. 거기에 각 계열 교회의 이해득실과 사욕으로 인하여 더욱 혼돈에 빠지면서 끝없이 이합집산(離合集散)을 거듭해 왔다.

이제 본 천리교단이 토착화 하고, 창립이념을 확고히 정립할 때가 되었다.

그러기 위해서는 앞으로 이 길의 지도자는 사욕이 없는 용재로서, 교조정신이 투철하고, 신심이 돈독해야 하며, 내일을 바라볼 줄 아는 혜안을 가진 사람이 되어야 한다. 나만을 위하고, 나의 교회만을 생각하는 편협한 사고방식의 소유자는 안 된다. 나를 희생할 줄 알고, 신도들의 모범이 되어야 한다.

나아가 내일의 천리교, 내일의 교단, 내일의 교회와 신자들을 생각하면서 어떻게 인류를 구제할 것인지 연구하고 고뇌하는 큰 인물이어야 한다. 또, 교조님이 바라시는 이상의 세계로 나아가고 있는지, 교조님의 가르침을 올바르게 행하고 있는지, 끊임없이 성찰하는 사람이어야 한다.

오늘 날, 급변하는 세계화 속에서 지난 날의 잘못된 조직과 제도를 개선하지 않고 답습하면 개인과 단체, 그 무엇이든 도태된다. 따라서 우리 교단도 잘못된 점을 고치고 개선하지 않으면 이 길의 가르침, 인류 최후의 복음을 전하지 못하고 영영 빛을 잃을 것이다.

필자는 우리 교단의 과거사를 쓰면서 나 스스로 누워서 침을 뱉는 듯한 아프고 부끄러운 마음이었지만 이제 두 번 다시 이 길의 교역자는 이런 우를 범하지 말기를 바라는 마음에서 있었던 사실을 적나라하게 기록했다. 부디 과감한 개선을 촉구한다.

끝으로 본 대한천리교사를 발간하는데 힘이 되어준 교무원 전산실에 있던 여러 직원과 특히 교정을 도와준 이형재 교무과장의 노고에 고맙게 여기며, 그리고 졸저拙著를 1권부터 5권까지, 출판에 응해주신 미래문화사 임종대 사장님께 다시 한번 감사를 드린다.

2004년 9월

青坡遇居에서 松材 정 명 수

*본 저서는 저자의 생전, 본 출판사와의 계약에 따라 출판했습니다.

차례

제3장 새 체제 정비와 그 후유증들

제1장 김기수 교통의 노환으로 교정은 파국되고 불명예 퇴임

1. 제7대 교통에 김기수 씨 연임되었지만

제6대 교통 김기수 씨는 90세를 넘은 노인으로, 이미 치매현상을 뚜렷이 나타내고 있었다. 워낙 입이 무겁고 행동이 신중하신 분이라 쉽게 눈에 띄지 않았을 뿐, 가까이에서 그를 보좌하는 자는 오래전부터 그 분의 병세를 눈치 채고 있었다. 그러나 이 길의 원로로서 공헌한 바가 크며, 평소 신심이 두터운 분이라 교단 내에서 모두가 그 분을 존경하고 있었기에 내색을 하지 않고 있었을 뿐이었다. 그래서 그가 사물을 올바르게 보고 판단하는데 간혹 결함이 있어도 그 분의 뜻에 맞도록 미루어 수정해 나갔다.

주위에서 보좌하는 사람이 사심 없이 그를 위해, 그 분의 평소의 뜻을 받들어 준다면 얼마 남지 않는 생애를 현직 교통으로서 영광스럽게 마칠 수 있다고 생각했다.

그러나 그 분의 심한 치매와 노쇠로 인하여 교정에 어떤 지장을 주지 않을까 우려하는 사람들도 있었다. 특히, 김현술 교정위원은 그 분의 노쇠에 대하여 교정위원회에서 지적한 바 있었다. 그러나 모두들 그 분이 존경과 함께 명예롭게 생을 마쳐 이 나라 용재들의 귀감이 되어 줄 것을 바라면서 교통 연임을 바라고 있었다.

또 이 나라 최초로 거교적인 교단장(教團葬)이라는 영광스런 장례행사를 거행하여 많은 교신도들의 축복 속에서 출직하도록 하고 싶어 했다. 그런 뜻에서 비록 노쇠하였지만 다시 제7대 교통으로 재추대하여 연임토록 했던 것이다. 그러나 그 분의 가장 가까운 혈손(血孫)이 신도들의 뜻과 그 분을 기만하고, 그 분을 허수아비로 만들고 욕되게 하였으니, 천추(千秋)의 한을 남기고 말았다.

가. 제7대 교통에 김기수 씨 재추대(연임)

6대 교통 김기수 씨를 제7대 교통으로 재추대하여 교의회에서 선출한다. 그리하여 연임된다.

1) 교정위원회에서 재추천

1991년 5월 13일 오후 3시, 교정위원회 91년도 제1차 회의가 본부(청파동) 교통실에서 개최되었다. 이날 교정위원 어우봉, 최옥순, 민임희, 이상만, 최기대, 남무현, 김현술, 배을란, 이의호, 양정남, 전용성 등, 11명의 위원이 참석하였다. 여기에서 6대 교통의 임기가 만료되어 새로이 제7대 교통을 추천하기 위하여 모였던 것이고, 참석한 교정위원들은 후임 교통 후보를 추천하기 위하여 진지하게 논의를 하였다.

교헌 제13조의 규정을 보면 교정위원회에서 교통 후보 2명을 추천케 되어 있다.

이날 회의 진행을 맡은 총무부장의 의안 설명이 시작되었다.

"의장이신 교통님께서 참석은 하셨습니다만 몸이 불편하시므로 지시에 의거, 오늘의 회의를 제가 진행하겠습니다. 먼저 제기된 의안을 설명하겠습니다. 신임 교정위원 위촉시 소개드린 바와 같이 교정위원은 12명으로서, 오늘 반상열 교정위원이 불참하셨는데 그 사유는 노모님이 출직하시고 오늘이 그 삼우제(三虞祭) 날이라 부득이 참석치 못한다는 연락이 왔습니다." -이하 생략-

이어서 의장이 성회(成會) 되었음을 선언하고 진행자(총무부장)에게 의안 설명을 지시, 총무부장의 의안 설명이 있었다.

"여러 교정위원님께서는 새로이 배포한 교헌 및 규정 중, 교헌 제3장을 펼쳐보시기 바랍니다. 제3장 12조에 보면 〈교통의 임기는 4년으로 한다.〉로 되어 있는데, 6대 교통님을 선출한 날은 1987년 7월 29일입니다. 이 날로 계산하면 금년 7월 말까지 후임 교통을 선출해야 합니다. 그리고 제13조를 보면 〈교통은 교정위원회에서 추천한 후보자 2명 중 교의회에서 선출하되 재적 구성원 3분의 2 이상의 의결에 의한다.〉라고 되어 있습니다. 그런데 제6대 교통 선출시 연임으로 1명만 추천하여 선출한 관례가 있었음을 양지하시기 바랍니다." -이하 생략-

이어서 의장(교통)은,

"사회자가 교헌상의 교통 선출에 대한 주요 내용을 설명하였으니, 교통 선출에 대한 의견이 있으시면 말하시오."

하고 약간 더듬거리듯 말을 하자, 김현술(대원교회장) 교정위원이 발언을 요청했다. 이에 의장이 이를 받아들였다.

“교통 추천에 대하여 말씀을 드립니다. 여러 위원께서도 아시다시피 교단 사정상 현 교통님보다 더 적격자는 안 계실 것이라는 것에 공감하실 것입니다. 그러나 김기수 교통님께서는 워낙 연로하시어 교정집행을 하시기가 매우 어려우실 것이라는 것도 여러 위원께서는 아실 것입니다. 그래서 교통님께서 큰 생각으로 양보하시어 후배에게 길을 열어 주셨으면 합니다.”

이에 대하여 남무현(대구교회 초대회장 부인) 교정위원이 발언을 했다.

“지금 교통이신 김기수 선생님은 이 길의 대선배로서, 또 교단 발전을 위하여 많은 재산을 헌금하시어 명실상부한 교단본부 건물을 지은 공로로 보아서도 마땅히 다시 모시는 것이 올바른 처사라고 봅니다. 이제 연로하시어 기력도 약하시겠지만, 사시면 얼마나 더 사시겠습니까. 살아 계시는 동안이나마 편하게 해드리는 것이 옳다고 봅니다. 다만 김기수 교통께서 이 교단을 만드신 선배 선생들의 유지인 자주교단 토착화를 할 수 있도록 옆에서 옳게 보좌를 할 수 있는 자, 교단을 위해서 사심 없이 일할 수 있는 현명한 자를 곁에 두고 일할 수만 있다면 되는 것입니다. 그래서 김기수 선생님을 다시 교통으로 재추천할 것을 제안합니다.”

이때 이의호(속선 초대회장) 교정위원이 동감이라고 하면서 남무현 위원의 제안에 찬성하였다. 김현술 의원이 다시 발언을 요청하였다.

“이의(異議)가 아니고 이에 대하여 몇가지 제안을 제기하고자 합니다. 현 교통님을 재추천하는데 대하여 부언하고 싶습니다. 여러

위원께서도 아시다시피 현재 교통님은 너무 연로하시니 비록 선출되시더라도 교정을 집행하기에는 곤란하실 것입니다. 그러니 연로하신 분이 과오 없이 업무를 수행할 수 있도록 하려면, 보좌할 수 있는 제도적 장치가 있어야 할 것입니다. 본인이 얼마 전까지도 교의회 의장직으로 있으면서 그 분에 대하여 느낀 바가 큽니다. 일일이 말씀드리기에는 시간이 없습니다. 다만 교헌상 미비점에 대한 보강과 일부 불합리한 점에 대해서는 개선해야 할 것입니다. 이에 대한 제도가 강구만 된다면 본인도 재추천에 동의합니다."

(이때 의장은 잠시 자리를 뜨고 없었다.)

진행자(총무부장)가 물었다.

"방금 김현술 위원께서 제도적 보강만 할 수 있다면 본인도 재추천을 동의한다고 했습니다. 그럼 반대하는 위원은 없습니까?"

이의호 위원이 일어나 주위를 둘러보면서 말했다.

"없는 것 같습니다. 교통후보 추천에 대한 결의를 합시다."

이에 대하여 김현술 위원이 일어나 다시 말했다.

"반드시 본인의 발언을 기록에 남기시기를 바랍니다."

진행자(총무부장)가

"그럼 거수로써 가부를 묻겠습니다."

하고 거수로 가부를 묻자 이날 참석한 11명 모두가 찬성을 하였다. 이러한 결과 후, 의장(교통) 김기수 씨를 다시 회의장으로 모시고 왔다. 의장(교통)은 간단하게 '감사합니다.'라고 말하면서 의사봉을 3회 두드렸다.

양정남 교정위원의 발언.

"지난 6대 교통 추천할 때도 연임이기에 1명만 추천한 관례가 있었으니, 이번에도 1명만 추천했으면 합니다."

이에 일동이 찬동하면서 모두 박수로 응답하였다. 그리하여 1명만 추천하기로 결정하였다.

이 날 여러 교정위원들의 발언이 있었는데 그 중에 남무현 교정위원이 축하 발언을 하였다.

"우리 모두는 자주 모여서 교정에 적극 참여하고 또 협력토록 합시다. 일본에 맹종하고 있는 한국천리교 측이 일본에 가면 대우 받고, 우리 교단인 대한천리교단 소속 사람이 가면 박대함은 부당한 처사입니다. 이런 것을 봐서도 우리는 선배 선생들이 이룩한 이 교단 창립 정신을 확고히 해서 교통님이 직접 리를 내릴 수 있도록 발전시켜야 할 것입니다."

발언이 끝나자 모두 찬성이요 하면서 박수가 터져 나왔다. 그는 계속해서

"그러자면 교통님이 확고한 신념을 갖고, 보다 꿋꿋해야 하며 교단 발전을 위해서 일본에 굽히지 않아야 할 것 입니다. 지난날을 상기해 볼 때 오늘의 일본 본부의 처사는 부당합니다. 우리 모두 교단을 위해 다 같이 노력합시다."

라고 말하자. 다시 박수로 모두가 찬동을 했다. 이렇게 이 날의 교정위원회는 끝났다.

2) 교의회에서 재선출

1991년 6월 27일 오후 2시. 3층 본부 회의실에서 91년도 제5차 교의회를 개최하여 제7대 교통을 선출했다.

참석자는 의장 김영제, 부의장 김영창, 김종권, 그리고 의원 조수현, 김동욱, 이정규, 이용관, 안광용, 김성순, 최두선, 최재곤, 임용석, 김진성, 김정강, 정성인, 이영곤, 이순훈 이상 17명이 참석하였다.

이 날 주요 의제는 〈제7대 교통 선출 건〉 외에도 〈교헌개정위원회 결과보고〉와 〈교단지 운영〉과 기타 여러 가지를 논하게 되어 있었다.

여기에서 〈교통 선출의 건〉만을 발췌하여 옮긴다.

의장 : 그러면 이제부터 교통 선출 건을 상정합니다. 교통으로 추천되신 현 교통님을 새 교통으로 선출하는데 대해 하등의 하자가 없다고 생각합니다. 여러 의원들이 이에 찬성한다면 동의해 주시기 바랍니다. (이때 여러 의원들이 찬성을 표시한다.) 이어서 그러면 가부 결정을 거수로서 하겠습니다. 찬성하시는 분은 거수를 해 주시기 바랍니다. (그러자 재적 17명 중 16인이 찬성하고 기권 1명이 나왔다.)

이어서 교의회 의장은

"김기수 현 교통이 다시 연임되었습니다. 제7대 교통으로 김기수 현 교통이 선출된 것을 선포합니다."

라고 하면서 의사봉을 3회 쳤다.

이렇게 하여 김기수 씨를 제7대 교통으로 재 선출하였다.

나. 제7대 재단이사장에
김기수 교통 확정(연임) 결의

당시 재단법인 대한천리교단 정관 제6조 1항에 의하면 〈재단 이사장은 교헌13조의 조항에 의하여 선출된 교통이 겸직한다.〉라고 되어 있어 제7대 교통이 연임되면서 재단이사장직도 연임 절차를 밟아야 함으로 1991년도 제3차 이사회를 개최하여 이사장직을 연임할 것을 확정 결의했다. 일시는 1991년 7월 25일 오후 2시, 장소는 재단 사무국 회의실이었다.

참석자는 이사장 김기수, 이사 어우봉, 최명진, 배을란, 정연창, 정일희, 허두 이상 7명이었고(불참자는 조수현, 안광용, 반상열, 양정남, 감사 김성환, 김사용) 회의 안건은 이사장 연임에 대한 확정 결의였다.

이날 재단 사무국장이 진행을 맡으며 말했다.

"지금부터 1991년도 제3차 정기 이사회를 개최하겠습니다.

- 신전 참배 및 국민의례 등 생략 -

인원 점호는 개회 전에 직접 서명해 주신 명부로 대신하겠으며 이사 11명 중 7명이 참석하시어 성원이 되었으므로 이사장님의 개회 선언과 아울러 인사 말씀이 있겠습니다."

이어서 이사장의 개회사가 있었다.

"지금부터 본 재단의 금년도 제3차 정기 이사회를 개최합니다."

의사봉을 3회 치다. 그리고 이어

"우리에게 주어진 과제는 실로 지대합니다. 지금까지 내 자신이 미흡하였던 바를 깨달아 지금부터 인식을 달리하여 어버이신님의 의도에 부응하고, 실천으로써 과거의 부진을 쇄신, 완벽하게 사명을 다하도록 노력하겠습니다. 아울러 우리의 구제사업을 성공적으로 수행하여 신님의 소망을 이루고 영광스러운 유산을 후진들에게 물려줄 수 있도록 임원 여러분의 각성을 촉구하는 바입니다."
라고 했다.

이어서 사무국장이 그간의 경과를 보고하였다.

(새로이 이사장을 확정 결의하는 내용만을 옮기고 다른 부분은 생략한다.)

경과보고가 끝나자 최명진 이사가

"사무국장이 보고한 바와 같이 교의회에서 현 교통이신 김기수 이사장께서 제7대 교통으로 연임이 결의된 바 있습니다. 그리고 본 정관에 이사장은 교통이 겸임하게 되어 있으니 제7대 재단 이사장으로 현 김기수 이사장님께서 선임된 것을 확정함이 당연하므로 이를 결의할 것을 제안합니다."
고 하자, 일동이 이에 대하여 재청을 한다. 의장인 이사장은

"최명진 이사의 제안에 모든 분이 재청하니, 다시 한번 확인합니다. 이의 없습니까?"
라고 하자 모두들 이의 없음을 말했다. 이에 최명진 이사가

"모두 박수로서 현 이사장이 연임되었음을 축하합시다."
고 제안을 하자 모두가 박수로써 축하하고 환영했다.

이에 이사장은

"감사합니다."
고 하면서 의사봉을 3회 두드렸다. (일동 박수)

이어서 이사장은

"여러분의 뜨거운 성원으로 본인이 제7대 이사장으로 다시 연임되었음을 감사드리며 앞으로 교단 사업을 더욱 적극적으로 추진하여 영광스러운 결실을 맺도록 최선을 다하겠습니다. 그러면 앞으로 재단 운영에 참고가 될 일이나 또 확실한 방안이 있다면 기탄없이 제안해 주시기 바랍니다."
라고 말했다.

이날 여러 이사들의 질의와 건의가 있었는데 그 중의 중요한 부분만 옮긴다.

정연창 이사가

"이사장님께서 방금 수강생 문제를 거론하셨고 또 평소에 궁금하였던 점이기에 여쭈어 보겠습니다. 9월부터 일본 교회본부에서 한국어 강론을 실시하게 되는 바, 한국인을 터전(본부)으로 불러 수강을 시킨다는 말이 있는데 이사장님께서는 이 문제를 어떻게 생각하십니까?"
고 문의하자, 이사장은

"모든 것은 실력입니다. 우리가 모든 면에서 부족하여 이런 모욕적인 일을 당하게 되는 것이니 한국의 수강원은 한국 사람이 스스로 지켜나가야 되겠습니다. 다시 말해서 한국 사람은 우리나라에서 수강을 한다는 원칙은 조금도 변함없으며 이를 지키기 위해 전 교역자가 한마음으로 노력해야 할 것이며, 또 다짐하는 계기로 삼아야 될 줄 압니다."
고 하자 최명진 이사가 흥분하여 말을 하였다.

"현 이사장님을 위시한 선배 선생들께서 천신만고 끝에 한국의 수강원 승인을 얻었는데 대한천리교단에서 일본으로 수강을 받으러 간다는 것은 언어도단입니다. 한국에 수강원이 없다면 모르지만 광복 후에 우리들이 포교를 위한 수강사업을 하기 위해 스스로 수강원을 만들었고, 또 초기부터 김 이사장께서 수강 사업만이 전도 포교 활성화를 기할 수 있다고 하시어, '교단 제일의 사명은 수강사업'이라 지적하면서 필생의 역점을 여기에 두어 오셨습니다. 그런데 지금에 와서 수강생을 일본으로 보내자는 것은 있을 수 없으니, 단호히 거절해야 할 것입니다."

이상과 같은 격론이 오갔으나 그 내용은 대동소이하므로 생략한다.

어쨌든 이 날로 새로이 제7대 이사장이 연임 확정되었다.

〈참고〉 이사장은 교통으로 연임된 즉시 문체부에 이사장 재승인 신청을 해야 하지만 미루고 있어(기왕에 이사장으로 등기되어 있어 연임 문제에 대하여 대수롭지 않게 생각함.) 석달 이상 미승인 중에 있었다. 그러다가 김기수 씨가 전격적으로 교통 직에서 면직되었을 때 조수현 신임 교통과 이사장 자격 문제를 놓고 쌍방이 승인문제로 분쟁을 하게 되었다. 이 때 김기수 측에서 연임 확정 즉시 승인을 받지 못함으로써, 예상 외의 불이익을 당하게 된다. 김웅선 혜성교회장이 종속교단과 손을 잡고 교단을 접수하려 할 때 이로 인하여 크게 낭패를 보고, 김웅선 측이 불리하게 되었다. 그들은 명분도 실리도 없이 이 나라 천리교사에 웃음거리를 남기며 맨손으로 교단을 이탈하는 꼴이 된다.

2. 치매 중인 교통을 대신하여 가손(家孫)이 교통의 직권을 임의 전횡(專橫)

가. 혜성교회장 후계 문제와 당시 상황

1992년, 대한천리교사에 커다란 오점(誤点)을 남기게 되는 사건이 발생하였다.

이 나라 천리교계의 원로이시며 거목(巨木)인 김기수 씨는, 전편에 서술한 바 있듯이 그 분의 행적과 신앙은 많은 용재들에게 존경을 받았으며 또한 용재들의 귀감(龜鑑)이 되고 있었다. 그리고 그가 남긴 몇 가지 업적은 대한천리교사에 영원히 빛날 것이다. 이 나라 천리교의 장래 문제를 두고 교단 창립 초기에 품고 있던 그가 추구했던 교단의 모습은 교회의 연합체제였다. 훗날 교통이 되면서 이 나라 교단은 강력한 자주·자립교단으로 구심점을 갖고 하나로 통합 되어야만 복지사업, 사회·교육·문화·후생사업 등을 효과적으로 운영할 수가 있다는 생각을 가지게 되었다. 그래서 먼저 이 나라 천리교인들의 모임 장소인 교단본부 청사를 신축하고자 노력하였다. 그리하여 제일 먼저 청파동에 교단본부 청사 신축 공사를 시작하였다.

그런데 서울 근교의 많은 교신도들의 성원 하에 본부 청사를 신축 중일 때, 남쪽 지방 부산과 마산, 진해 쪽의 교역자와 신도들은 거의 협조가 없었다. 그 까닭은 일본 천리교회본부 해외전도부에서 한국에서 자주·자립교단을 세우고자 대한천리교의 본부 청사를 건축한다는 사실을 알고 이는 일본 천리교회본부의 교정시책에 반하는 처사이니 이를 용납하지 않겠다고 으름장을 놓았기 때문이었다. 그들의 지시를 받은 종속파들은 이 공사를 반대하기 위하여 '김기수 교통은 일본 천리교회본부의 시책에 역행하고 있으며 그분의 신앙은 우리가 알고 있던 돈독한 신앙이 아니라 가면이며 허위였다.' 라고 모욕적인 모함을 하고 다녔다. 이렇게 아무 것도 모르는 신자들에게 날조된 유언비어를 유포하여 본부 청사 신축공사를 계획적으로 방해하였고, 또 신자들의 건축 성금을 중간에서 갈취했다. 그러나 김기수 교통은 그들을 한 마디 원망도 하지 않았고, 언제나 그런 자들의 협조가 없더라도 반드시 필생의 업적으로 교단본부 청사를 자신이 신축하려고 했다.

이러한 일련의 모함과 방해를 하는 이 나라 천리교의 분단현상을 보고 크게 실망한 교통은 교회연합회라는 기구로서는 통제하기가 어렵다는 것을 깨달았고, 또한 거단적인 복지도 아예 불가함을 뼈저리게 느꼈다. 또 천리교의 한국토착화를 위해서 지난날 그가 꿈꾸던 교회연합 구상은 이 나라 천리교의 발전에 조금도 보탬이 될 수 없음을 알게 되었다. 그래서 과감히 지금까지의 생각을 버리고 보다 강력한 중앙집권적 단일 체제로 전환을 꾀했다. 그 후 이 나라 천리교를 위해 사심 없이 많은 업적을 남겼다.

〈참고〉 김기수 교통은 광복 후 교단 창립 초기에는 교단 형태를 교회들이 연합회를 만들어 서로 마음과 뜻을 모아 공동사업으로 추진해 나가야 한다고 생각을 했었다. 그러나 그간 지나온 발자취를 보면 결코 그의 이상대로 되지 못했고, 오히려 반대를 위한 반대만 있었다. 그 결과 교단이 창단된 지 반세기가 넘도록 복지·문화·사회·후생시설 어느 것 하나도 제대로 갖추지 못하고 말았다. 자신이 교통이 되면서 이러한 현상을 더욱 뼈저리게 느꼈던 것이다. 아직도 교단본부 청사 하나 없는 처지를 보면서, 그는 교우들의 오랜 숙원인 교단본부만이라도 자신이 앞장서 신축하려고 값비싼 부지를 무상으로 제공하였다. 또 자신의 교회를 짓기 위해 비축해 둔 자금마저 내어 놓으며 교단본부를 지으려고 할 때, 여타 교회들은 하나같이 비협조와 방해로 일관했다. 이로 인해 많은 어려움을 겪었지만 이를 무릅쓰고 본부 청사가 완성되었을 때에는 교회연합체만으로는 아무 일도 안 되겠다고 깨닫고 있었다.

이 나라의 교회와 교직자들이 순수한 신앙심으로 서로 협조하여 일을 도모한다는 것은 이상(理想)에 그칠 뿐이라는 것을 알게 된 것이다. 다시 말해 종전과 같은 일본 천리교회 조직과 제도 속에서의 연합체는 결국 그들이 바라는 바대로 영원한 종속체가 될 수밖에 없다고 깨달았다. 또 이 나라에서는 이러한 계열 교회들이 서로 이해관계로 엉켜 필요에 따라 수시로 이합집산을 거듭할 뿐임을 확인했다. 이러하니 일사불란한 단합으로 복지를 한다거나, 또는 그것을 위한 시설을 한다는 것은 바랄 수 없다고 김기수 교통은 깨달았다. 게다가 나이와 건강은 어쩔 수 없어 노병에 치매까지 왔고, 자신이 지명한 후계자가 선임자의 생각을 무시하고 오히려 역으로 가면서 기만하였으니 참으로 안타까운 일이었다.

결국 그 분의 희망과 업적을 송두리째 무너뜨린 결과가 되고 말았다.

그의 뒤를 승계한 혜성교회의 후계자는 용재가 된 지가 일천할 뿐 아니라 신앙심도 깊지 못하여 평소 김기수 교통의 뜻도 헤아리지 못하고 있었다. 김기수 교통과 신앙적 대화라곤 거의 갖지 못하고 있었기에 이 나라 천리교의 현실을 올바르게 보지 못했다고 생각된다.

김웅선은 후계자로 지명되기 얼마 전까지만 해도 사회인으로서, 한 때 은행원으로 근무하였다고 한다. 그리고 이 길의 용재가 되기 직전까지도 작은 기업체를 경영하였다고 한다. 그는 오랫동안 이익추구만을 쫓던 사회인이라 교회 역시 기업처럼 생각하였을지도 모른다. 조부인 김기수 교통이 종교인으로 몸 바쳐 온 생애, 사심 없는 신앙심, 오직 인간구제와 천리교의 번영, 혜성교회는 물론 이 나라 교단에 바쳐 온 정성, 신앙인으로서의 청빈 생활, 이 모든 것이 그에게는 손해 보는 어리석은 짓으로만 보였던 모양이다. 그래서 그 분이 이룩한 모든 것을 산수학적 관점에서 보고, 그 분의 업적을 무자비하게 비판하며 짓밟고 있었다. 다시 말해 교통 재직 시에 남긴 업적, 즉 교단본부 청사 신축과 교단 재산의 증식, 그리고 교단의 자주와 독자성 등을 위해 자기 교회의 이익보다 교단 발전에 우선 하는데 대하여 오히려 쓸데없는 짓거리를 하고 있다고 생각하여 항상 불만을 갖고 있었다. 그래서 인간적인 욕심에서 교단 재산을 마치 일반 기업체의 주식처럼 착각, 자신이 교단의 상속자인 것처럼 주주행세를 하려고 한 때 발버둥을 쳤었다. 결국 이러한 잘못된 생각 때문에 얼마 후 엄청난 결과를 빚어내고, 교단사에 씻을 수 없는 과오를 남기고 말았다. 거기에 멋모르는 몇몇 젊은이들이 부화뇌동(附和雷同)하면서 결국 노쇠하고 병약하여 판단력을 갖지 못한 김기수 씨마저 이 나라 천리교사에 크나 큰 오점을 남기게 했다. 그들은 그들의 행위를 정당화시키려고 발버둥을 쳤고,

거기에 혜성교회 초대 회장의 뜻과는 달리 종속파와 연계하여 김기수 선생의 큰 뜻과 희망마저 뭉개버렸다. 또 김기수 교통의 말년(末年)에는 그로 하여금 당신의 뜻과는 상관없이 종속 교단의 교통이 되게 만듦으로서 영원히 씻지 못할 변절자(變節者)로 전락시키고 말았다. 김기수 교통으로서는 참으로 안타까운 영욕(榮辱)의 한 평생이었다고 할 수 있다.

1) 혜성교회 후계자 문제로 김기수 교통 고심

김기수 교통이 설립한 혜성교회의 당시 사정을 살펴보면, 혜성교회 초대회장이며 교통인 김기수 씨는 그가 정성을 다하여 이룩한 혜성교회의 후계자 문제로 오랫동안 고심을 해왔다. 원래 그에게는 두 아들이 있었는데 첫째 아들은 일찍 출직하였다. 그래서 둘째 아들인 고 김정범을 오래 전부터 후계자로 지목하여 후계자 수업을 착실히 시켰다. 그러나 그도 1981년 말에 갑자기 출직함으로써 교통은 크게 상심하였고, 그 후 후계자 문제에 대하여 일언반구도 말한 바 없었다. 오히려 주위에서 후계자 문제를 들고 나와도 그는 묵묵부답이었다. 그러나 나이가 80을 넘어 중반에 들어서면서 남몰래 고민을 하고 있었다. 그의 주위에는 손자와 손녀들은 있어도 모두 어리거나, 신앙에 투신하려고 하는 용재(用材)가 없었다. 그리고 고 김정범 밑으로 나이 어린 손자가 몇몇 있었는데 그들은 아직 학생이었다. 성장하면 후계자로 그들 중에서 지명하려는 생각도 하고 있었다. 한편 큰 아들인 고 김윤범의 밑으로 장손이 되는 김웅선이 있으나 그들 부부 모두가 신앙생활이 싫어 사회생활을 하고 있었다. 사실 그는 교회장 후계자를 지명될 때까지도 신앙을 하지 않았고 사회생활을 하고 있었다. 그의 부인은 신앙을 아예 하려고 하지 않았다. 이 때문에 김기수 교통도 한 때 그가 후계자가 되는 것을 탐탁하게 생각지 않고 있었으며 후일 주위에서 그를 후계자로 추천할 때 믿음을 갖지 못하여 차일피일 미루고 있었다.

그래서 후계자 문제를 일찍이 결론짓지 못하고 자꾸만 미루어 왔었다.

교통 김기수 씨는 점점 나이 들고 노쇠해지면서 오히려 주위에서 이 문제를 조속히 마무리해야 된다고 독촉할 정도였다. 무엇보다도 며느리와 손자들 간에 자꾸만 틈이 생기고 여기에서 교회 역원과 신자 간에서도 은연중에 파가 갈리고 여러 가지로 소문도 많았다. 또 재산 상속 문제로 가족 간에 갈등도 발생하고 있었다고 한다.

주위에서는 하루 속히 후임자를 결정하도록 종용했지만 그 대상을 놓고 나이가 어리다, 신앙이 없다는 등의 말들만 끊임없이 돌고 있었다.

혜성교회 같은 큰 교회를 맡기기에는 모두가 역량이 부족하다고 하여 김기수 회장도 이 문제를 놓고 차일피일하고 있었으나 더 이상 미룰 수가 없었다. 어떤 교회장은 신앙이 없는 김웅선이 후계자가 되는 것을 달갑지 않게 여겼고, 그래도 장손이므로 그를 시켜야 한다고 말하는 자들도 있었다.

그리고 김기수 회장이 교통으로 활약하고 있는 동안에 후계자를 정하여 교회장직을 승계시켜 신앙심을 정진시키고 또 지도한다면 무난할 것이라 권유했다. 또 그가 차츰차츰 신앙 수련을 쌓아 나간다면 얼마든지 훌륭한 용재가 될 수 있다고 하면서 그를 지명할 것을 수차 재촉하자, 연로한 교통도 어쩔 수 없이 후계자로 김웅선을 지명했다고 전해지고 있다. 이로 인하여 고 김정범 씨의 부인과 그 자식들은 한 때 불만을 품고 반발하기도 했었다고 한다. 그들은 지금 이 길을 떠나 혜성교회에 나타나지 않고 있으며 측근에서는 천주교로 개종했다는 말도 들린다.

2) 가손인 김웅선, 후계자가 되면서 교회 체제를 청년회 주축으로 정비

1990년 6월 7일, 혜성교회 월차제 날에 김웅선 2대 교회장 취임봉고제를 거행하였다. 김기수 회장의 후임 교회장으로 김웅선이 정식으로 취임한 것이었다. 그는 이날 취임사에서(월간 대한천리교 7월호 참고)

-전략-

"90생애를 오로지 신님 한 줄기 인간구제의 길을 걸어오신 선임 교회장님의 뜻을 받들어 그 발자취를 거울로 하여 나날이 은혜에 감사 보답하는 마음으로 교회장이라는 막중한 소임을 충실히 수행할 것을 굳게 다짐합니다."

라고 했다.

그런데 김웅선 씨는 혜성교회 2대 회장직을 정식으로 승계하자 교회를 즉시 자기 중심체제로 강화하려고 했다. 그래서 먼저 청년들을 모아 이들을 중심으로 혜성청년회를 결성, 마치 자신의 사병처럼 이용하면서 교회를 서서히 장악해 갔다. 초대 교회장을 따르며 활약했던 고참 역원들을 퇴조시키고 세대교체를 하면서 그 자리에 젊은이들을 배치하고, 그들을 수족처럼 부렸다. 그는 할아버지인 김기수 전 교회장이 노환으로 거동마저 불편해지고 치매현상으로 기억과 함께 사리판단력이 없어지자 교회의 일을 독단적으로 처결하였다. 그러면서 김기수 교회장의 뜻이라고 기만, 멋대로 교회를 운영하므로서 전 역원들의 불평을 샀다.

그런데 김웅선 2대 혜성교회장은 김기수 교통을 대신하여 교단에 마저 자기의 영향력을 행사하려고 함으로써 후에 커다란 저항을 받아 교단을 파경으로 몰았다.

그는 먼저 김기수 교통의 측근인 교단 역원들을 서서히 배제하기 시작하였다. 이들 고참 역원들이 김기수 전 교회장을 잘못 보좌하였고, 또 혜성교회의 재산인 청파동 재산마저 교단에 내어놓게 만들었다는 것이다. 그 외에 혜성교회의 신자들로 하여금 교단을 위해 많은 성금을 내도록 유도하여 혜성 교회의 수입이 적어지는 원인이 되고, 그 때문에 교회운영에 막대한 지장을 받는다고 생각했다. 그래서 산하 교회 신도들이 교단과 교구행사에 참여하는 것 조차 못마땅하게 여겨 차단하기도 했다. 특히 원로 역원들이 교통을 사주하여 혜성교회의 돈마저 교단 청사신축공사에 투자케 하였다고 불평하면서 불신했다고 한다.

〈참고〉 새로 취임한 김웅선 교회장은 대학 교육도 받았고 또 시중 은행의 엄격한 조직과 관리 속에서 일을 한지라 만사에 신중하고 정확한 판단을 갖고 있을 것이라고 믿고 있었다. 더구나 사업(듣기에 무역 등 오파상)도 직접 경영하였다고 하기에, 필자는 다음 세대의 훌륭한 지도자가 되어 이 나라 천리교의 발전에 크게 공헌하리라고 기대를 갖고 있었다. 그래서 취임 전후에 개별적으로 몇 번 만나기도 했었다. 처음 만난 것은 교단청사 신축 공사를 시작하기 전이었다. 그때 그는 후계자가 되기 위해 청파동에서 수양과 수강생으로서 수강 중이었다고 생각된다. 그 무렵 김기수 혜성교회장은 청파동 재산을 재단에 기증하여 흩어져 있는 전국의 교회를 다시 모아 천리교 중흥을 꾀하고, 포교 활성화를 통한 천리교의 한국토착화에 공헌하고 싶어 했다. 그리하여 교단 통합을 위한 구상으로 모든 교신도들의 구심점이 되는 교단본부 청사 건립을 계획하고 있을 때였다. 김웅선 씨가 필자를 살짝 불러내어 김기수 혜성교회장을 대한천리교 교통으로 추대하여 청파동 역사를 한다고 하는데 이에 대하여 어떻게 생각하느냐고 물었다. 나는 처음에는 무슨 말인지 이해를 못했었다. 알고 보니 그는 혜성교회의 재산을 교단에 기부하여 본부를 짓는 것은 안된다는 것이었다. 교통이라는 자리가 무엇인데 노인을 꾀어내 재산을 헌납케하여 그 자리에 앉히려 하는가? 라는 것이었다.

그래서 필자는 그에게

“김기수 선생님은 이 나라 천리교사에서 빼어 놓을 수 없는 훌륭한 교역자며 지도자다. 광복 전에는 조선교의강습소 강사로서 많은 제자를 배출하였고 광복 후 배일사상이 팽배한 어려운 여건 속에서도 끝까지 신앙을 고수하신 몇 분의 지사(志士) 중의 한 분이다. 그리고 그들 지도자와 함께 대한천리교단을 창단하시는데 크게 공헌하신 분으로서 지금 유일하게 생존해 계시는 분이시다. 초대 김진조 선생, 2대 최재한 선생 등이 대한천리교 교통을 역임하셨는데, 그 분들 못지않은 훌륭한 선생이니 반드시 모셔야 한다. 그리고 현존하는 교단 최고의 선배이시며, 그 분의 신앙심과 인격을 봐서도 이 나라 천리교 최고의 자리인 교통을 반드시 하시고 돌아가셔야 한다."

고 했더니, 그는 교통이라는 자리를 위해 청파동 땅 등을 기증하는 것은 지나친 일이라며 재산까지 낼 필요가 없다는 것이었다. 필자는 '무슨 소리냐? 우리들이 출직할 때 재산을 갖고 가느냐, 한 푼도 갖고 가지 못한다. 다만 생존시의 업적과 명예만을 갖고 갈 뿐이다. 그러하니 그 분에게는 그가 이룬 업적과 영원한 명예를 갖고 가시도록 해주어야 한다. 또 신앙 지도자는 신도들의 재산을 어버이신님의 뜻에 맞게 관리하고 집행할 뿐, 자기 재산이 어디 있느냐? 모두 신도들이 헌금하여 이룬 재산이지. 그러하니 신도들의 뜻을 따르는 것이 좋을 것이다.' 라고 했던 일이 있었다.

〈참고〉 1990년 6월, 어느 날 김웅선 씨가 제2대 교회장으로 취임한지 얼마 후에 있었던 일이다. 혜성교회 산하 영진교회 월차제에 필자가 참석했던 일이 있었다. 그 때 영진교회의 최상급 교회장인 김웅선 회장이 순교(巡教)차 왔었다. 월차제를 마친 직후 같이 점심을 먹으면서 우연히 대화를 하게 되었다. 그때 필자는 2대 교회장 취임을 진심으로 축하한다면서, 그에게 현재 이 나라 천리교의 실정은 참으로 어렵게 되어 있다고 실정을 토로했다. '복잡하게 분포된 계열교회, 그 속에서조차 이해관계가 엉켜 있어 융화가 잘 안되고 있다. 또한 교의의 해석은 물론 신앙관도 제멋대로다. 거기에 일본 천리교회본부 해외전도부의 대한(對韓) 포교정책은 철저히 종속화 시키려고 혈안이 되고 있다. 교리의 올바른 해석을 제대로 못하고 있는 이 나라 천리교인을 종속이론으로 무장한 그들이 교설로 꼬드기고 있다. 아직도 그들의 가르침을 금과옥조(金科玉條)로 믿고 무조건 따르는 자가 있는가 하면, 또 알면서도 못 뿌리치는 우유부단한 자도 많이 있다. 이로 인해 의식 있는 자들의 불만이 고조되면서 이 나라 천리교는 혼돈과 안개로 둘러싸인 실정이다. 그래서 교단의 진로에 어려움이 많다.'고 설명했다. 그리고 필자의 권고를 참고했으면 좋겠다고 하면서 내 의견을 피력했다.

"앞으로 3년간은 옆도 보지 말고 오직 자신의 교회에만 전념하여 건실한 발전을 갖도록 하시고, 그 외 다른 교회들의 동태나 교정은 알려고도 하지 말고 또 관여하려고도 하지 마십시오. 3년만 내 교회 일에 충실하다 보면 서서히 이 나라 천리교와 다른 교회들의 실상을 파악하게 될 것이오. 그 때쯤 되면 이 나라 천리교의 현실을 알게 되고 또 미래가 보일 것이오. 그때 가서 그간 느꼈던 일들을 냉정히 파악하여 신념대로 행동해도 늦지 않소. 올바른 현실을 보고 또 파악도 하기 전에 이 말 저 말을 듣고 경솔하게 휩쓸리게 되면 낭패와 나락에 빠질 것이요. 이 나라 천리교의 앞날이 정말 어려운 실정이니 신중히 판단하고 결정해야 할 것입니다."

그는 끝까지 묵묵히 들었다.

〈참고〉 여기에서 김웅선 씨의 종교인으로서의 사고와 천리교 신앙관을 엿볼 수 있는 사례를 보자.

1992년 정월 23일, 이 날은 혜성교회 교조제(教祖祭 : 일제시에 하던 요배(遙拜)제를 광복 후 일부 교회에서는 그 명칭을 바꿔 계속하고 있다) 날이었다. 필자가 서울교구에 갔다가 혜성교회에 갔을 때가 오후 3시 경이었으니 제전(祭典)은 이미 파하고 신전은 텅

비어 있었다. 나는 그가 보자고 하기에 제전도 참배할 겸, 겸사겸사 갔다. 그가 집무실에 있다는 말을 듣고 가벼운 마음으로 그의 방으로 들어갔더니 그는 혼자 앉아 있었다. 그런데 무언가 매우 심각한 얼굴을 하고 있었다.

첫마디 말이 '교단에서 교회에 해주는 것은 아무것도 없고 오히려 방해만 된다.'는 것이었다. 그 예로서 지난 여름 혜성교회에서 하기(夏期) 청소년 수련회를 개최했는데, 교단에서는 부산에서 하기 청소년 수련회를 개최한다고 공문을 보내와 자신의 교회 행사에 방해를 했다는 것이다. 나는 처음에 무슨 말인가 싶어 듣고 있다가 오해를 풀어주어야겠다는 생각이 들어 설명했다. '무슨 말을 그렇게 하느냐? 우리는 결코 단위 교회의 수련회를 방해한 일이 없다. 있었다면 공교롭게도 중복이 되었을 뿐일 것이다.' 그러나 나는 그런 사실을 전혀 모르고 있었기에 확인하고 싶어서, 그 근거 서류를 보자고 했다. 그랬더니 김웅선 회장이 누군가 이름을 부르며 찾더니 그가 없으니까 그만두고,

"신앙은 교회 중심으로 해야 하지 않느냐?"

는 것이다. 나는 부인치 않고 즉시

"그렇다. 신앙인의 신앙은 교회를 중심으로 하고 있으며 또 교단에서도 그렇게 되도록 교정을 펴고 있다."

고 했다. 그랬더니 현재는 그렇게 하고 있지 않다고 반박하면서

"서울교구에서는 영제(靈祭)도 하고 혜성교회 산하인 옥수포교소 신자를 교구로 불러 신앙을 하도록 종용하고 있다."

고 했다. 나는,

"사실 나는 교구 일은 잘 모르겠다. 나중에 확인해 보겠지만, 현

재 교단본부에서는 다만 근행만 하고 있을 뿐, 교의에 없는 개인의 영제(靈祭) 같은 것은 하고 있지 않다. 또 신자를 직접 관리하고 있지도 않다."

고 명백히 말을 했더니, 김웅선 회장은 다시

"신앙은 지장을 중심한 최상급 교회별로 해야지."

하면서 교단 무용론을 제기한다. 나는 그 언젠가 전 진해교회장 라석기 씨도 그런 이야기를 했었음을 생각해 냈다. 그는,

"교단은 필요악이다."

라고 말했다. 그때도 나는 그렇지 않다고 설명했었다. 그리고 교단에서 여러 가지로 집행을 하다 보면 시행착오가 더러 있었다고 시인은 하지만, 교단본부는 결코 교회나 포교소 용목자의 포교 활동을 방해한 일은 없었고 오직 천리교의 포교 활동을 할 수 있도록 교의 진작과 홍보를 통하여 지원하는 등, 포괄적인 업무를 기획하고 관리해 왔을 뿐이다. 또 대내외적으로 주무부나 관련기관을 상대로 교회와 신자들을 대변하면서 보호하는 등의 활동을 하는데 최선을 다해 왔다. 이 나라에서 포교활동을 위해서는 교단은 반드시 필요하다고 역설을 했더니, 신임 회장은 교단(본부) 대신에 교회의 연합체인 연합회로 만족했으면 한다고 했다. 나는 그렇지 않다고 하면서, 우리는 다른 종교 교단과는 다르며 8·15 광복을 맞아 신도 천리교는 없어졌고 이후부터는 우리 스스로 모여 올바른 교조 사상의 가르침을 널리 펴고자 자발적으로 교단을 창단하여 오늘에 이르렀다고 간단하게 교단사를 이야기를 했다. 당시 정부의 허가를 받은 교단이 없었더라면 지금 교회도 존재할 수 없고 또 전도 포교도 못했을 것이라고 했더니 김 회장은 종교에서는 8·15

해방은 무의미하다는 것이었다. '물론 역사를 모르는 자는 그렇게 말하는 것도 무리는 아니지!' 나는 속으로 그렇게 생각하면서, 대한천리교단이 창설되고 또 이 교단이 역경을 딛고 발전되어 왔었기에 오늘이 있고 또 오늘처럼 번창할 수 있었다고 강조했다. 그러나 그는 그것을 인정하려 하지 않았다. 어찌 되었든 취임 후 교단 문제로는 처음 만남이라 그날은 그 정도로 하고 돌아 왔다. 나는 마음 속으로 자주 만나 교단 문제에 대한 올바른 인식을 갖도록 더 토론하고 싶었다.

나는 지금의 천리교단은 '광복 후 숨어 지내던 천리교인을 일일이 찾아다니며 지난 날의 신도 천리교를 말끔히 없애고 새롭고 올바른 교조사상을 널리 펴고자 우리 손으로 만든 자립 교단인데 이에 감사할 줄 모르고 오히려 이렇게 매도를 할 수가 있는가?' 라고 생각하니 한심스럽기만 했다. 그러면서 '교단사를 반드시 써서 역사를 모르는 교우에게 이러한 사실을 바르게 알려야겠다.'는 결심을 더욱 굳히게 되었다.

이렇게 대화를 하고 보니 벌써 오후 5시가 되었다. 오늘은 그만해야겠다고 생각하고 나는 교회를 급히 나와 청파동으로 돌아갔다.(당시 일기장에서)

나. 신임 혜성교회장이 교단까지 장악, 교권을 유린

1) 신임 혜성교회장이 교통을 대신하면서 교권을 유린

김웅선 신임 혜성교회장은 국내 최상급 교회라는 이점과 그 기득권을 고수하려고 오래 전부터 종속교단인 한국천리교연합회 배석수 회장과 제2 원남성교회장(편의상)이라는 허태규 씨 등을 자주 만나 교유(交遊)하고 있었다. 그리고 교단의 교정정책에 순응치 않고 거역하는 행위를 해오고 있었다. 그는 지난 91년 6월부터 일본 천리교회본부 해외전도포교부 번역과 소속인 한국번역위원회 번역위원으로 위촉되면서, 일본과의 교류를 은밀히 하는 등, 종속으로 기울어지면서 나름대로 야심을 갖고 있었다. 대한천리교단을 장악하여 그들 종속파와 통합하려는 것이었다. 그래서 교정 전반에 대한 운영권을 쥐고 있는 교무원에 우선 자기의 손발이 되는 자를 배치하여 교단의 실권을 장악하려고 하였다. 그리하여 교단 교무원에 중간 실무자인 과장급을 대거 혜성교회 청년회원 중에서 기용하였다. 그리고 전부터 진행해 오던 자주교단의 주요교정 질서를 하나씩 하나씩 무용지물로 만들어 나갔다. 그리고 혜성교회 재산이 교단으로 흘러들어가 교단의 기본재산이 되어 있다고 생각하여, 재단정관을 합법적인 절차를 무시하면서 은밀히 분리작업을 진행하여 영구히 장악하려고 한 일도 있었다.(거기에는 청파동 소재 교단본부를 혜성교회에서 주동이 되어 지은 것이니 만일 통합만 된다면 본부 건물과 대지를 혜성교회에서 회수할 수 있도록 종속 교단의 주요 교직자가 도와주겠다는 묵계가 있었다고 전한다.) 김웅선은 어떻게 해서라도 혜성교회에서 청파동 재산을 도로 찾고 싶어했다. 아울러 당시 연로하고 병약한 교통이 언제 출직할지 모르기 때문에 교통이 겸직하게 되어 있는 이사장의 자리를 노리며 재단정관을 개정하려고 하였다. 즉 재단과 교단을 분리하여 혜성교회측에서 최소한 재단만이라도 영원히 장악하려고 하였다.

〈참고〉 1991년 3월경, 재단에서 교무원 총무부장인 본인에게 교통과 이사장 분리를 위한 서류 작성 협조 의뢰가 와서 재단 사무국장, 상무이사, 이렇게 세 사람이 이를 검토해 보았다. 필자는 현 조항만 폐기하면 교단과 분리하는 방법이 없다는 것을 알고 있었다. 비록 당연직 이사(교통, 교무원장, 교의강습소장 및 교의회 의장 등이 당연직 이사가 된다)를 두기로 하고 독자적으로 행동치 못하도록 연결을 시도해 보았으나 이 역시 정관상에 교통이 일부 지명하도록 명시하더라도 결국 재단 정관 아래에 두게 되는 규정이나 규칙으로 교통의 임면권을 존중(인정)할 수 없고, 또 어떤 경우에도 재단 최고 의결기구인 이사회의 결의로서 이 조항이나 하위 규정, 규칙을 얼마든지 폐지 또는 제한할 수 있어 실효성이 없다는 것이 법의 해석이요 법리다. 그래서 필자는 당시 문체부의 성모 종무실장을 만나 이에 대한 자문을 구하였던 바, 그 분도 현 대한천리교단의 경우 무조건 교통과 이사장의 분리는 후환을 안을 소지가 있으니 불가하다고 자기 의견을 제시해준 적이 있었다.

2) 혜성교회 청년회원을 교무원에 배치, 교단 장악기도

김웅선은 혜성교회 청년회원 중에서 자기 뜻을 받아 줄 수 있는 젊은 자들을 선발하여 교무원에 배치했다. 그리고 교단을 장악하기 위하여 하나씩 둘씩 교체 배치하면서 고참 역원들을 하나씩 하나씩 축출하였다. 그렇게 해서 혜성교회는 물론 교단까지 침투하여 교정을 완전히 장악하려 했다. 그리고 혜성교회 청년회를 육성 보강한다는 명분 아래 청년 용재들을 이용하여 수시로 세를 과시하였고 또 이들을 마치 사병처럼 이용하면서 고참 역원에게 무례하게 구는 등으로 압박을 가하기도 했다. 또한 경륜이나 능력이 없더라도 자기의 심복이 될만한 자를 골라 교단본부 교무원과 교통실의 요직에 제멋대로 배치하여 견제 세력을 구축하였다.

김기수 교통은 노쇠하고 치매현상이 뚜렷하여 거동도 못할 지경에다 기력과 판단력은 이미 없어 교통이라는 이름만 갖고 있을 뿐이었다. 그러나 이들은 이러한 교통의 병세를 철저히 비밀로 하고 다만 노병으로 정양 중이라고 속여 접근을 막고 있었다. 그리고 자기 교통을 교주로 착각, 교통 직무를 대행하면서 교헌 및 규정상의 절차를 무시하고 혜성교회 안방에서 멋대로 일일 보고를 받으며 교정을 좌지우지 하였다. 또 인사 문제까지도 제멋대로 결정하고 발령을 했다. 이는 마치 '얼굴 없는 귀신이 교통 행세를 하며' 지배하는 꼴이 되어 참으로 기막힌 현상이 벌어지고 있었으니 지금 생각해도 아찔하고 그 작태가 가관이 아니었다.

1992년 2월 10일 갑자기 인사발령이 있다고 하면서 교통과 교무원장이 교단에 나왔다. 이때만 해도 교통 혼자서 거동을 못했다. 해서, 측근의 부축을 받아 오랜만에 겨우 교통집무실에 나타난 것이었다.

교통실에서 인사 발령이 있으니 오라고 해서 3부장이 모두 교통실로 갔다. 그런데 그 자리에서 교통이 발령장을 낭독하기 전에, "부장의 책무를 감당해 낼 수가 있는가? 책임 있는 자리인데 아무나 쓸 수 있느냐."고 언짢은 듯이 말하며 거부를 했다. 그러자 곁에 서 있던 허두 교통실장이 당황하며 얼굴이 벌개져서 나서더니 '한애자 경리과장이 있고, 또 별로 할 일도 없으니 걱정할 필요 없다.'고 우기면서 강제로 읽게 했다. 그들이 미리 짜고 와서 한 일이라 당시 최명진 교무원장도 묵묵부답이었다. 그리하여 재무부장에 난데없이 L이라는 자가 임명 되었던 것이다.

〈참고〉 92년 2월 10일자 필자의 일기를 보면 다음과 같은 내용이 있다.

교통님이 오랜만에 나오고 교무원장 정의진 사무국장(재무부장 겸)그리고 L도 나왔다. 나는 정의진 씨에게 '어제 허두 청암교회장이 와서 당신(정국장)은 재단 일만 보게 하고, 재무부장에 전혀 알지 못하는 L이라는 사람을 임명한다는데 알고 있느냐? 어떻게 되어 그렇게 되었느냐?'고 물었더니 그는 안방에서 그런 이야기가 있었던 것으로 안다고 얼버무린다. 나는 이것이 교무원장과 허두 비서의 장난이냐? 그렇지 않으면 다른 누구의 장난이냐?고 따졌다. 아니나 다를까, 교통실에서 인사발령이 있으니 3부장은 들어오라고 해서 다같이 들어갔다. 그런데 그 자리에서 교통이 발령장을 낭독하기 전에, 먼저 부장의 책무를 아무나 감당해 낼 수 있는가? 책임 있는 자리인데 아무나 임명할 수 있느냐고 하면서 거부했다. 그러자 갑자기 허두 교통실장이라는 사람이 나서며 한 과장(한애자)이 잘하고 있어 별로 할 일이 없다고 우기면서 강제로 읽게 하는 것이었다. 나는 옆에서 이러한 상황을 보고 있자니 정말 울화가 치밀어 견딜 수가 없었다. 그가 아주 비열하고 또 괘씸한 자라고 느껴졌다. 옆에 서 있던 조부장도 그런 눈치였다. 퇴근 길에 나는 정의진 국장과 조용수 부장을 불러내어 술자리를 같이하며, 요즘 교단(교무원) 돌아가는 모습이 마치 혜성교회의 한낱 포교소만도 못

하다고 한탄하면서 참 불쌍하게 되었구나! -이하 생략-

당시 인사 및 교무 등을 담당하는 총무부장이 있었지만 총무부 소관 업무에 대하여서도 일언반구의 상의나 협의도 없이 일방적으로 교무 및 인사가 결정되고 지시만 내려 왔다. 내가 교정의 교무행정 참모로서 교통을 만나려 해도 만나지 못하게 일절 접근을 금지시키고 있었다. 최명진 교무원장에게 원장으로서 강력하게 시정하도록 권해 보았지만 소용이 없었다. 교무원장도 결국 '난들 어떻게 할 수 있나? 나도 교통을 만나려 해도 못 만나게 하니 만날 수 없다.'고 말할 뿐이었다.

〈참고〉 필자는 당시의 상황을 보고 하늘 아래 이런 일이 또 있을 수 있을까? 분개하면서 옛날 중국의 고사(故事)나 삼국지 등에서나 볼 수 있었던 일이 오늘날 서울 한복판에서, 더구나 이 종단에서 일어나고 있다고 생각하니, 참으로 한심스럽고 부끄러웠다. 마치 삼국지에 나오는 후한 때, 황제 측근의 환관들이 황제를 업고 정치를 마음대로 주물렀던 그 유명한 환관십상시(宦官十常侍)의 만행이 연상되었다. 그 내용은, 후한(後漢)말기에는 황제의 권력이 매우 약해져 있었다. 그래서 황제가 환관과 외척, 그리고 제후들의 세력에 짓눌려 지냈다. 또 동탁이 제위에 앉힌 헌제(獻帝) 역시 그러했었는데 그도 결국 조조의 아들 조비에 의하여 쫓겨나면서 후한의 멸망을 바라보아야 하는 비운의 황제가 되었다. 그 일이 새삼스럽게 떠오르며 마치 오늘의 김기수 교통의 처지가 그와 같은 것 같아 마음이 아팠다.

이어서, 얼마 후인 1992년 3월 5일자로 다시 혜성교회 산하 유성교회장의 아들 주정식(朱正植)을 교화부 문화과장으로 발령하고, 또 같은 교회 산하 보광교회(후계자)의 편기선(片奇善)을 총무부 교무과장으로 임명하여 교무원의 중요한 실무를 각각 맡게 하였다.

그들은 교단의 장래보다는 오직 신임 교회장의 하수인이 되어 재무부장을 정점으로 교단을 장악하려 하였다. 그리하여 일상적인 업무 이외의 교정은 거의 정지 상태였고, 자기들에게 반대하는 자의 세력을 제거하기 위하여 그들은 혈안이 되어 있었다.

결국 그들은 신임 교회장의 충복이 되어 교통을 기만하면서 얼마 후 교령까지 발동하는 등의 행패를 저지르고 말았던 것이다.

이 사건으로 교단 교정기구에서도 더 이상 이들의 처사를 방관하고 있으면 교단은 속절없이 혜성교회의 몫이 되어 종속교단으로 완전히 변질되어 선각자 선배 선생들이 만들고 가꾼 전통의 자주교단 대한천리교의 숭고한 이념과 정신이 소멸될 것 같은 불길한 예감이 들었다. 이에 모든 용재들이 하나로 뭉쳐 이에 대한 대책을 수립하면서, 하나같이 과감히 투쟁해야 한다는 공감대가 형성되었다. 그리하여 교단의 주요 임원들이 비상한 관심을 갖고 이에 대한 대책 수립에 뜻을 같이 했다. 혜성교회계만 제외하고는 모두 하나로 뭉쳐 교헌에 의한 적법한 절차를 통해 교통을 하루 속히 면직 조치하는 것이 최선임을 알게 된다. 이러한 일련의 사건으로 이 나라 천리교사에 많은 교훈과 함께 엄청난 변화를 가져오게 되었다.

〈참고〉 편기선 교무과장은 임명된 지 2개월도 채 안된 5월 2일 공교롭게도 갑자기 출직하고 말았다. 후에 들리는 말에 의하면 그는 친구 문병을 위해 서울대학 병원에 갔다가 뜻밖에도 콩팥에 사소한 염증이 있다는 진단을 받게 되었다. 또 이 정도의 증세는 간단히 수술만 받으면 쉽게 치유된다고 해서, 가벼운 마음에 즉시 수술을 받기로 했다. 그리하여 수술은 받았는데, 이때 수술이 잘못되었는지 그 부위가 악화되면서 얼마 못 가 출직해버렸다. 이것이 천리교 특유의 개유로 비유되면서 신도들 간에 이상한 소문이 한 때 나돌기도 했었다.

3. 부당한 교령발포와 그 파장

가. 불법 부당한 교령(敎令)을 발포(發布)하여 교의회 무력화 시도

1) 교단의 상황

전술한 바 같이 김기수(金杞洙) 교통은 90세 고령이 되면서 더욱 노쇠해지고, 사물에 대한 판단력마저 흐려지는 치매현상이 뚜렷이 나타났다. 어떤 때는 정신이 전혀 없었다. 이렇게 되자 김기수(金杞洙) 교통의 측근에서는 걱정에 싸이고, 한편으로는 신임 혜성교회장 주위에 그 추종 세력이 몰리면서 새로운 양상이 나타났다. 이를 계기로 교회를 빨리 장악하게 된 김웅선은 병약한 교통을 보호한다는 명분으로 교회 사택에 연금시키듯 유폐시키고 외부와의 접촉을 일절 차단하였다. 그리고는 자기를 통하지 않고는 교통을 만나지 못하게 하였다. 이렇게 자연스레 교정에 일일이 관여하기 시작하면서 마치 자신이 교통처럼 행세했다. 그리고 교정을 집행하는데 임원들의 의견이나 건의 등을 모두 자기 손에서 조종하고 때로는 묵살하기도 했다.

그는 일본을 자주 드나들면서 상급교회인 게이죠대교회(京城大教會 : 일본 京都소재)와 천리교교회본부 해외전도부 등, 그 곳 종속교단의 간부들과 수시로 만나 교류하면서 점점 종속으로 기울었다. 그러면서 자주교단의 시책에 반하는 해외전도부 번역과 소속 한국번역위원회 번역위원으로 그의 심복들을 극비로 추천하여 위촉케하는가 하면, 자신도 후에 번역위원이 되어 일을 했다. 처음에는 교단본부 교단지 「월간 대한천리교」의 편집장 안광용과 수양과 강사인 손영웅을 번역위원으로 극비리에 추천하여 위촉받게 하더니, 마침내 자신도 번역위원이 되어 종속행각을 은밀히 벌였다.

한편 자주교단파(소위 신당동파)의 핵심 인물들을 하나씩 제거하고, 그들 종속파와 통합을 하려고 획책하고 있었다. 그래서 그는 혜성교회 내의 기성 고참 교역자들을 서서히 배척하였고 멋모르고 날뛰는 청년들을 포섭하여 힘을 과시하며, 유사시에 사병으로 쓰려고 했다. 그러면서 한편으로는 자주 교단파들을 마구 비방하고 모함하였다. 대부분 교세도 없고, 상급(親)을 배신한 자들로 신앙이 없는 자들이라고 인신공격을 했다. 그런가 하면 K씨 같은 경우는 교회와 신자도 없으면서 교회장 행세를 하고 자신이 유부남이면서 여성관계가 추잡하다고 사생활에 대한 모함을 사진까지 찍어 공격하기도 했다. 또 교단의 주요 요직을 장악하고 있는 소위 자주교단파인 최명진 교무원장, 정명수 부장, 김대환 감사, 또 이들과 언제나 뜻을 같이 하고 있는 김영제 교의회 의장 등에 대한 비방을 하면서 견제, 또는 축출해 버리려고 했다. 그리고 교단의 주요 교정 방침과 개혁 지시사항을 거의 묵살하면서, 지금까지 시행해 오던 자주 자립 교정을 비판했다. 교단의 방침에 반하는 방향으로 역회전시키면서 교정의 기능을 유명무실하게 만들더니 교단을 파괴하려는 수작이 두드러졌다.

2) 교령발포는 계획된 음모

그들은 무엇보다도 교단 최고 의결기관인 교의회의 기능을 무력화시키려고 했다. 이의 방편으로 획책한 것이 바로 '교의회의 기능 정지'라는 교령이었고 이를 최대의 무기로 내세웠다.

김응선은 자신이 한국의 최상급 교회 중 제법 교세를 갖고 있다고 자부하는 혜성교회의 후계자가 되면서, 한국천리교연합회 측 인사 중 최상급 교회장들과 자주 만나 교류했다. 그러는 중에 세습적인 기득권과 그에 부수하는 이익을 영원히 누릴 수 있다는 종속이론(從屬理論)에 매혹되어 신앙 본연의 의무인 교회장의 인간 구제 역할보다도 개인적인 욕심과 권위에 빠져들었다. 그는 입신하자마자 혈족 승계의 덕으로 단시일 내에 이 나라 유수의 최상급 교회의 수장으로 급상승되면서 마치 많은 수하를 거느리는 귀족(?)처럼 행세했던 것이다.

그는 입신한 지 얼마되지 않아 교의는 물론, 신앙심도 얕은 편이었다. 그래서 이 길의 선후배와의 서열, 복잡한 계열과 조직, 그로 인한 폐단, 지난날 걸어 온 교단의 온갖 역정, 교계의 현황, 그리고 젊고 진보적인 신자나 교우들의 뜻과 바람 등을 잘 파악하지 못하고 있었다. 오직 권위의식과 이미 종속관계에 길들여진 노회(老獪)한 교회장들과 어울리다 보니 그들의 교언(嬌言)과 감언에 참신했던 그도 서서히 세뇌되어 종교인 본연의 의무인 인간구제를 망각하고 이윤을 추구하는 기업인처럼 실리만을 찾게 되고 말았다.

그는 이 나라 천리교의 토착화를 위한 천리교인의 바램이나 세계화를 지향하는 교단이 되어야 한다는 많은 교우들의 희망을 올바르게 보지 못했다. 그래서 종교인의 궁극의 목적이며 사명인 자기희생으로 남을 도우며 사회의 안녕과 복지를 추구하는 것을 망각하였던 것이다.

당시 이 나라 계통별 최상급 교회장들은 낡은 사고 속에서 이기주의에 빠져 서로 자기주장만을 하고, 상호 협조는커녕 사소한 일에도(예를 들면 신자 문제와 교단직 배정 등) 이해를 따지고 또 시기하고 있었다. 서로 모함하고 투쟁하느라 진실한 인간구제는 외면한 채 사욕에 빠져 얼마나 많은 분쟁과 분열만 일삼았던가! 언제나 마음이 하나로 집약되지 못하다 보니, 아직도 복지시설 하나 만들지 못했던 것이다. 김웅선은 교단의 이런 내력과 분쟁도 파악하지 못하면서, 경솔하게 판단하고 처세함으로써 결국 이 나라 천리교의 발전을 저해시켰고, 또 김기수 교통의 원대한 꿈을 뭉개버리는 짓을 한 것이다. 이는 대한천리교사에 큰 오점을 남기는 안타까운 일이 아닐 수 없다.

〈참고〉 당시 혜성교회의 임원들의 말에 의하면 김웅선은 평소 할아버지와 고참 선배 역원들에 대한 벅찬 부담감 때문에 불편했었고, 한때 의기소침했던 일도 있었다고 한다. 그리고 부모들이 생전에 천리교에 대한 좋은 인식을 갖지 못했던 선입견도 있었다. 그런 자비와 인간구제라는 순수한 사명감을 갖고 신앙을 택한 것이 아니었다. 다만, 혈족 상속 승계를 받은 신앙이라 처음 얼마동안은 신앙에 대한 의구(疑懼)심도 많았다고 한다. 그래서 교회의 운영을 이익을 추구하는 기업처럼 생각한 듯 했다. 그러다보니 기성 고참 교역자들이 이끌어 온 교회와 교단에 대해 불만이 쌓였다.

그러자 개혁을 핑계로 젊은 청년들을 선동, 그 탈출구를 허울 좋은 교단 통합론에 두면서 낡은 봉건주의적인 종속화로 회귀하고 싶었던 것이라고 볼 수 있다. 다시 말해서 자신이 국내 최상급 교회장이라는 봉건적 권위와 기득권의 보호라는 명분을 걸고 복고의 길을 선택하고 말았던 것이다. 아무리 나이가 젊어도 하는 일이 노인과 같다면 결코 발전은 없고 오직 쇠퇴할 뿐이다. 큰 문제가 아닐 수 없었다.

3) 교령발포의 표면상 이유

(1) 재단 감사의 행정감사(監査) 보고에 대한 불만

그러나 교단의 뜻있는 교직자와 신도들은 현실을 모르고 날뛰는 그들의 하는 짓을 보고 서서히 불만이 팽배해지면서 무엇인가 이들의 음모를 분쇄해야 한다는 여론이 고조되고 있었다.

이런 상황 속에서 교단본부 회계감사위원회에서 전국을 순방하며 전년도(1992년도) 교구 및 본부 회계감사를 실시했다. 이때 김정강 감사위원장은 전반적인 교정감사 결과를 교단에 보고하고, 또 교의회에서 전년도 회계감사 결과를 감사위원장인 김대환(당시 재단 감사 겸) 씨가 보고하였다. 그리고 교정 전반에 관한 보고도 같이 제출했다. 이 보고서에 의하면 혜성교회의 신임 교회장과 그 측근에서 교단의 방침과는 달리 종속교단과 깊은 유대를 갖고 교단에 반하는 일을 현재 진행하고 있다고 하였다. 그러자 각급 교회 및 교직자들의 동태와 그들의 불평 불만을 수렴한 내용을 교의회에 보고함으로써 교내에 큰 파문이 일어나게 되었다. 모두들 혜성교회 신임회장과 그를 추종하는 자들의 동향에 분개하면서 문제가 심각하게 전개되었던 것이다.

(2) 교의회의 교단정상화추진위원회 결성에 반발

감사내용의 주요 골자를 보면, ① 교통패행과 교단본부에서 주요 직책을 갖고 있는 그 측근들이 불필요하게 일본 교회본부를 자주 방문하고 있다. ② 일본 해외전도부 번역과 소속인 한국번역위원회에 교단지 편집장 안광용과 수양과 강사인 손영웅 등이 번역위원으로 위촉되어 있다. ③ 뿐만 아니라 김웅선 교회장 자신도 번역위원이 되어 활동하고 있으며, 해외전도부 관계자와 접촉이 잦고, ④ 한국천리교연합회의 주요 임원과 부화뇌동하고 있다고 했다. 그리고 교단에서 결의한 사항을(지난날 신도천리교 시대의 왜색 잔재) 아직도 개선치 않고 있으며, 대한천리교단 본래의 창립이념인 자주·자립 교단의 한국토착화 및 운영관리의 민주화에 역행하고 있으며, 신임 혜성교회장과 그를 추종하는 자들이 교단의 정체성을 흐리게 하고 있다고 강력하게 지적했다.

교의회에서 이를 받아들여 5월 13일 임시 교의회를 열고 이에 대한 대책을 논의했다. 그래서 다음 달 6월 13일의 임시 교의회에서 이들의 음모를 파헤치고 시정키 위하여 교단정상화추진위원회를 결성하고 이에 대해 강력한 시정을 요구하기로 했다. 이에 대하여 혜성교회 후계자와 그를 추종하는 몇몇 주요 교회장이 반발, 교단을 자기들이 장악하려고 본격적인 시도를 결행한다.

다시 말해 교단 내 자주 자립파를 무력하게 만들고, 또, 이들을 몰아내려고 했던 오래 전의 음모와 계략을 이 때를 기하여 실현하고자 메스를 들고 나왔던 것이다. 그리하여 그들의 음흉한 속셈이 가려져 있던 음지에서 드러나게 된 것이다. 이것이 교단사에 기록되는 소위 부당한 교령 파동의 직접적 원인과 동기가 된다.

김웅선 측은 93세라는 노령에다 판단력은 물론 치매 현상이 극심한 김기수(金杞洙) 교통을 대신하여 끝내 부당한 교령까지 발포한다. 이로 인하여 교단은 급기야 혜성교회파 대 비혜성교회파로 양분되면서 혼란으로 빠지게 되었다.

4) 교령발포의 배경

김웅선은 일본 천리교회본부와 상급교회장인 경성대교회장으로부터 교회장이라는 '명칭의 리'를 받기 위하여 일본 천리교회본부 해외포교전도부와 상급교회와 접촉했고 그 과정에서 자연히 그 편의 지시와 제도 속으로 빠져들었다. 특히, 일본 대교회 산하 최상급 교회장들의 자주교단 대한천리교단을 비판하는 말을 듣게 되었다. 일본 본부측에서는, '대한천리교의 교정을 이끌고 있는 교무원 최명진 원장, 정명수 총무부장, 김대환 재단 감사 겸 교단 회계감사위원장, 김영제 교의회 의장 등등, 고위 교정 책임자들 대부분이 철저한 자주교단파로서 교단의 통합을 저해한다. 그리고 그들이 노령의 김기수 교통에게 자주교단으로 가도록 오도(誤導)하고 있다. 그러하니 이들을 하루 속히 배제해야 한다.'고 부추기고 있었다. 그리고 혜성교회계 고참 역원(산하 회장) 중에 교단에 동조하는 자를 먼저 후퇴시키고, 그 자리에 김웅선을 추종하는 젊은 청년회원을 배치시켜 교정 행정을 장악한 후, 종속 교단과 통합을 하는 것이 순서라고 사주를 받는다. 그래서 이를 관철하기 위하여 교단 교무원에 혜성교회 청년회원 중에서 손발이 될만한 자를 한사람씩 발령 배치하는 등, 그 계획을 착착 진행했다. 그리고 교단정상화추진위원회를 주창하는 신명정교회장 김대환을 이 기회를 이용하여 몰아내고, 그와 동조하고 있는 김영제 교의회 의장도 함께 제거하려고 했다. 그래서 먼저 김대환 씨에 대한 인간적인 약점이나 비행을 들추면서 그의 명예를 추락시키려고 온갖 노력을 다 했다. 또, 교단의 최고 결의기구인 교의회 의장이며, 또한 철저한 자주교단파인 대구교회장 김영제를 제거하려고 했다. 그리하여 그가 장악하고 있는 교의회의 기능을 무용화 시키고자 꾸민 것이 바로 이번의 교령 발포의 목적이던 것이다.

나. 교령발포의 부당성에 대한 교정기구의 저항

1) 교통 명의를 도용(盜用)한 부당한 교령의 내용

1992년 7월 31일, L경리부장이 교령 발동 운운하면서 인쇄물 한

뭉치를 주정식과 함께 갖고 왔다. 거기에 교통 자필로 된 별도 쪽지가 복사되어 일일이 붙여져 있었다. 그 인쇄물의 내용은 교령 발동에 관한 것이었다.

그 교령을 그대로 여기에 옮겨보면,

〈문서〉

대한천리교본부

(701-1201-2)

교령 : 제92-19호 1992. 7. 31

수신 : 수신처 참조

제목 : 교령 발포의 건

다음과 같이 교령을 발포하니 교무수행에 차질 없기를 바랍니다.

1. 근거 - 교헌 제17조

2. 교령 요지

가. 교의회의 모든 활동을 금일(92. 8. 5) 0시를 기하여 별도의 명령이 있을 시까지 전면 중단할 것을 명한다.

나. 교단정상화추진위원회(가칭)를 임의단체 및 기구로 단정하고 모든 행위를 즉시 해산 및 중단할 것을 명한다.

다. 면직 조치

순위	성 명	조 치
1	김 정 강	모든 교직에서 면직

3. 배경 및 사유

대한천리교에 소속된 모든 교회장 및 교역자들에게 본 교령을 발포하게 된 것을 심히 유감으로 생각하며, 작금의 사태에 대하여 우려를 하지 않을 수 없어 교단을 대표하는 교통으로서 교령을 발포한다.

교의회의 역할은 대한천리교 용재들의 대표 및 대리자로서 성진실을 다하여 교정에 임하여야 함에도 불구하고, 일부 몰지각한 임원들이 신앙인 본연의 자세를 떠나 자신만의 입지를 위하여 사적인 불만을 표출, 교단정상화추진위원회(가칭)라는 임의단체를 날조하여 교단의 올바른 교정활동을 심히 훼손한 바, 이에 단호한 결정을 내린다.

(다)항의 김정강은 감사위원장으로서 그 맡은 바 직무를 유기 및 월권한 자로, 일부 교역자들을 감언이설과 유언비어로 현혹시켜 현 교단의 교정을 막대히 문란케 하였으며, 교단정상화추진위원회(가칭)라는 임의단체조직의 주모자로서 현 교단을 비정상 교단인 것처럼 왜곡, 호도하였음으로 이에 면직 조치로써 그 책임을 엄히 문책하는 바이다.

수신처 : 각 교구, 교의회 의원

교단정상화추진위원회와 위원장 김정강과 교의회에 대하여 별첨과 같이 교령을 발령할 것을 명함.

교통 金 杞 洙 (자필서명) 끝

(그 후, 이 교령은 8월 4일자 교령 제18호로 나갔음.)

이상과 같은 교령에 대하여 총무부장은, '이게 무슨 짓인가? 이런 중대한 일을 교헌 및 규정에 의하지도 않고, 또 합법적인 교정기구도 거치지 않고 발포하다니, 무슨 아닌 밤중에 홍두깨 같은 소리냐? 너희들 멋대로 만들어 집행한다고 하니 말이 되느냐? 교무원장과 주무부서장인 총무부장도 모르는 이런 교령은 있을 수 없다.'고 하면서, 일언지하에 '집행할 수 없다.'고 말했다. 이어 총무부장은 즉시 교무원장을 찾았다. 먼저 교무원장에게 전화를 걸어 간단히 그 사항을 보고하고 빨리 교무원에 와서 긴급 교무회의를 열고 대책을 세우도록 요청했다.

그리하여 다음날 8월 1일 오전에 교무원장, 총무부장, 새로 임명된 경리부장, 주정식 교화과장, 이승남(봉경교회 신자) 교통실 비서가 참석하여 회의를 했다.(교화부장 조용수, 재단 사무국장 정의진 등은 무슨 이유인지 모르나 불참) 총무부장이 진행하였는데, 이때 교무원장과 총무부장은 교정위원회의 동의없이 이런 교령을 발포할 수 없다고 주장했으나 주정식 과장은 집행할 것을 극구 주장했다. 이에 가세하여 L재무부장과 그 일당들도 교통 명령이라고 하면서 강행할 것을 강력히 주장하였다. 이렇게 되자 교무원장은 '내일 내가 직접 교통을 만나 확인하고 교령의 부당성을 이야기 하겠다.'고 하며 이 날 회의를 마쳤다

2) 교무원장 사임하고 총무부장은 교령 발포에 불응

그 다음날 8월 2일 오후가 되자, 최명진 교무원장이 총무부장에게 전화를 했는데, 그 내용은 '나도 더 이상 어쩔 수 없다. 나는

사표를 내고 내일부터 나가지 않겠다.'는 것이였다. 총무부장이 교통을 만났느냐고 재차 물었더니 만나지 못했다고 하면서, '나는 내일부터 안 나간다.'고 간단히 한마디 하고는 전화를 끊어버렸다. 총무부장이 더 말을 하려고 해도 그는 다음 말도 듣기 전에 전화를 놓아버렸다. 그도 퍽 괴로웠던 모양이다.

당시 김기수 교통은 극심한 치매 현상으로 직무 불능이었으며 그의 손자인 신임 교회장이 만사를 임의 처리하고 있었으니 교무원장의 권능은 이미 땅에 떨어지고 아무 소용이 없었다. 들리는 말에 의하면 신임교회장이 오히려 교무원장에게 교통을 잘못 보좌하였다고 수모를 주며 몰아붙였다고 한다. 오죽했으면 교무원장이 교무원에도 나타나지 않고 사표를 제출했으랴! 그의 심정은 이해하지만 총무부장은 교무원장이 사임하지 말고 끝까지 자리를 지키며 싸워주기를 바랐었다. 그런데 그는 책임을 회피하고 그의 직권을 포기하고 말았던 것이다. 총무부장은 이런 사람이 어떻게 교단의 중책을 맡고 있었단 말인가? 라고 원망하면서 무척 당황했지만 한편으로는 설마 나오겠지! 라고 생각하기도 했다.

그러나 그 날 이후부터 최명진 교무원장은 영영 교무원에 나타나지 않았다. 김웅선의 이런 부당한 일을 권한 없는 총무부장에게 남기고 가 버렸던 것이다. 그리고 또 소식마저 끊었다. 당시 총무부장 혼자서 교령 집행을 막아 보려고 이들을 설득하고 있었지만 중과부적이었다.

8월 3일, 총무부장은 소속 교회의 월차제를 마치고 오후 2시 반이 좀 넘어 교단 교무원에 나왔다. 이 때 이재석 부장, 주정식 과장, 이승남 비서 등 3인이 총무부장에게 다가와서 교령을 빨리 발포하라고 다시 재촉했다. 험한 인상을 쓰며 '교통이 하라면 할 일이지 당신이 뭔데 하지 않겠다는 거냐.' 고 반말로 다그치며 강요를 했다. 총무부장은 이들 젊은 놈들이 하는 짓이 너무 어이가 없었지만 일일이 대꾸하거나 상대하지 않고 다만 '나는 그 부당함을 문서로 조목조목 나열하여 건의할 것이다. 그때 교통이 이를 확인하고 사인을 해 준다면 그대로 처리할 것이다. 그러니 더 이상 여기에서 논의하지 말라.' 하면서 자리를 피하였다.

다음날 총무부장이 아침 일찍 출근하여 간밤에 초안을 잡은 건의문을 서무에게 타자로 찍게 하여 완성한 후, 정오가 조금 지나 약속한 대로 급히 교단 봉고차를 타고 혜성교회로 갔다. 이 때 주정식 과장과 이승남 비서가 같이 따라왔다. 총무부장이 혜성교회에 도착한 시간은 12시 35분경이었다. 그런데 이 건의문을 총무부장이 교통에게 직접 전하려고 했지만, 역시 주과장 등이 교회에 들어가지 못하게 막았다. 총무부장이 '왜 나를 막느냐?'고 항의를 한 즉, 그들이 '문서는 우리가 전하겠다. 당신은 교통을 만날 수 없다'고 했다. '그게 무슨 소리냐.'고 하면서 그들과 옥신각신 다투다 보니 시간만 자꾸 갔다. 당시 고소사건으로 성동경찰서에 출두하게 되어 있는 총무부장으로서는 더 이상 지체할 시간이 없었다.

할 수 없이 총무부장은 직접 쓴 건의서를 그들에게 넘겨주면서 교통에게 보이고 읽어드려서 그래도 실시하라고 한다면 총무부장인 내가 책임지고 실시하겠으니, 반드시 교통의 자필 서명을 받아오라고 했다. 그리고는 총무부장은 성동경찰서로 달려갔다.

총무부장이 성동경찰서에서 고소인 진술서를 쓰고 나니 이미 오후 6시가 넘었다. 경찰서에서 오후 4시경, 잠시 틈을 내어 교무원에 전화를 걸었다. 주과장 등은(지난밤에 총무부장의 잠겨진 책상 서랍을 열고 몰래 그 속에 보관된 인장함을 꺼내 교통인을 찍어 두었던 것이다.) 교통에게 건의서를 보이지도 않고, 그 길로 교무원으로 돌아가 자기들 멋대로 교령 발포문을 봉투에 넣고 수신처와 주소를 쓰고 문서화시켜 보내 버렸던 것이다. 수신은 교구장, 교의회 위원이었다.

참고로 총무부장의 8월 3일의 일기를 보면 다음과 같다.

-전략-

내 소속 교회에서 월차제를 마치고 오후 2시반경 교무원으로 나가니 교통 도장을 찍어 교령을 빨리 발령하라고 키가 작은 주과장이 생쥐 같은 얼굴에 벌레 먹은 듯한 인상을 쓰며 독촉을 한다. 그 옆에 서 있던 곰같이 미련하게 생긴 이 교통 비서도 같이 거들며 인상을 쓰고 채근했다. 나는 '무슨 소리야! 교무원장도 교령을 부정하고 나 또한 불가하다고 했는데 웬 소리냐!'고 했다. 그랬더니 대뜸 하는 말이 '교통의 명령이니 해야지 무슨 변명이냐?'고 버릇없이 나왔다. 나는 어이가 없어 그 두 놈을 번갈아 쳐다보며, '교무원장과 총무부장은 교통의 교정 주요 실무 참모로서 잘못된 점이 있으면 건의해서 시정시켜야 할 의무가 있으니 너희들은 가만있어! 내가 건의서를 써 올릴테니 그리 알아라.'고 했다. 이번에는 이승남이가 '명령 불복종이냐.'고 또 말하기에, 나는 '정말 교통의 명령이냐? 사실이라면 교단에 와서 명령을 하면 듣겠다.'고 하면서 응하지 않았다.

그래도 그들이 씩씩거리며 물러서지 않자, 나는 교통이 직접 써

온 명령서 밑에 〈교통의 명령이니 도장을 내어 줄 테니 너희들 마음대로 하라.〉고 쓰고 거기에 도장을 찍었다. 그제서야 그들은 그 쪽지가 못쓰게 될까봐 당황하면서, 그러면 안 된다면서 교통이 직접 쓴 명령서를 뺏고, 내가 쓴 글을 오려내느라고 밑을 잘라 버리기도 했다. 그래서 교령이 서명한 쪽지가 반쪽이 되어 버렸던 것이다. 마음속으로 '사실이라면 총무부장이 찢었다하고 다시 받아오면 되지! 이 엉터리 놈들아!' 나는 속으로 쾌재를 불렀다. 그리고 건의서를 내일 오전 중에 써 갈 테니 그렇게 알라고 하면서, 교무원을 나와 성동경찰서로 향했다.

-이하 생략-

또한, 총무부장의 일기 중에서, 8월 4일 자 내용을 보면,

-전략-

간밤에 쓴 건의서를 갖고 교무원으로 일찍 나와 다시 정리하여 미스 박(서무)에게 타자를 치게 하였다. 일찍 서두른 관계로 12시 30분쯤이 되어서 완성할 수 있었다. 내가 교단차를 타고 나오려고 하자 이승남 교통비서와 주과장이 따라와 같이 탄다. 나는 먼저 혜성교회로 갔다. 나는 이날도 성동경찰서에 가서 증인 심문을 오후 1시에 받게 되어 있었다. 그래서 거기부터 먼저 갈까 하다가 주과장 등과의 약속 시간 때문에 먼저 혜성교회로 갔던 것이다.

혜성교회 정문에 들어가려고 하자, 주과장과 이승남 비서가 차를 멈추게 한다. 내가 교통을 못 만나게 하려고 저지하는 것이었다. 나는 어이가 없어, '왜 그래! 너희들 그렇게 하면 안돼.' 하고 다시 설득을 했지만, 듣지 않았다. 그래서 충신과 간신에 대한 고사를 들려주면서 훗날 역사에 반드시 비판 받게 될 것이니 그러지 말라

고 책하기도 하고, 또 한편으로는 달래며 회유해 봤으나 막무가내로 안 된다는 것이었다. 성동경찰서에 출두하기로 한 약속 시간이 자꾸만 다가오면서 초조해졌다. 나는 더 이상 그들과 다툴 수 없어 이비서에게 내가 작성한 건의문을 건네주면서 반드시 교통에게 읽어드리고, 교령을 내리(실시)라고 하든지, 그렇잖으면 보류라고 하든지 간에 자필 서명을 받아오면 그 지시를 따르겠다고 하고, 곧장 성동경찰서로 갔다.

-생략-

경찰서에서 심문조서를 받기 위해 대기하면서 잠시 시간을 내어 교무원에 전화를 걸었다. 이 때가 오후 3시 반경이었다. 건의서에 대한 결과를 알고 싶어 경과를 물었더니, 주과장이 벌써 교무원에 와 있다고 전해준다. 그래서 나는 전화로 주과장을 바꾸라고 해서 건의서에 대한 결과를 알아 봤다. 주과장은 '무조건 집행하라고 했다.' 라고만 말할 뿐 다른 말을 하지 않는다. 그래서 건의서에 대한 답변서를 받아 왔느냐고 물었더니 그 건의문은 지금 교통에게 전해 주었다는 것이다. 그래서 다시 교통에게 써 준 건의문을 읽어드렸느냐고, 그리고 주과장도 곁에 있었느냐고 재차 묻고 또 어떤 답변서를 받았느냐고 다그치자, 그때서야 어물쩍거리며 놀림조로 안 받았다고 말하는 것이었다. 그리고 교령을 이미 내려 보냈다는 것이다. 나는 기가 차서, 어떻게 해서 보냈느냐고 했더니 주 과장이 어제 자기가 총무부장의 서랍을 몰래 열고, 교통이 친히 쓴 필적 위에 도장을 찍어서 봉투를 쓰고 교구장 교의원에게 다 보냈다고 말했다.

나는 더욱 화가 나고 어이가 없었다. 공문이 갖추어야 할 최소한의 요소와 규정도 무시한 채, 삐라나 전단처럼 보냈으니 창피해서 더 할 말이 없었다. 또 이렇게 교통을 빙자한 자들이 교통의 명의를 자기들 멋대로 사용하는 것을 보고 그들의 계획된 계략임을 쉽게 알 수 있었다. '이 나쁜 놈들!' 나도 모르게 소리를 쳤다. 이날 성동경찰서에서 조사가 끝난 시간이 오후 6시 쯤 이었다. 돌아오는 길에 서울교구에 들려 홧김에 술 한 잔을 했다.

－생략－.

오래 전부터 노환의 교통은 철저히 유폐되고 격리되어 면담조차 할 수 없었다. 한마디로 말해 후임 혜성교회장이 교통 면담을 못하도록 철저히 봉쇄했던 것이다. 총무부장이 교령발포에 대한 부당함을 건의문으로 작성하여 교통에게 제출하면, 자연히 신임 혜성교회장에게 넘어가므로, 그가 볼 것을 예상, 감안하면서 작성했다. 물론 교통에게는 보이지 않을 것이라는 것도 알고 있었다. 그러나 이 기록은 반드시 남아 후일 증거가 되리라고 생각했었다.

여기에 그 건의문을 옮긴다.(물론 이 건의서가 김기수 교통에게 전달되지 않았다고 전해지고 있다.)

〈문서〉

교령 발동에 대한(철회) 건의

1. 사건의 전말

(1) 1991년 12월 13일에 있은 91년도 제9차 교의회에서 예산안 통과시 김정강(일명 김대환) 위원이 교구비가 50%도 수금

이 되지 않고 있어 그 원인을 알아 본 결과, 교단에 참여치 않는 자가 많았고, 그 중에는 교단의 중요 직위를 갖고 있는 자도 있으니 추후에는 교구에 참여 없이는 교정에 참여 못한다는 것을 명백히 하고, 그리고 등록된 교회는 당연히 의무 이행을 해야 한다는 등의 발언이 있었습니다. 그래서 교단을 보다 활성화시키기 위해서도 교단 내 임의기구를 만들어 그들을 교정기구에 적극 참여토록 유도하고 또 그들에게 그런 일을 못하도록 건의 하겠다는 뜻에서 발의한 바 있었습니다. 그때 교의회에서 긍정적인 동의가 있었으며,

(2) 1992년 3월 13일, 92년도 제2차 교의회에서 91년도 감사 결과 지적사항을 당시 감사 위원장인 김정강 위원이 보고하고 그 지적사항 결과에 대하여 시정토록 요청이 있었으나 중요 사항 몇 가지는 시정치 못했고,

(3) 1992년 5월 13일, 92년도 제3차 교의회에서 교무원장의 출석을 요구하면서 3월 13일자 교의회 지적사항의 시정요청의 답변을 요구했으나 불참으로 논의되지 못했고,

(4) 1992년 6월 13일 92년도 제4차 교의회에서도 교무원장의 불참으로 지적사항을 또 다시 논의할 수 없었습니다.

(5) 그러나 그 후 교의장 등이 교무원장을 면담했고 교의회의 지적사항 시정과 근간의 교정 현황에 대하여 문의한 바 적절한 답변을 얻지 못했고, 교무원장은 자신의 직무수행 한계를 느끼고 있었으며, 근일 중 교통님과 상의하여 책임과 권한을 위임받고 처리하겠다고 하면서 차일피일 기일만 보

내는 실정입니다.

(6) 1992년 6월 13일, 92년도 제4차 교의회에서 교무원장의 무책임한 행위에 대하여 더 이상 교의회의 결과를 무한정 기다리면서 연기할 수 없다는 중론이 있었고, 교단의 기강 없음과 현재 각 기구마다 제 기능을 충분히 발휘 못함에 대한 지적이 있었습니다. 그런데 집행부가 만사를 적당히 하고 불성실하게 처리하고 시정을 하지 않고 있으며 제도적으로 잘못되고 있으니 하루 속히 올바른 집행을 해야 합니다. 그런데 권한이 없다고 교무 집행을 기피하고 있는 실정이니 (교무원장은 시정하겠다고만 말하고 결과가 없다.) 이의 시정을 강력히 요청키 위하여 김정강 위원이 긴급제안을 했습니다. 그 내용은 첫째, 교권을 확립하고 둘째, 교헌을 수호하고 셋째, 교단정상화를 위한 강력한 건의 단체로서 교단정상화추진위원회를 결성할 것을 요청했습니다. 이에 교의원들이 공감하여 상기의 기구가 발족하게 된 것입니다. 이 단체는 순수한 의미에서 교단을 보다 건실하고 활성화시킬 수 있다고 해서 참석했던 모든 교구장들도 찬성, 동참하게 된 것입니다.

현재 교정운영 상황을 보면 교통님께서는 불편하시어 집무가 불가능하고 교무원장은 책임을 회피하고 있으니 불능상태에 빠져있습니다. 하여 누구인가 보다 명백히 책임교정을 맡을 사람이나 기구가 필요합니다. 이에 편파적인 단체가 아닌 엄정한 중립적 단체로서 교단정상화 추진위원회를 발족하고, 그런 취지로서 회칙을 만들어 교의회에서 심사숙고

하여 심의한 후에 정식으로 발족하기로 결의한 것입니다.

〈참고〉 아직 교의회에서 심사한 바 없고, 교무원에서 결과 상신한 바 없는 상태임.)

2. 현황

가. 교헌기구인 교의회에서(교구장 활동) 청원을 받아들여 가칭 교단정상화추진위원회를 구성키로 하는데 동의(결의)하고 목적과 활동을 보다 명백히 하기 위하여 회칙을 제정, 교의회의 심의를 거쳐 교단(교통)에 전달키로 했습니다. 위 가칭 교단정상화추진위원회는 수차례 회동을 하여 회칙(시안)을 작성, 교의회의 승인을 얻기 위한 준비 중에 있습니다.

나. 현재 교의회는 있으며 건의안을 접수만 하였을 뿐 아직도 회칙(시안)을 심사치 않고 있어 어떤 결론이 날 지 모르는 상황입니다.

3. 교령집행의 부당성

가. 교헌 17조의 규정은 교헌 및 규정의 시행상 필요한 세부조치나 보충적 규칙 등의 발포권의 성격을 갖고 있는 것으로, 예컨대 법률(교헌 및 규정)에 필요한 시행령인 대통령령 및 각 부령에 해당하는 것이지, 결코 비상사태 선포의 효력이 있는 것이 아니라고 해석됩니다.

나. 가칭 교단정상화추진위원회는 어디까지나 교헌 및 체제의 수호에 적극 동참하며 원활한 집행을 위한 순수한 동기에

서 출발한 것인 바, 이의 무조건적인 부정은 명분을 잃게 되는 것입니다.

다. 교의회의 규정에 의한 용목이라면 누구라도 교의회에 청원이나 건의를 할 수 있게 되어 있고, 또 교의회는 그 청원에 대하여 성실히 심의하여 그 결과를 교정기구에 전달할 의무가 있습니다. 그런데 그 청원의 하나인 가칭 교단정상화추진위원회 구성은 회칙을 확정짓지 못하고 있는 실정인 바, 교정 집행부에서 성급히 옳고 그름을 속단하여 결정하는 것은 부당합니다.

라. 교령 내용을 보면 인사조치가 있는데 이것은 인사권자의 권한이지만 징계절차에 의하여 처리해야 하므로 교령으로 면직조치 한다는 것은 온당치 못하며,

마. 현 진행 과정을 봐서 교의회가 월권을 하거나 부당한 처리를 했다고 보기에는 미흡한데 함부로 해산 운운하는 것은 부당하다고 사료됩니다.

바. 끝으로 사건의 전말에서 이야기한 바와 같이 교단에서 어떤 사안이 부당하다고 될 때에는 그에 대한 충분한 근거를 제시하고 대화를 통해 해결책을 강구해야 할 것인데 무조건 교단을 비상사태로 이끈다는 것은 현명치 못하다고 사료됩니다.

4. 의견 및 건의

가. 가칭 교단정상화추진위원회의 설립과 그 목적은 결코 반교단적이 아니며, 전문적인 법률지식을 갖고 회칙을 만든 것

이 아니기에 모순도 있으리라 사료됩니다. 또 어떤 단체도 마찬가지겠지만 그 구성원 중에는 강경파도 있고 온건파도 있게 마련인데 회칙(시안)에서 다소 과격한 문구와 거슬리는 조항을 문제삼아 성급히 반교단적인 단체로 규정하는 것은 온당치 않다고 봅니다.

나. 아직도 교의회에서의 회칙 심의가 남아 있고 건의사항 자체도 보다 명백히 논의한 것도 아니며, 설령 논의되어 교단에 이관되어 왔더라도 교통의 재량으로 시정이나 재조정 또는 재심사 요청을 할 수 있는데 성급히 앞에서와 같이 조치 한다는 것은 옳지 않다고 사료 됩니다.

다. 끝으로 본 교단은 어디까지나 종교 단체이며 결코 시중의 이익단체가 아닌 것을 감안하시고, 교단본부(집행부) 또한 교신도 위에 군림할 것이 아니라 그들의 선출에 의하여 대표자가 되었음을 아시고 교신도들의 의견을 겸허히 수렴해서 시행하고, 잘못된 점이 있으면 대화를 통하여 설득하고 조정해서 서로가 불만이 없도록 해야 한다고 사료됩니다.

이상으로 볼 때 이번 교령 같은 초강경 조치는 오히려 교단을 혼란케 하는 계기가 될 뿐 현명한 해결책이 아니라고 봅니다. 집행부의 참모로서 감히 건의하오니 참조하시어 기하달된 교령을 철회하여 주시기를 바랍니다.

1992년 8월 4일

교무원 총무부장 정 명 수

교통 귀하

〈참고〉 전술한 것과 같이 이재석과 그를 따르는 자들이 총무부장의 책상 서랍 자물쇠를 몰래 열고 보관된 인장함을 꺼내 교단명의 도장을 찍어 놓았다가 총무부장이 없는 사이에 봉투에 주소만 쓰고 교령 문서를 보냈다는 것이다. 총무부장은 이들의 처사에 분노와 울화가 치밀어 올라 참을 수가 없었다. 그러나 어쩔 수 없었다. 다만 이에 대한 사후 대책을 어떻게 해야 하느냐로 혼자 고민하다가 '사문서 변조 및 인장 도용 및 동 행사'라는 죄명으로 이들 모두를 고소 고발하려고 소장을 즉시 작성하였다.

이를 들고 다음날 잘 아는 법조계 인사와 변호사도 만나보고 또 모 경찰서 수사과장도 만나 상의를 했으나, 궁극에 가서는 김기수 교통을 마음대로 조종할 수 있는 쪽에서 유리하며 설사 사건이 성립된다고 하더라도 시일만 오래 끌고 그 실효성이 적다는 견해였다. 그래서 고소 문제는 더 두고 보기로 했다.

이후 8월 23일 혜성교회 월차제에 총무부장 등이 참석한 일이 있었다. 마침 이 날, 식당에서 김기수 교통을 만날 수 있었으나, 교통이 너무나 노쇠하여 거동도 제대로 못하는데다 치매현상이 극심하여 가엾게 보였다. 그래서 눈인사만 하고 교령에 대하여서는 문의할 수가 없었다.

그런데 이튿날 8월 24일 교무원에 출근을 했더니 주정식과 이재석이 함께 인상을 쓰면서, '총무부장은 교통을 직접 만나려고 하지 말고, 또 다시는 교통 곁에 얼씬도 하지 마시오! 그런 짓을 하면 가만두지 않겠으니 그리 아시오!'라고 눈을 부라리며 협박조로 덤벼든 일도 있었다.

3) 교령의 부당성에 대한 각급 교정기구에서 시정 요구

이에 대하여 전국의 교직자와 신도들이 교령의 부당성에 대하여 노도같이 일어나 반발하며 하루 속히 무효화하거나 철회할 것을 요구했다.

(1) 전국 교구장의 교령 철회요구

먼저 전국의 7개 교구장이 이 교령 발포에 대하여 교통 앞으로 '교령 철회의 건'이라 하여 1992년 8월 18일자로 건의서를 보내 왔다.

교단에서는 이를 1992년 8월 21일자 제103호로 접수하였다. 그 내용을 보면,

〈문서〉

건 의 서

제목 : 교령 철회의 건

전국 교구장은 교통이 발포한 교헌 제17조의 규정은 교무회의의 절차 없이 발포하였으므로 이는 부당하니 이를 조속히 철회해 줄 것을 강력히 촉구하는 바입니다.

1992년 8월 18일

서울교구장 정연창

충청교구장 임봉두

부산교구장 배태수

경북교구장 이강택

제주교구장 양정남

경남교구장 김사용

호남교구장 전용성

이상 교구장들이 직접 사인을 했다.

(2) 교단정상화추진위원회(가칭)에서 불법 교령의 철회 요구

〈문서〉

교단정상화추진위원회

교정추 제92-2　　　　　1992년 8월 18일자

수신 : 교통

제목 : 불법 교령 발포에 대한 철회 및 교단정상화추진위원회의 해산에 대한 이의 제기

1. 대한천리교 교의회는 교단 발전에 보다 참신한 지표를 제시하고자 교단 전반에 걸친 지속적이고도 발전적인 의안을 채택하였고, 그 의안에 대해 위원들의 충분한 토의 과정을 거쳐 적법 절차에 의거 의결합니다. 하여 교단의 발전을 도모하고자 지극히 민주적인 방법에 의해 교단정상화추진위원회를 교의회에서 결의해서 결성한 바 있습니다.

2. 1992년 6월 13일, 교의회에서는 다수 교직자들의 교단 애호의 충정과 교정의 정체해소를 위한 열정적인 중의의 집약으로 제안된 교단정상화추진위원회의 발족을 인정하고, 각 교구장이 당연직 위원으로 참여하기로 의결하였습니다.
3. 그러나 집행부는 교의회에서 의결된 사항을 집행하지 않고 있어 교의회의 결의 사항과 감사에서 지적된 사항, 그리고 건의에 대한 집행을 촉구했는데도 진전이 없어서 원인을 밝히고,
   -중략-
   다음 회기의 교의회에서 지난번 감사결과 지적된 사항에 대한 불이행의 책임을 묻고, 원인과 문제점을 파악, 그 시정함으로써 교단의 발전을 기하고자 하는 것이었습니다.
4. 그런데도 불구하고 별첨과 같은 교령을 1992년 8월 5일부로 발포했기에 그 부당성과 교헌 제17조의 규정에 해당 없다는 것을 지적합니다.
   -중략-
   이를 무시하고 시행한 당사자를 즉각 가려 그 직위를 면직할 것을 강력히 촉구하는 바입니다.
5. -생략-

1. 본 교단의 기본 이념과 정신은 지극히 민주적 운영 방식이라는
   -중략-
   교직자들이 원로로서 최대한 예우를 한 것을 기화로 마치 교주처럼 착각한 것은 아닌지?
2. -전략-, 교의회에서 선출된 교통이 마치 절대적 권한을 위임

받은 것으로 오판하여 교단, 재단의 각 기구 전반을 유일체제화 하려는 야심은 아닌지, 특정 계통의 인맥으로 구성하고 있음은 무엇을 의미하는 건지?

3. 천리교의 발상지인 일본 본부의 배후 작용 또는 일부 집단의 일본을 추종하고자 하는 책동에 의한 것은 아닌지?
4. 교통은 자신의 계열을 최대한 등용시켜 교단행정을 문란케하고 있으므로,

-중략-

교통의 교회 계열(혜성)에서 신앙 경력이나 교력이 아직 짧고 경험이 부족한 자들을 직원으로 등용하여 혼란을 자초하니 교단을 마치 자신의 사유인 양 사조직화 하고 있음은 대한천리교단 창립의 기본 이념과 정신인,

-중략-

강력히 교령 발포의 배경 및 부당함을 규명코자 아래 사항을 결의하고 또한 성토한다.

-이하 생략-

그리하여 4개항의 질의를 했는데 그 내용을 보면 ① 교정위원회의 협의나 자문을 받았는가? ② 교단 집행부인 교무원에서 교무회의를 했는가? ③ 면직 근거와 교의회의 질의에 대하여 답변할 의무가 없는가? 등의 중요한 질의였다. 그리고 성토가 있었는데 교단을 혜성 교회의 사유(私有)로 생각하고 있으며 김정강에 대한 개인 명의를 추락시킨 데 대하여 책임을 엄중히 질책했다. 그리고 월간 「대한천리교」지의 편집인 정능교회장 안광용이 사직서를 제출

하였는데도 불구하고 현재까지 미처리하고 있음은 계열을 보호하려는 계략이 아닌가를 묻고 이를 조속히 처리하여 줄 것을 요청했다. 서명, 날인자는 다음과 같다.

교단정상화추진위원회 위원장 김정강, 부위원장 조수현, 추진위원 대원교회 김현술, 울산교회 김사용, 경신교회 이강택, 망경교회 정성인, 대풍교회 임봉두, 남심교회 이응석, 양보교회 김종권, 대선교회 양정남, 전홍교회 전용성, 성광교회 배태수, 언양교회 김동학, 채봉교회 정연창, 속선교회 이영곤, 이형문.

수신처는 교통, 교의회 의장, 각 교구장, 교정위원, 교의원, 교무원장 등, 교단 임원에게 보내고 있다.

(3) 불법 교령에 대한 교정위원회 소집요구

그리고 1992년 8월 18일, 교정위원들의 연서가 된 '교정위원회 소집요구서'라는 문서가 교통 앞으로 왔다.

목적 : 불법으로 발포한 교령 제92-19호의 발포 경위 청취 및 사안 수습책을 강구하기 위하여

소집 시한 : 이 소집 요구서를 접수한 날로부터 7일 이내.

출석 요구자 : 교무원장, 총무부장.

단서 조항 : 만약 위 시한 내에 정당한 이유 없이 소집을 거부할 때에는 소집을 요구한 교정위원끼리 교정위원회를 개최하여 사안을 심의 결의할 것입니다. 끝

그리고 교정위원의 서명이 있었는데, 최기대, 양정남, 남무현, 배을란, 이의호, 전용성, 김현술 등 7명이다.

접수 즉시 이 문서를 혜성교회(김웅선)로 보냈던 바 '8월 26일자 교통이 열람하였음'이라는 자필로 문서 여백에 쓴 채 교무원으로 회수되어 왔는데 이 건에 어떤 조치나 지시 등 일체의 반응이 없었다. 결국 묵살되고 말았다.

(4) 혜성교회(김웅선 주도) 측에서 교령에 대한 추가 발표

그러나 교무원장과 총무부장은 이 교령이 절대로 교단의 공식으로 결정된 사항이 아니며 또 정당한 교정 집행 행위가 아님을 천명하고 관계 자료를 제출하여 해명하였다.

그런데 이미 교령으로 보낸 문서가 너무나 조잡하여 창피할 정도였고 교령에 대한 여론도 예상 외로 나쁘게 전개되자 그들은 얼마 후인 8월 26일에 다시 교통 명의로 후속 문서를 작성하여 발송하겠다고 말하기에 총무부장은 이때도 교통 결재 사인을 받아 오라고 했다. 그랬더니 이번에는 김기수 교통의 사인 같은 것을 받아 왔는데 그 문서 내용을 여기에 옮기면,

〈문서〉

대한천리교본부

대천교 제92-56　　　　1992년 8월 25일

제목 : 불법단체(가칭 교단정상화추진위원회)의 유언비어 유포에 대한 지시

항상 신님 한줄기로 매진하고 있는 이 길의 용재님들께서는 일부 몰지각한 교정자들의 편향된 유언비어에 동요됨이 없이 용재 본연의 자세로 임해주시기 바랍니다.

유첨 : 1. 교령 제92-19호 사본 1부.
2. 교령 제92-19호의 정당성 추가 발포 사본 1부
3. 교직자 제위께
4. 서울지구 청년회 서울교구 역사 진정서 사본 1부. 끝
수신처 : 교정위원, 각 교구, 교회장, 포교소장

대한천리교 교통 김 기 수 (사인)

그리고 8월 26일자로 교통 사인이 되어 있다.

그런데 상기 문서의 유첨 2항 '교령 제92-19호의 정당성추가 발포' 에는 3개항의 정당성 운운하고 있는데 여기에서 생략하고 김현술 교정위원의 교령 철회의 재촉구에서 이에 대하여 일일이 논박한 것으로 대체코자 한다.
그리고 유첨 3항 '교직자 제위께' 라는 것을 보면(문장이 부실하여 일부 보강 또는 수정하였음)

1. 교령 제92-19호에 의하여 (가칭) 교단정상화추진위원회의 해산과 교의회의 업무 정지를 92년 8월 5일부로 명하였음에도 불구하고 아직도 일부 교직자들이 경거망동을 하고 있으니 엄히 문

책합니다.

2. (가칭) 교단정상화추진위원회의 소위 위원장이라고 자처하는 김정강은 신앙인으로서는 도저히 행할 수 없는 사적 및 공적인 불만이나 감정을 표출하여 교통에게 모든 책임을 전가하고 있는 반면 〈현 교통 겸 이사장(김기수)을 원로로서 최대한 예우해 온 것을 마치 그가 교주처럼 착각한 것은 아닌지? 일본 계열의 배후 작용 및 추종하고자 하는 책동, 운운하는 등〉 신앙적으로 심한 모독적 발언에 대하여 김정강의 신앙심에, 60여년간 이 길을 걸어 온 본인 자신이 그렇게 보였다는 것에 아직도 신앙적으로 부덕함을 새삼 느끼게 하고 있습니다.
3. 교령 1호로부터 18호까지 교통의 자문기구인 교정위원회가 소집 개최되어 심의를 거친 전례가 없었음에도 불구하고 유독 19호에 집착하여 협의 및 자문을 요구하는 저의가 어디에 있는지 유감으로 생각하며 또한 교헌에 의거 필요시 교정위원회의 자문을 구하는 바 교정위원회의 소집이 없다 하더라도 본 교령은 교헌에 절대적으로 위헌되지 않았음을 재삼 강조합니다.
4. 또한 계통 일색이라고 주장하고 있으나 모든 질의서에 대한 연서인(교정위원, 각 교구장) 교의회 의원들의 혜성 계통은 20% 이하(소수)로 전혀 앞뒤가 맞지 않습니다.
5. 다시 한번 천명하건대 소위 교단정상화추진위원회(가칭) 위원장인 김정강의 신앙적 처신과 인간적 몰염치는 필설로 모두 열거할 수 없을 정도입니다. 최근 92년 3월에 발생한 것을 예로 들면 서울지구 청년회를 사주하여 유첨과 같이 진정서를 감사위원장(김정강 자신)앞으로 제출케 하는 그러한 자가 어

떻게 감사위원장직을 맡을 수 있고, 하물며 교단정상화 운운을 이야기할 수 있겠습니까? 그러므로 교령 제92-19호에 의거하여 엄히 추궁하는 것입니다. 모든 교직자 여러분께서는 감언이설에 현혹됨이 없이 신앙인 본연의 자세에 충실히 임해 주시기를 간곡히 부탁드립니다.

교 통 김 기 수

라고 쓰고 서명을 하고 있다.

그리고 참고라 하여 유첨 4의 대한천리교 서울지구 청년회에서 보낸 문서(진정서)를 붙이고 있다.

여기에 옮기면,

'감사위원장님 및 감사위원님 전에 이런 문서(진정서)를 올리게 되옴을 신앙인으로서 참으로 유감이 아닐 수 없습니다. 아래에 기재된 내용들을 상기하시어 교구 감사에 임하여 용재들의 가슴에 앙금처럼 가라앉아 있는 의문점에 대해서 감사 결과를 많은 사람들에게 알려 주셨으면 감사하겠습니다. 서울교구를 불신하는 많은 분들을 대신해서 감히 서면을 통해 불신하는 원인을 다음과 같이 밝히는 바입니다.

-이하 생략함-

이에 진정서를 제출하는 바입니다.

1992년 3월 7일

서울지구 청년회 회장 민 향 기

〈비고〉 이 항에 대하여는 후술하는 '서울교구 청사신축 역사' 란에서 상세히 기술하였음.

〈참고〉 이상과 같은 내용이 첨부되어 있었음을 볼 때, 이들은 교단 집행부를 부실하게 부각시켜 불신케 하고 또한 개인을 비교역자로 매도, 교령을 합리화시키려고 선동하고 있다. 동시에 교단 임원에 대한 대내외적으로 여론을 나쁘게 조성하려는 계획이 역력히 보인다.

그리고 청년회에서 제출한 진정서를 갖고 교단에 대하여 불신과 불만을 선동하였고, 훗날 이 문제를 다시 제기하여 교단을 어지럽히는 사건이 일어난다.

(5) 교령 철회를 규탄하는 김현술 교정위원

교령 발동에 대하여 교정위원 김현술 대원교회장이 교통 앞으로 교령 철회와 '교령92-19호의 불법성을 규탄한다.'는 등의 문서와 '대천교 제92-55호에 대한 반박 및 교령 철회 재촉구'라는 문서를 계속 보냈다.

여기에서 대체로 내용이 상세한 '대천교 제92-55에 대한 반박 및 교령철회 재촉구'의 내용 중 중요 부분을 발췌하여 살펴보면,

"본 교정위원이 제출한 교령 제92-19호의 부당성 및 그 시정촉구에 대한 회신을 접하여 참으로 경악을 금치 못하였습니다. 지금 교단의 분위기를 살피건대 금번의 교령 발포의 파문이 점차 확산 일

로에 있으며 급기야는 교단 내분의 조짐마저 보여지고 있는 이 시점에 시정 촉구의 건의가 받아들여지지 않고 도리어 정당성 주장을 고집하고 있는 것은 교단의 장래를 조금도 염려치 않는 불성실한 처사라 간주되옵기에 본 교정위원은 다시 금번 교령 발포의 모순성 및 불법성을 다음과 같이 지적하오니 교단의 안위를 위해 재검토 하시고 꼭 철회 조치해 줄 것을 바랍니다.

다 음

먼저 이번 교령 발포의 부당성을 다시 지적하기 전에 본 교정위원이 교헌 미숙지 때문이라고 지적하였으나 현행 교헌 및 규정과 현재의 재단 정관은 당시 본 교정위원(김현술)의 입안에 의한 것임을 천명 드리면서 본인의 미숙지인지 교통님 혹은 내조자의 미숙지에서 기인된 것인지 지적 사항을 검토하여 가름하시기 바랍니다.

(교령 제92-19호의 부당성 재 지적사항)

회신에 첨부된 추가 발포 2항을 보면 '교헌 제24조의 3항에 교정위원회는 필요에 따라 교통이 소집하는 것'이라 명시하고 있습니다. 그런데 사안의 긴급성 및 교정위원회에 추후 통보로 충분하다고 판단되었을 시 교통 직권으로 교헌 제17조에 의거, 교령을 발포할 수 있다는 내용이 있습니다만 이는 교헌 제17조를 왜곡 해석하고 있는 바 이에 대한 부연 설명을 드리겠습니다.

1. 교령 발포는 교헌 제17조에 '교헌 및 규정의 시행상 필요할 때'라고 분명 못박아 놓고 있습니다. 그러므로 반드시 교령 발포의 목적이 교헌 및 규정에 관련되어야 하고 근거를 두어야 한다는 사실입니다. 예를 들면

-중략-

그런데 이번 발포한 교령을 보면 교령 요지 (가), (나), (다) 3개항 모두가 합헌성을 결여한 모순을 노정하고 있습니다. 교령 요지의 (가)항은 별도의 명령이 있을 시까지 교의회의 활동을 전면 중단할 것을 명령하고 있습니다. 교의회의 활동 중지는 곧 한시적 해산 명령이라 간주되어집니다. 그러나 현행 교헌 및 규정에는 교의회의 해산권이나 활동중지 명령권을 규정하고 있지 않습니다.

-중략-

곧 위헌인 것이며 따라서 무효입니다. 교령 요지 (나)항은 교단정상화추진위원회(가칭)의 해산을 명령하고 있는데 언뜻 보면 교헌 및 규정에 근거를 두었기 때문에 적법으로 보여집니다. 그것은 본부 규정 제3조 3항(위원회의 설치 또는 폐지에 관한 사항)에 근거할 수 있기 때문입니다.

-중략-

교령 요지 (나)항 역시 이러한 정당한 절차를 경로하지 않는 교령이므로 위헌인 동시에 또한 무효입니다. 그러나 교령 요지 (나)항의 교단정상화추진위원회(가칭)는 애당초 교령을 발포하여 해산명령을 내릴 수 있는 상대로 되어 있지 않을 뿐더러 필요도 없는 것입니다. 교의회 규정 제16조 1항을 적용할 수 있으며 이를 확대할 수 있는 조치를 취하는 과정을 전격적으로 봉쇄하는 것은 교통

의 직권을 넘어 월권이며

-중략-

교령 요지 (나)항은 근원적으로 상대 없는 교령 발포이기 때문에 역시 위헌이며 무효인 것입니다. 그러나 이러한 임의 단체가 교단의 명예를 훼손시키거나 교단의 기강을 문란케 한다든지 해고 행위가 인지되었을 때의 제재 방법으로는 그 단체에 참여하고 해고 행위의 당사자를 교헌 및 규정 중에는 징계 규정이 있어 이를 적용하여 징계 조치 할 수 있습니다. 그러나 이 경우도 역시 교통의 직권을 행사하여 교령을 통해 일방적으로 징계할 수 있는 것은 아닙니다. 어디까지나 징계규정에 따른 절차를 통해 심판위원회에 회부하여야 하고 부의 받은 심판위원회에서는 징계 규정의 저촉 여부를 심의 판정하여 결과를 교통에게 상신함으로써 비로소 가능한 것입니다. 따라서 교령 요지 (다)항의 면직조치도 역시 위헌이며 무효인 것입니다.

2. 교령 제92-19호의 정당성 추가발포 2항을 보면

'교헌 제24조 (3항)에 '교정위원회는 필요에 따라 교통이 소집하는 것'이라 명시하고 있는바 사안의 긴급성 및 교정위원회에 추후 통보로 충분하다고 판단되었을 시 교통 직권으로 정당히 교헌 17조에 의거, 교령을 발포할 수 있다.'라고 하였습니다.

-중략-

교령발포란 중요한 교무 중에도 중요한 교무이기에 두말할 필요 없이 교통은 교정위원회를 소집하여 사안을 다루어야 합니다. 그럼에도 불구하고 교정위원회의 소집 없이 교령을 발령한 것을 정당

화하기 위해 사안의 긴급성 및 교정위원회에 추후 통보로 충분하다고 판단.

– 중략 –

교령 요지에 (가), (나), (다) 항이 얼마나 긴급을 요하는 사항이기에 교정위원회에 추후 통보로써 가하다고 판단하였단 말입니까? 사안의 긴급성을 함부로 적용하여서는 안 됩니다.

– 생략 –

3. 교령 제92-19호의 정당성 추가 발포 3항을 보면 '교헌 제17조 및 26조에 의하면 부의 사항으로서 정족수에 대한 조항이 없는 바 교령의 발포에 대한 가부를 부의할 수 없습니다.'고 지적되어 있습니다만 참으로 교정 전반을 통할하는 교통 및 그 측근자가 교헌을 알지 못하고 어찌 교정 업무를 수행하며 또한 보좌할 수 있다는 것입니까? 본부규정 제3조 (2)항을 직시하십시오. '교정위원회는 재적 구성원 과반수의 출석으로 개의하고 출석위원 과반수의 찬성으로 의결한다. 단 전항 1호 가항 및 4호의 의결은 재적 구성원 3분의 2이상으로 한다.'고 분명히 규정되어 있습니다. 우리는 종교인인 이상 지위의 고하를 막론하고 자신의 행위의 모순이나 착각을 깨닫게 되면 곧 반성하고 시정하여야 합니다. 더구나 이번 교령의 건은 자칫 잘못하면 평지풍파를 몰고 올 중대사안인 동시에 교단의 대표권자인 교통의 위상 및 명예와 자질에 관계되는 것으로서 신중하여야 할 사안이므로

– 중략 –

교통님의 공적에 오점을 남겨서는 안 됩니다.

4. 인사 행정의 시정에 대하여

본 교정위원이 아는 바에 의하면 교무원 내의 직원(부장, 과장, 실장)의 인사 발령이 있는 것으로 알고 있습니다. 이 인사 발령 역시 정당한 절차에 의해 발령된 것인지 심히 의심됩니다. 본부 규정 제4조 2항을 보면 '교무원 및 교통실에 원장, 실장, 각 1인을 두고 교통이 교정위원회에 자문하여 이를 임명하되 교무원장은 교의회의 인준을 얻어야 한다."고 되어 있습니다. 따라서 교통실장도 마땅히 교정위원회의 자문을 받아 임명하여야 함에도 불구하고 교정위원회에 하등의 자문 없이 여러 차례나 교통실장의 발령이 있은 것은 실로 유감스런 일이며 제5조 2항 및 제6조 2항에는 부장 및 과장의 임명을 교무원장의 추천에 의하여 교통이 임명토록 규정되어 있는데 근래 있은 부장급 및 과장급의 인사 발령이 적법 절차를 밟아 시행한 것인지 과연 의문시 됩니다. 이 또한 적법 절차를 밟지 않았다면 무효의 인사 발령이므로 곧 시정하시어 적법 절차에 의하여 재임명하시길 바랍니다.

1992년 8월 29일

교정위원 김 현 술

(이상은 B5 용지로 6장의 분량인 것을 발췌한 것임.)

이렇게 대화와 사리로써 조용히 해결을 하려고 했지만 노쇠하고 치매 현상이 뚜렷한 교통을 업고 월권하고 있던 그들은 이미 종속 교단 측과의 통합 묵계가 이루어져 있었고, 다만 그 시기만을 기다리고 있었기에 더 이상의 대화는 소용이 없었다.

(6) 교령 효력정지 가처분을 법원에 제소

이런 사실을 알게 되면서, 교령 발동의 원인 제공자가 되며 한편 피해자인 김정강(일명 김대환) 교단본부 회계감사위원장이 서울민사지방법원에 '교령 효력정지 가처분'을 독단으로 신청했다. 그 결과 '종교단체의 교령 자체가 법률관계를 규율하는 것이라고 볼 수 없다. 그래서 교령 자체가 법률상의 대상이 될 수 없다.'고 하면서 사건 신청이 각하된다.

이에 대하여 당시 판결문을 살펴보면

〈문서〉

서울민사지방법원

제 50 부

결　정

사건 : 92 카합 2682 교령효력정지가처분

신청인 : 1. 김정강 주소생략,

2. 김영제 주소생략.

신청인 등 소송대리인 변호사 : 김성기

피신청인 : 대한천리교

주소 : 생략

대표자 : 김기수

소송대리인 변호사 : 강대성, 신현호

주문 : 신청인들의 이 사건 신청이 각하한다.

신청취지 : 피신청인이 1992. 7. 31 대한천리교 교령 제92-19호로

발포한 교령의 효력을 신청인들의 피신청인에 대한 위 교령 무효 확인 청구사건의 본안 판결 확정시까지 정지한다.

이유 :

-전략-

그러나 직권으로 살피건대 피신청인이 발포한 위와 같은 내용의 교령은 피고의 교헌 및 징계규정 등에 비추어볼 때 종교단체인 피고가 그 교리를 확립하고 단체 및 신앙상의 질서를 유지하기 위하여 행한 종교단체 내부의 규제에 지나지 않는다고 할 것이고, 달리 신청인들 개인의 특정한 권리 의무에 관계되는 법률관계를 규율하는 것이라고 볼 수는 없으므로, 위와 같은 내용의 교령 그 자체는 법률상의 쟁송의 대상이 될 수 없다 할 것이다.(대법원 1984. 7. 24. 선고 83다카2065 판결 참조)

그렇다면 신청인들의 이 사건 신청은 부적법하므로 이를 각하하기로 하여 주문과 같이 결정한다.

1992. 11. 18

재판장 판사 정 지 영

판사 이 태 섭

판사 이 광 만

이상과 같이 결정됨으로써 더 이상 교령에 대한 시비를 가려 봤자 실익이 없음을 알게 되고 오직 실력대결만이 있을 뿐이라는 결론을 얻게 되면서 새로운 국면을 맞게 되었다

〈참고〉 김정강(일명 김대환)은 당시 신명정교회장으로서 1991년

12월 14일자로 망경교회장 정성인과 함께 재단 감사로 선임되어 그 이듬해 본부회계감사위원회 위원장으로 피임되어 교단 감사를 했던 것이다.

당시 교령 효력정지에 대한 쟁송에 대하여 교단에서는 최명진 교무원장과 정명수 총무부장, 김현술 교정위원과 김대환 감사 등이 같이 변호사 사무실로 가게 되어 있었다.

그런데 갑자기 김대환 감사가 김현술 교정위원과 둘이만 가겠다고 우기기에 총무부장은 자연 빠지고 말았다. 어떤 변호사인지는 모르지만 김대환 감사가 잘 아는 변호사에게 간 모양인데, 무엇보다도 교단의 임의기구인 교단과 법정 기구인 재단과의 관계를 충분히 설명을 해 주었더라면 보다 명백한 결론을 얻었을지도 모른다. 막연히 임의 단체인 교단 교령의 효력에만 집착하여 교헌만 갖고 설명을 하다 보니 종교관계의 특성을 모르는 변호사가 충분히 검토를 하지 못하여 그런 결과를 초래했던 것이 아닌가 생각된다.

이럴 경우 민법상의 재단 감사에 대한 인사 건은 임의 기구의 법규나 규정을 갖고 효력정지 운운 등의 처분은 당연히 위법이며 부당한 것으로 판결이 될 것인데 그것에 대하여 충분히 인식시키지 못함으로써 돈만 들여 일을 그르치고 말았던 것이라고 본다. 즉 실정법이나 법령에 정한 인사를 임의 단체의 규정으로 해임 운운하지 못했을 것이다.

그래서 재단 감사에 대한 그 문제만 걸어 소송을 했더라도 사태는 달랐을 것을 생각하니 안타까울 뿐이다.

다. 부당한 교령 발포를 하면서 자주교단 주창자들을 축출

무엇보다도 교단 총무부장이 보관 관리하고 있는 인장함(교단의 관인 및 직인 등 보관함)을 정당한 절차도 거치지 않고, 총무부장이 부재중인 야밤을 틈타 교무원에 침입하여 도둑처럼 잠궈 둔 책상 서랍을 몰래 열고 도장을 꺼내 또 날인하여 온당한 문서처럼 날조 하여 행사했던 것이다. 이로 인하여 교단에 엄청난 파란을 일으켰고, 결국 교단의 존립 위기까지 몰고 가게 되었던 것이다. 이상과 같은 일련의 사건에 대하여 법적 대응을 할 것을 생각하지 않을 수가 없었다. 또 주위에서도 이에 대하여 조치할 것을 은근히 바라고 있었다.

그 달 8월 31일에 조용수 교화부장도 사문서 변조 등으로 총무부장이 고소할 것을 권하였고 또 몇몇 사람이 찾아와 총무부장이 가만있으면 되느냐고 충동까지 하면서 고소나 고발할 것을 강요하고 있었다. 심지어 어떤 자는 원망조로 나무라기조차 하였다.

전술한 〈참고〉에서 기술한 바 있지만, 총무부장은 이 문제를 해결하기 위해 남몰래 고소장을 쓰는 등, 나름대로 알아보고 있었다. 아무리 범죄 구성요건이 충분히 갖춰졌다고 하더라도 김기수 교통은 이미 치매현상이 극심하여 사리를 구별하지 못하는 지경에 있어 사태를 제대로 판별할 능력이 없었다. 또 주위 가족들에게 둘러싸여 있어 정당한 의사결정을 할 수 없고, 그 주위 사람들이 얼마든지 사건내용을 조작할 수 있어 승산이 불확실한 송사(訟事)라고 생각되었다. 그리고 범죄가 명백하게 밝혀지더라도 형벌 대상이 누가 되느냐는 등으로 서로 책임 전가를 한다면, 결국 미궁에 빠져 시간만 허송할 뿐이라는 의구심이 들었다. 이러한 불확실한 송사에 장기간 내 스스로 발목이 매일 필요가 없다는 생각이 들어 그들의 동태를 예의 주시하면서 효과적인 대책을 강구하고 있었다.

1) 혜성교회 계열 인사를 교무원장에 임명

전술한 바 같이 최명진 교무원장은 교령 발동 얼마 후인 8월 1일 이후부터 사표를 제출했다고 하면서 교무원에 전혀 나타나지 않아 총무부장 혼자서 고군분투(孤軍奮鬪)를 하고 있었다.

그리고 최명진 교무원장이 사임한 후 1개월 5일이 지난 후인 9월 5일에 혜성교회 계열의 도농(陶濃)교회장 이상만(李相萬) 씨가 난데없이 나타나 후임 교무원장이라 하며 취임했다. 교무원장을 임명하려면 규정상 교정위원회를 열어 의견을 청취하고 또 심의를 받는 절차를 거쳐 임명해야 할 것이다. 그리고 교의회가 그 기능을 발휘하지 못해 인준을 받을 수 없었다고 하더라도 최소한의 절차를 거쳐야만 했다. 그러나 이상만 '교무원장 서리'도 4개월 남짓 근무하다가 이듬해 1993년 1월 4일이 되자 해임되었고 혜성교회 계통의 태성(兌星)교회장 김영창(金永昌) 씨가 역시 앞의 사례와 같이 임의로 다시 교무원장(서리)으로 부임해 왔다.

2) 총무부장을 일방적으로 면직하여 축출

이때 교무원장(서리) 이상만 씨와 총무부장이 함께 면직 조치되었다. 면직 사유는 그들의 종속 음모에 방해가 된다는 것이다. 특히 '총무부장은 그들의 종속 음모에 절대 가담하지 않을 것이다. 그는 철저한 자주교단파다. 그가 교무원에 있는 한 자기들의 야심이 쉽게 성취될 수 없을 뿐 아니라 방해가 될 것'이라 생각하여 자기들 나름대로 고민 중에 있었다. 한편, 총무부장도 총무부장이라는 직함만 갖고 있었을 뿐, 인사 발령이나 사직서 처리 등 교무를 그들 마음대로 처리하고 있어 직무상 권리는 이미 빼앗기고 허수아비가 되어 있었다. 혜성교회 김웅선과 그 패들이 일방적으로 혜성교회 안방에서 사직서를 받고 또 발령을 하며 조종하고 있었다.

총무부장은 이들의 부당한 교정행위와 간섭을 배제하고, 또 종속으로 끌고 가려는 그들의 야망을 최소한 행정적으로 견제를 하기 위하여 동조 세력을 규합하려고 극비리에 여러 교우들을 만나고 있었다. 또, 수시로 교우들에게 교단의 위기를 알리고 그에 대한 대책을 논의도 하며 행동을 같이 하기로 굳게 결맹을 맺었다. 후일 이 때 만났던 용재들은 교단을 강제 점령할 때 앞장서 활동하는 등, 큰 힘이 되어 주었다.

후술하겠지만 이런 상황에 처해 있던 총무부장은 그 직에서 해임되면서 교정(敎政)에서 자유로운 몸이 되었으니, 본격적으로 표면에 나타나 그들의 음모와 야욕을 분쇄하고 이들을 교단에서 축출하여, 혼란한 교정을 바로 세우고 교단의 위기를 구하는데 적극적으로 전념할 수 있게 되었다. 그리하여 해임되는 다음날부터 바쁘게 돌아다니며 하나씩 하나씩 구상했던 계획을 추진할 수 있다.

〈참고〉 혜성교회 계열 도농교회 이상만 회장이 교무원장직을 그만 둘 때 그는 이미 76세라는 노인이었다. 경기도 구리시에서 제법 부자로 살면서 슬하에 많은 자식이 있었는데, 이들 모두가 당시 수억씩을 갖고 있는 재산가였으나, 그는 언제나 시골 영감처럼 검소하였다. 그리고 신심이 매우 깊으신 분으로 말이 거의 없었고 옳은 일이나 좋은 일에는 남보다 먼저 성금을 냈고, 궂은일에는 언제나 앞장을 섰다. 그래서 많은 교우로부터 존경을 받으셨던 분이었다. 때로는 그의 소박한 인격을 두고 법 없이도 살아 갈 무골호인이라는 소리를 들었으며, 항상 웃는 듯한 동안(童顔)을 하고 있었다. 그가 젊었을 때 고생하여 자수성가를 해서 그런지 철저한 검약 생활에 신앙을 했는데 그 또한 자주·자립 교단을 바라는 용재였다. 그 전에도 자주교단 재건운동에도 적극 참여한 바 있었지만 워낙 말이 없는 분이었다.

필자가 교정 문제에 대하여 문서화하여 결재를 받을 때 그 분은 나의 자주교단·자립교정을 지지하면서 나에게 용기를 주기도 했었고, '교무원 젊은이들이 뭐라고 하더라도 아무런 걱정을 마시고 복안대로 하십시오.' 라고 살짝 귀띔을 해주기도 했었다. 'L재무부장이 김웅선의 지시를 받고 일일이 간섭하고 반대를 하는데 되겠습니까?' 라고 하면, '그건 염려마시고 옳다고 생각되면 뜻대로 하십시오. 나는 교무원장을 하고 싶어 온 것이 아니오. 나도 이런 교회 조직과 제도에 싫증이 나서 언제든지 나가라면 나갈 것이니 내 걱정은 하지 말고 소신대로 하시오. 내가 이 자리에 있는 동안은 염려마시오.' 라고 더듬거리듯 말을 하면서 결재 서류에 도장을 찍고는 횡하니 나가버리곤 했었다.

나는 짧은 기간이나마 그 분과 함께 근무하면서 평소 말없이 묵묵부답이었지만 그 분의 생각은 매우 깊고 또 옳은 일에 조금도 굽힘이 없음을 새삼 알게 되었다. 그런데 나이 많은 교무원장이 혜성교회에 가면 손자뻘이 되는 젊은 교회장이나 그 패들로부터 싫은 소리를 듣지나 않을까 염려도 했었지만, 그럴 때 그는 묵묵히 듣고만 있다가 나온다고 누가 전언해 준 일이 있었다. 그리고 그는 일본 천리교회본부의 철저한 종속 교회화 등의 시책에 부정적이었다. 이런 이유 때문에 자식들에게 강제로 신앙을 권유하지 못했다고 필자에게 말하기도 했었다. 결국 교무원장(서리)직에서 물러나, 자기 교회일만 보면서 신앙을 하시다가 혜성교회가 완전히 종속교단으로 회귀(回歸)하자 얼마 후 그가 최근에 몸소 신축한 교회를 스스로 폐쇄하고 이 길을 영영 떠나버리고 말았다.

한편 그들은 당시 총무부장을 너무나 과소평가하여 쉽게 면직시킨 것은 잘못이었다고, 훗날 종속 교단의 고위 간부가 된 자가 진솔하게 토로한 바 있었다. 또 총무부장은 누구보다도 교단의 현황, 그리고 그간의 교정의 내력 및 교직자와 신도들의 동태와 여론을 잘 파악하고 있었고, 또 오랫동안 교정 운영 경험 등을 갖고 있는 자인데 너무 쉽게 면직 처리한 것은 큰 착오였다고 후회했다고 한다.

4. 자주교단(自主教團) 위기에 대한 대책과 비상교정(非常教政)

교정은 완전히 부재이고, 모든 지시와 업무는 오직 혜성교회 안방(김웅선 회장)에서 일방적으로 행할 뿐이었다. 세상에 이럴 수가 있을까? 더 이상 그냥두면 교단은 오직 혜성교회의 교단이 될 뿐이라는 위기의식이 교직자들 간에 팽배해졌다. 한편 혜성교회 신임 회장과 그 추종자들은 자신들이 저지른 일이 예상외로 강한 저항을 받고, 비방받게 되고 스스로 고립을 자초하는 꼴이 되자 먼저 여론을 전환하기 위하여,

대천교 제93-3호(1993년 1월 11일자)로, 교통 명의로 전국의 각 교구 및 교회, 포교소에 〈1993년도 교정 정책의 방향에 대한 교단 및 교통의 견해〉란 제목의 문서를 보내고 사리(事理)에도 맞지 않는 변명을 했다. 물론 교통의 뜻이 아닌 그들이 멋대로 만든 문서였다. 그 내용을 요약하면 대략 이랬다.

'요즘 현 교단 및 교통에 대해 유언비어를 유포, 교단의 질서를 어지럽히고 있는 일부 교역자들이 대구교회에서 불법 교의회(92. 12. 9)를 소집, 교헌을 위배해 가며 임의로 조수현(영신교회장)을 교통 서리로 임명하는 등의 파행을 일삼기에 용재 여러분의 경각심과 아울러 교단의 풍토를 쇄신하고자 별첨과 같이 알려 드리오니 착오 없으시기 바랍니다.'

별첨 : 교역자 제위께

여기에서 또 '교역자 제위께'라는 별첨을 붙여 보냈는데 내용을 발췌하여 여기에 옮긴다.

그 어느 때보다 어려운 여건 속에서 이 길을 함께 가고 있는 용재 여러분께 새해를 맞아 신님의 수호가 함께 하기를 기원 드립니다.

본인은 새해 벽두에 교통으로서 용재 여러분의 마음이 용솟음치게 하는 격려의 말씀을 드려야 할 입장이고 보니 작금의 현실을 함부로 언급하기가 어렵고 또한 두려움이 앞섭니다.

본인은 교단에 봉직한 이후 어떠한 문제로 시비가 일어날 때마다 견디기 어려운 폭언과 모욕에도 시종일관 침묵으로 견디어 왔습니다. 그러나 요즈음의 현실은 너무나도 한심한 상황이기에 답변을 하지 않을 수 없습니다. 이는 교단의 모든 시비가 오늘에 와서 비롯된 것이 아니고, 또 해결하려고 해도 현 교단의 풍토에서는 좋은 결과를 기대할 수가 없었습니다.

그 이유는 신앙생활이나 사회에서도 크게 내놓는 자는 언제나 말이 없고 시비를 일으키지 않으나 작게 내놓거나 전혀 내놓지 않는 자들이 파당을 형성하여 자리다툼만을 일삼았기 때문입니다.

요즈음 들리는 바로 어느 분이 교통 서리로 임명되었다고 알고 있습니다. 그들은 현 교단의 직원들이 교헌을 위헌하여 교령을 발포하였다고 주장하여 법적 소송을 제기하였으나 법원에서도 합헌이라는 결정을 내렸습니다. [법원의 결정(판결의 일종)은 이런 뜻이 아닌데, 혜성 측에서 또 거짓말로 신도를 기만하고 있다.]

교헌을 신앙의 목표인 것처럼 추앙하는 그들 자신이 교헌을 위배하면서 92년 12월 9일 대구교회에서 교의회를 소집하여 현 교통을 해직시키고 교통서리를 선출한 것은 자기모순이며 자가당착에 빠진 파렴치한 행위입니다.

또한 교통이란 직책은 실권을 행사하기 위한 자리로 착각하는 모양인데 본인 스스로 언급하기가 어려우나 상징적 의미가 더 크다고 생각합니다.

- 중략 -

(마치 김기수 자신이 일본 교회본부 제도의 진주처럼 혜성 측에서 착각)

우리의 신앙은 자주적이고 한국적이지 못해서 정체하거나 퇴보하는 것이 아닙니다. 인간구제의 본연의 자세를 망각하여 신자 한 사람 없는 명목상의 교회장, 즉 이러한 부류의 집단이 문제인 것입니다. 그 분들은 자신의 교회에 신자가 없기 때문에 신앙을 집단화하려고 합니다. 그래야만 자신들의 입지를 굳힐 수 있기 때문입니다. 그러나 신앙이 집단과 조직에만 얽매이면 그 순간부터 온갖 비리와 갈등이 시작됩니다.

(한마디로 가소로운 일로 혜성 측에서 미사여구의 말을 양심의 가책도 없이 골라 쓰고 있다. 다시 말하지만 신도(信徒)를 아직도 리(理)의 자식이라 가르치며, 어떤 경우에는 무슨 노예나 재산(株)처럼 여기며…… 지난날 교의와 상반되는 신도시대의 조직에 이용해 온 엉터리 리(理)에 접목시켜…… 절대 복종을 강요하면서 이를 철저히 추구하고 있는 제도를 금과옥조(金科玉條)처럼 답습하면서, 무슨 말도 되지 않는 궤변을 늘어놓고 있는 것인가? 아직도 지난날의 기득권을 놓치기 싫어 발버둥치는 일본 교회본부의 소리에 자신도 한몫을 해 보겠다는 것 외에는 일고의 가치가 없다.)

교역자의 본분인 인간구제는 단지 말뿐이고 세속적인 권모술수를 일삼는 사람들이 교단에 관계하는 한 교단은 바람 잘 날이 없고, 또한 그렇게 되어 왔습니다.

- 중략 -

그런데 본인이 고령이라 해서 본인을 교통직에서 해임하는 것이나 스스로 교통이 되고자 하는 자의 신앙의 근본은 어디에 있는지 실로 궁금하지 않을 수 없습니다.

얼마 전 적법한 절차를 밟은 인사 문제가 부당하다고 시비를 걸고 교령을 위헌이라고 본인을 피고로 소송을 제기(각하 판결을 받은 92년 11월 18일 카합2682 교령효력정지가처분)하여도 본인은 침묵으로 일관하였습니다.

(물론 교통이 이런 말은 하지 않았을 것이지만, 이것 역시 전술한 바와 같이 그들의 무지에서 나온 소치라고 본다. 그래도 반성없이 자신의 행위를 자꾸만 합리화하려 하는 저속한 처사를 여기에서도 볼 수 있다.)

우리 모두 마음을 가다듬고 교조모본으로 되돌아 갑시다. 교단의 조직이나 제도에 얽매이지 말고 초심자의 마음으로 인간구제에 매진합시다.

-중략-

(이건 또 무슨 말인가 돈키호테도 아니고, 자신은 산하 신도들을 조직과 제도에 꼼짝 못하게 묶어두고 강요하면서 교단에 대해서만 얽매이지 말라고 하니 얼마나 모순되고, 또 고약한 짓인가!)

세력을 규합하여 특정인을 교통으로 추대하려는 그러한 무리들에게 부화뇌동하지 말고 교조모본으로 돌아갑시다.

용재 여러분의 올바른 판단을 믿으며 변함없는 건승을 빕니다.

대한천리교 교통 김 기 수

이상과 같은 내용이었다. 이 글은 결코 김기수 교통이 쓰거나 그

분의 의사가 아니라는 것을 우리는 잘 알고 있었다. 다만 이 글을 교통이 쓴 것처럼 행세를 한 자들은 이 글을 쓰면서, 나는 과연 부끄러움 없는 일을 하고 있는가라고 한번쯤 생각해야 할 것이다. 이 길은 성진실의 길이다.

가. 종속 교단과 야합한 혜성교회는 한국천리교연합회에 흡수

1) 효력 없는 소위 통합 교단과 통합 봉고제

전술한 바와 같이 한국천리교연합회 측과 은밀히 교류하면서 그들과 의기투합해 온 혜성교회 신임 교회장은 한국천리교 측과 통합교단을 위한 본격적인 교섭을 하고 있었다. 말이 좋아 통합이지 그것은 흡수되었다. 통합은 어디까지나 대한천리교의 교헌에 의한 합법적인 교정기구에서 중의를 모으고 최소한 교정위원회의 심의를 거치고 또 교의회에서 통합 결의를 해야 그 효력이 발생한다. 그러자면 무엇보다도 모든 교우들이 공감대를 이뤄야 한다. 신임 혜성교회장은 그런 것을 모두 무시하고 교통 이름만 빌리면 다 되는 줄 착각하고 자신을 따르는 혜성교회 역원 몇 명을 임의대로 차출하고 한국천리교연합회 임원들과 합동하여 통합추진위원회 등을 구성하고, 대외적으로는 적법한 절차를 밟은 듯이 선전하면서, 합법 통합 운운하며 기만하고 있었으니 가소로운 일이 아닐 수 없다.

지난날 일본 천리교 교회본부나 상급교회에서는 이 나라 천리교인은 모두 무식하고 우둔해서 얼마든지 교리를 핑계 삼아 기만해

왔듯이, 이번에도 혜성교회 신임회장 등이 교통 이름을 빌려 일방적으로 교직자와 교신도들의 뜻을 무시하고 있었던 것이다. 상급교회장의 리(理 : 명령)라 하여 상투적으로 집행해 온 버릇을 그도 답습하고 있었던 것이다. 즉 대교회장이나 교세있는 종속 교단파들의 교회장들이 여지껏 행해 오던 처세였다. 그리고 혜성교회 신임회장은 대한천리교단에 소속되어 있었음에도 불구하고 1991년 6월경 천리교 교회본부 해외포교 전도부 번역과 소속의 한국번역위원회(위원장 조덕구)의 번역위원으로 이미 위촉되어 활동을 하고 있었고, 또 종속 교단인 한국천리교연합회 허태규(제2의 원남성교회장), 배석수(동광교회장) 등과 긴밀히 교류하고 있었다. 그리고 해외전도부 번역과장이 오면 언제나 같이 합석해 온 허태규(제2의 원남성교회장)와 조덕구(금성교회장) 등과는 수시로 3인이 만나 서로 정보를 교환하고 또 협력하였다.

때로는 물밑 접촉을 통하여 은밀히 교단 통합을 타진해 오고 있었다. 그렇잖아도 일본 교회본부에서는 70년대의 최고협의회 중앙사무국시대의 영광(?)을 다시 찾으려고 혈안이 되고 있었다. 그리고 이 나라 천리교는 삼개 교회(원남성교회, 혜성교회, 동광교회-당시는 진해교회)만 잡으면 된다. 다시 말해서 종속교단에 모여 준다면 한국내 교단 전체의 통합으로 인정하겠다는 묵계 속에서 일을 진행해 오고 있었던 것이다. 그런데 예상 외로 교령 파동이 확대되면서 그들이 당초 계획한대로 되지 못하고 오히려 혜성교회가 고립되면서 사태가 심각해지고 다급해지자 혜성교회 신임회장은 교회 역원들을 데리고 1월 27일 서울 모처(혜성교회 근처 여관)에서 교세 있는, 소위 실세 운운하는 한국천리교연합회의 몇몇 간부들이 긴급히 모여 '교단통합추진위원회'를 더 미룰 수 없어 전격적으로 결성하였다. 한국천리교연합회 측에서는 허태규(자칭 원남성교회장), 배석수(동광교회장), 라석기(진해교회장), 이송원(중동교회장) 씨와 대한천리교단 측에서는 혜성교회계만 참여하였는데 김웅선(혜성교회장) 안광용(정능교회장)등 쌍방 모두 10여 명이 모여 비밀리에 통합추진위원회를 구성하고 결의문을 작성하였다. 그리하여 2월 3일 대천교 제93의 10호로 각 교구장 및 교회장, 포교소장에게 보냈다.

그 문서를 여기에 옮기면,

'입교 156년 새해를 맞이하여 우리 교단의 숙원인 교단 통합을 위하여 교단통합추진위원회를 결성하여 화합의 길을 찾고자 흉금을 털어놓고 숙의한 결과 교단통합추진위원회 결의문을 작성하게 되었습니다. 모든 교직자들은 2월 14일 교단본부 신전에서 통합된 모습으로 월차제를 봉상하오니 월차제에 한사람도 빠짐없이 참석 바랍니다.'

유첨 : 교단 통합추진위원회 결의문 1부. 끝.

여기에 〈교단통합추진위원회 결의문〉을 발췌하여 옮긴다.

〈문서〉

친애하는 전국 교직자 및 용재, 교신도 여러분!

-전략-

돌이켜 보면 지난 수년간 우리 교단은 교조모본의 길을 펴나감으로써 사회와 국가에 이바지하기를 바라시는 어버이신님, 교조님을 섭섭하게 하는 일이며 아래로는 순직하게 이 길을 걸어가면서 교단의 무궁한 발전만을 염원하는 선량한 수많은 교직자 용재, 교신도 여러분의 뜻을 저버리는 참으로 불행한 일이 아닐 수 없습니다. 이 같은 현실에 비애를 느껴온 일부 뜻있는 교직자들은 모이기만 하면 교단 관계자가 자기중심적인 독선을 버리고 대국적인 차원에서 마음을 하나로 모아 다시 통합해주기를 소리 높여 외쳐왔으나 불행히도 시순이 오지 않았음인지 아무런 반향(반응)도 일으키지 못한 채 번번이 좌절의 고배만을 마셔야만 했습니다. (문장을 그대로 옮기다보니, 잘 이해가 안 되는 데가 다소 있음을 양지하시기 바람.)

-중략-

이것을 곰곰이 생각하면,

이 길을 신앙하는 교직자들이 종래의 덧없는 반목을 과감히 떨쳐버리고 마음의 앙금을 말끔히 씻어냄으로써 우리 모두의 소망인 교단통합의 길을 재촉하는 어버이신님의 간절한 열망이 아니고 무엇이겠습니까?

이 뜻을 같이하는 교직자 용재들이 모여 지난날의 과오를 참회하고 시순에 담긴 어버이신님의 깊으신 의도를 받들어 어떤 방법으로든 화합의 길을 찾고자 흉금을 털어놓고 숙의한 결과 마침내 대망의 교단통합추진위원회를 결성하게 되었습니다.

참고로, 여기에서 '어떠한 방법으로든 화합의 길을 찾고, ……대망의 교단통합……' 라는 문구가 있는데, 지금에 와서 음미해 보자! 얼마나 그들이 거짓말을 잘 하고 있었는가? 결국 일본 천리교 해외포교전도부의 시책에 순응하기 위한 기만이며, 또 무모한 장난이었음을 명명백백하게 보여주고 있을 뿐이다. 당시 대한천리교단 창설의 이념이나 취지를 티끌만큼도 반영시키지 못하고 종전처럼 맹목적인 예속의 길로 끌려가고 있지 않은가?

(계속하여) 비록 만시지탄이나 지금부터라도 한뜻이 된다면 어버이신님의 크나큰 수호에 힘입어 앞으로 우리 교단이 장족의 발전을 이룩하게 될 것임을 믿어 의심치 않습니다.

-생략-

결의내용

1. 교단 통합이라는 지상 과제를 실현하기 위해 우리는 지난날의 독선적인 아집을 버리고 현 교통인 김기수 선생님을 중심으로 전 교직자가 한마음 한뜻으로 뭉친다.

2. 교단 통합에 장애요인이 되는 제반기구는 충분한 검토를 거쳐 정리 통폐토록한다.

3. 모든 교직자들은 오는 2월 14일부터 서울특별시 용산구 청파동 1가 121의 3에 위치한 교단 월차제에 필히 참배토록 한다.

입 교 156년 2월

교 통 김 기 수

통합추진위원-정능교회장 안광용, 양덕 이재석, 명화 손영웅, 의

경 오의상, 태성 김영창, 전흥 전용성, 청암 허두, 풍덕 김성환, 은평 임용석, 진해 나석기, 영신 안영길, 진태평 서태진, 남일 이병오, 부일 이제명, 웅천 오대성, 금성 조덕구, 태진 박종호, 남지 손구성, 용산 이병윤, 중앙 박영달, 신진 박계수, 청원 김용완, 원남성 허태규, 중동 이송원, 대동 현복만, 경화 김영길, 부산 김창욱, 삼성 이정웅, 구로 박달옥, 동래 윤갑련, 구만 공상용, 선화 이동규, 순한 최명이, 남영 김기범, 동선 김일만, 월성 김보기, 고성 박융자, 대연 황노출, 반송 권호복, 웅동 장성덕, 영륭 천영수, 홍능 최옥순, 도농 이상만, 동광 배석수, 영흥 홍찬준, 수원 정경자, 동원 강창국, 연희 정순덕, 혜성 김웅선

이상 50명.

〈참고〉 신임 혜성교회장은 대한천리교를 완전히 장악한 후 한국천리교연합회 측 간부와 은밀히 내약하여 오래 전부터 그 기반조성을 위해 물밑 작업을 진행해 왔었으나 생각대로 되지 않았다. 특히 교단내 타계통 교역자들이 전혀 호응치 않고 오히려 등을 돌리며 공격을 하게 되자, 그들은 점점 고립되어갔다. 교권(교통)마저 빼앗길 우려가 있자 매우 당황하여 부랴부랴 한국천리교연합회장 배석수 씨에게 급히 구원을 요청하게 되었고, 그렇지 않아도 하루속히 통합을 하자면서 설득을 해 오던 그들인지라, 이 요청을 받은 배석수 씨는 급히 허태규, 조덕구, 나석기, 안재형 씨 등과 연락하여 긴급 회동한 후, 1월 27일 그들 모두가 서울로 황급히 올라왔다. 그리하여 혜성교회에서 가까운 모 여관에서 통합추진위원회를 결성했던 것이다.

명단에 들어 있던 자 중 K씨와 S씨 등에게 당시의 문서에 서명하였거나 사전에 승낙을 받아 서명토록 했느냐고 필자가 문의 하였더니, 그들은 자신도 모르는 일이며 내 이름이 들어가 있었음을 후에 알았고 전혀 내용도 모르며, 또 관여한 바 없었다고 말했다. 그리고 덧붙여서 그들 중에는 나와 같은 자들이 많이 있었다고 전해 주었다. 그렇게 된 이유는 소위 국내 최상급 교회장이나 중진 교회장들은 산하 교회장을 절대 복종해야 하는 마치 졸개처럼 생각하는 타성에 젖어 사전에 통고하거나 승낙을 받아낼 필요가 없었으니 상급 교회장들이 임의로 작성 제출하여 기재된 것이었다.

이상의 공문에 기재된 바와 같이 2월 14일 청파동 소재 대한천리교본부에서 통합봉고제를 거행하려고 철저히 계획을 세우고 있었다.

어쨌든 한국천리교연합회에서는 형식적이나마 교단통합을 위한 논의를 하기 위하여 2월 6일 경남 진해시에 소재한 천리교연합회 사무실에서 긴급 교정위원회를 열고 통합의 취지와 경과에 대하여 설명을 했다. 그런데 교정위원들에게는 사전에 한마디 말도 없다가 갑자기 통합되었다고 통보하니 모두들 의아해 하면서 당황하고 있었다. 그토록 공개 행정을 역설해 온 배석수 씨가 멋대로 일을 결정해 놓고 교단 통합의 취지와 과정을 개략적으로 적당히 설명하자, 일부 교회장(해운교회 강상호, 반송교회장 권호복) 등이 의문점이 있다고 이의를 제기하며 질의했다. 그러나 그는 궁색한 변명에 논리에도 안 맞는 말로써 적당히 답변을 하고 있었고, 곁에서 듣고 있던 금성교회장 조덕구 씨가 배회장을 도와 변명을 해주었지만 역시 납득이 안된다고 불평들을 했다. 그렇지만 이날 모인 몇 사람에 의하여 형식적이나마 교단 통합이 추인 통과되었다고 마무리 했다. 그리고 2월 14일 교단통합봉고제를 청파동 대한천리교본부에서 거행하기로 하고 각 교회별로 용재와 신자를 대거 참여시킬 것도 함께 결의하였다. 이렇게 되자 대한천리교본부가 있는 청파동에 가기 위하여 연합회의 월차제일(매월 14일)도 폐기하였고 대신 경남교구 월차제일(매월 18일)로 다시 환원하기로 결정을 했다.

대한천리교단 측에서는 2월 11일 오전 9시경 신임 조수현 교통 측이 급습하여 교단을 별 사고없이 접수하였다. 이날 혜성교회 측에 빌붙어 있던 자들은 꼼짝도 못하고 모두 쫓겨남으로써 그들의 통합 계획은 완전히 실패로 돌아갔다. 통합 운운하던 주동자들은 당황하여 오던 길을 돌려 그러자 모임 장소를 서울 왕십리에 있는 대한천리교 혜성교회로 옮기기로 결정하였다. 그리고 거기서 소위 교단 통합 기념봉고제를 거행하였다. 이 때 대한천리교단 측이라고는 오직 김웅선 신임회장이 이끄는 혜성교회와 그를 따르는 신도들 뿐이었다. 물론 한국천리교연합회 측에서도 처음에는 몇몇 주요 간부에게만 이렇게 된 사실을 알리고 모두 비밀로 했다. 청파동 교단본부가 조수현 교통 측에 점령되었다고 교직자와 신도들에게는 전혀 알리지 않았다.

이 날 한국천리교연합회 측에서는 소위 제2원남성 교회(교회장 허태규), 동광교회(교회장 배석수), 고성교회(교회장 박용자), 동래교회(교회장 윤갑련), 천일교회(교회장 박경필), 부산교구(교구장 이병오), 경남교구(교구장 안재형), 경북교구(교구장 이정웅)에서 도합 8대의 버스와 봉고 등 승합차를 동원하여 아침 일찍 서둘러 상경을 했었다. 그렇지만 예상이 빗나가자 이 날 오후 1시부터 행사를 시작하게 되었는데 사회는 안광용(정능교회장) 씨가 맡아 진행을 했다. 그리고 93세로 노쇠한 김기수 씨를 앞세워 인사말을 시켰다고 그때 상황을 상세히 전해주었는데, 앵무새 같은 낭독성 인사였다고 표현을 했다. 그리고 대회사는 한국천리교 연합회장 배석수 씨가 했는데, 이때 함께 참석했던 자의 논평을 들어 보면, '그들이 하는 짓이 통합을 위한 적법한 절차를 무시하고 대표성도 없는 몇 사람들과 야합하였고, 대회사 또한 너무 치졸하였다. 또 상식 밖의 말과 비윤리적인 표현들이 많았다. 거기에 논리에도 안 맞는 모순으로 일관하고 있어 듣기에도 거북했다.'고 전해 준다. 특히 종교인으로서는 상상도 못할 '포크레인(중장비)으로 청파동(교단본부)을 삽시간에 밀어버릴 수도 있으나 참고 이 곳(혜성교회)에서 행사를 하기로 했다.'고도 하더란다.

-이하 생략-

나석기 진해 교회장의 경과보고가 있었는데, 이 장면도 다음과 같이 표현하고 있었다.

'난데없이 교단 형성 및 분규 과정을 설명하면서 1985년 11월 4일 목표물인 신각을 감로대로 변경함은 당시 교단본부가 임의 결의한 것인데 이를 계기로 반대자들이 1986년 6월 25일자로 한국천리교연합회를 발족하게 되어 마침내 교단이 양분되었다.'

-이하 생략-

참으로 가소로운 것은 당시 김기수 교통의 결심과 그 재가를 받고 안광용(정능교회장) 씨 등이 솔선하여 떼를 지어 진해까지 갔었던 일인데 그 앞에서 그런 소리를 하고 있었으니 참으로 한심한 자들이었다. 그는 지조가 없는 것인지, 그새 깜빡 잊고 있었는지 모르겠다면서 '그 날 참석한 자들이 모두 비웃더라.'고 했다.

그리고 안재형(영신교회장) 경남교구장이 5개항의 결의문을 낭독을 했는데 그 내용을 보면 ,

'첫째, 김 교통을 중심으로 모든 교인들이 한 마음 한 뜻이 되며,

둘째, 명실상부한 교단 통합을 이루기 위해 양측 교헌을 전면 폐지, 교단통합추진위가 새 교헌을 제정토록 하며,

셋째, 신각 목표물 등, 신앙적으로 민감한 부분은 통합추진위 내에 전문위원회를 두어 결정하며,

넷째, 일본 천리교회본부와의 관계는 터전의 리를 존중하며

다섯째, 교단에서 국민정서에 어긋나지 않는 자주적 입장을 견지한다.'등이었다고 한다.

〈참고〉 이날 참석한 소위 통합수뇌부와 임원들, 그리고 참배한 모든 신도들은 혜성교회 신전에 모셔진 목조 모형 감로대를 향하여 엄숙히 예배를 보았다고 했다. 신각과 매도를 목숨처럼 중히 여긴다며 일본 천리교회본부의 리를 따른다는 그들 자신이, 평소 사이비이며 껍데기라고 몰아붙였던 감로대를 모시고 예배를 올렸으니 참으로 가관이었다고 전해 준다.

2월 18일 오후에는 경주 보문단지 내에 위치한 콩코드호텔(특급)에서 긴급 교회장 연석회의를 개최하였다. 개최 통지를 받고 오후 4시부터 집결하기 시작한 추진위원들은 대부분 미리 와서 무희들의 반라의 춤을 기분 좋게 감상하면서 저녁 식사까지 들고 있었다

고 했다.

오후 8시에는 개최하는 회의에 참석하기 위해 별도로 마련된 회의장으로 모두 모였다. 이 날 회의의 목적은 지난 14일 (자칭) 교단통합을 했으나 이에 대한 후속 조치가 없어 그 대책을 논의하기 위한 모임이었다. 전해지는 말에 의하면, 그들은 일방적으로 교통으로 피선(?) 된 김기수 씨가 선임한(내용은 김웅선과 허태규, 배석수 등이 멋대로 조작) 교정위원과 통합추진위원 등 50여 명이 참석했으나 교통 김기수 씨는 불참했다고 한. 이 날 회의는 오후 8시경 시작되었는데 사회(司會)는 현복만(대동교회장) 씨가 맡았다. 이날은 허태규 씨가 제일 먼저 상단 앞에 서서, 지난 2월 14일(혜성교회에서 통합봉고 제시)은 일본에서 돌아오는 비행기가 늦어 행사 시간에 맞추지 못했다고 10여 분간 인사말을 했다. 그리고 이어서 새로운 교헌이 발표되었다. 교헌 초안자인 조덕구(금성교회장) 씨가 새 교헌의 중요 조항만을 발췌하여 설명하며 동의를 구했다. 그러나 새 교헌에 많은 문제점이 제기되어 교의회에 넘겨 다루기로 했다.

그런데 교의원은 교정위원이며 통합추진위원장인 허태규 씨가 24인(후에 28명이 되는데 교헌 심의 중에 권호복, 김종철, 배웅치, 김갑심 등 4명이 추가 된다.)의 명단을 이 때 발표하고, 교단통합추진위원회는 해산한다고 했다.

이어 의장단을 뽑았는데 교의회 의장에는 안재형, 수석 부의장에는 안광용, 부의장 박계수(신진교회장) 씨가 선출되었다.

교의원의 명단을 보면, 안재형(영신교회장), 안광용(정능교회장), 박계수(신진교회장), 이송원(중동교회장), 이제명(부일교회장), 김기범(남영교회장), 이병오(남일교회장), 조덕구(금성교회장), 김일만(동선교회장), 공상용(구만교회장), 구영광(명신교회장), 김보기(월성교회장), 권호복(반송교회장), 김영길(경화교회장), 손구성(남지교회장), 박종호(태진교회장), 박영달(부산중앙교회장), 이병윤(용산교회장), 김종철(보원교회장), 김갑심(남산교회장), 임순홍(은평교회장), 김성환(풍덕교회장), 허두(청암교회장), 손영웅(명화교회장), 오의상(의경교회장), 전용성(전흥교회장), 배웅치(화곡교회장), 양태수(명양교회장) 등이다.

허태규 씨는 이상을 발표하면서 교의회 규정에 33명 이내로 구성한다고 되어 있는데, 오늘 28명을 내정하고 나머지 5명은 '이것은 현재 통합을 반대하는 자들이 마음을 돌려 돌아오면 배정해 주기 위해 남겨둔 것'이라고 했다.

-이하 생략-

여기에서 전술한 교헌 심의는 교헌 심의위원회를 구성하여 넘겨졌다. 교헌심의위원은 안재형, 안광용, 박계수, 조덕구, 이송원, 이제명 등 6명이 되었다. 그리고 이 때 소위 통합교단 명칭도 다시 정하기로 했다. 연석회의가 끝나고 다시 교정위원과 원로 교역자들은 별도 모임을 갖고 김영창(태성교회장) 씨를 교무원장에 서태진(진태평교회장) 씨를 감사원장으로 선출하였고, 교정위원회 부의장으로 김창욱(부산교회장) 씨를 추대했다. 교통이 불참한 채 자기들 멋대로 임명하고 추대하고 있었으니 가관이 아니었다.

또 교헌과 규정을 무시한 채 그들 임의대로 교의원을 보강하였고 또 교통이 위촉하게 되어 있는 교정위원을 김기수 교통이 불참한 가운데 삼성교회장 이정웅 씨를 새로운 교정위원으로 위촉했다. 그들의 교정운영과 의안 심의 및 결의는 교세 있는 몇 사람들이 제멋대로 처리했다고 한다. 이를 전해주는 사람은 그 광경을 '코미디쇼를 보는 것처럼 재미있었다.'고 했다.

2) 교단 없는 재단법인 한국천리교연합회가 생기다

다음날인 19일 아침, 지난 밤 연석회의에서 양측 교단의 교헌폐기가 있었다. 또 시간을 두고 신중을 기해 연구하기로 결의했던 통합 교단 명칭이 하룻밤 사이에 갑자기 몇 사람에 의해 정해져 버렸다.

가칭 '대한천리교'로 정해진 이 명칭은 교의회의 인준도 없었다. 이미 모두 귀가하고 남아 있던 몇몇 교의원들이 모여 어떤 절차도 없이 수뇌부가 설명하는 것을 받아들여 통과시킨 것이었다. 그 이유는 김기수 선생이 평생을 '대한천리교'란 이름으로 일해 왔기에 그 분이 살아 있을 때까지 만이라도 그 이름을 써야 한다는 논리였다.

이는 그들의 신앙과 사고의 수준을 알 수 있게 해주는 대목이었다. 위관 설정도 유분수지, 만사가 이런 식이었다. 나는 이 날 이러한 행위를 통해 신의가 없고 적당히 거짓말이나 하는 그들에게 분노를 느꼈다. 이들이 소위 이 나라 천리교의 지도자들의 모습이라고 생각하니 더욱 회의(懷疑)가 느껴졌다. 교세가 좀 있으면 그들은 이러한 짓들을 함부로 하면서 약한 신자들을 마음대로 농락했다. 그들의 철면피한 짓과 자만과 권위에 취해 있는 모습은 참으로 안타까울 뿐이었다. 또, 이들의 말을 무조건 따르는 자들도 참으로 한심했다. 가슴은 없고 입만 있는 인조인간들이라고 노골적으로 불만을 토로하기도 했다.

이로 인하여 한국천리교연합회라는 교정기구는 없어지고 교단 없는 재단법인만 남게 되는 이상한 꼴이 되어 버렸던 것이다. 어쨌든 이 당시 이 나라 천리교사에 씻지 못할 여러 가지 일들이 한국천리교연합회 측에서 일어나고 있었으나 이만 생략하고 후일로 미루고자 한다.

〈참고〉 교세 없고 힘없는 교직자들을 비싼 호텔로 불러 들여 회의를 한답시고 낭비하지 말고, 아예 백지 위임장을 여러 장 받아두는 게 낫지 않느냐고 비아냥거리는 사람도 있었다. 그렇게 하면 이렇게도 저렇게도 생각할 수 있고, 또 이해관계를 따져 마음대로 번복해가면서 쓰면 될 것인데, 미련하게 전도하기에도 바쁜 사람들을 오라 가라 한다고 불평하는 자가 많았다.

그리고 배석수 회장은 청파동(대한천리교본부)을 뺏으려고 마음만 먹으면 도와 줄 사람이 많다고 했다. 그러면서 문사장이라는 사람을 소개하는데 그는 알고 보니 나병환자 두목이었다. 그에게 부탁만 하면 수 백 명의 나병환자를 몇 시간 내에 모을 수 있고, 청파동 쯤은 문제없지만 신문에 나고 시끄러울까봐 그만 두었다고 하더란다.

이런 이야기를 여러 용재들 앞에서 거침없이 했다고 한다. 정말 어이없고 그들의 신앙심을 의심하지 않을 수 없다.

3) 대한천리교의 혜성교회, 한국천리교연합회에 흡수

이상과 같은 교단 통합에 대하여 대한천리교단(교통 조수현)에서는 1월 18일 공고문을 발표하였다. 그는 대한천리교와 한국천리교연합회는 결코 통합할 수 없다는 입장을 전국 교회장 및 교인에게 천명했다.

공고문을 요약하면 '대한천리교는 자주·민주·토착화를 이념으로 하고 있으며 한국천리교연합회는 일본 천리교회본부에 종속되어 있으므로 신앙관이나 국가관에서 볼 때 결코 쉽게 통합할 수 없다.'는 내용이었다. 즉, 신앙 방법론에서 현저히 차이가 있다고 했다.

대한천리교 교통 및 교정위원회·교의회·전국 교구장 명의로 다음과 같이 공동으로 성명서를 발표했다.

'지난 1월 27일 소위 교단통합추진위 발족 및 14일의 대한천리교와 한국천리교연합회의 교단통합 대회는 단지 교단 산하 일개 혜성교회와 한국천리교연합회 측의 부당한 야합일 뿐,

-중략-

이는 대한천리교 최고 심의기구 및 의결기관인 교정위원회와 교의회 등의 심의와 결의 등을 거치지 않은 일개 혜성교회 측의 기만적 행위이니…….'

-이하 생략-

라고 공고했다. 이것은 양교단의 통합이 아니라 혜성교회가 한국천리교연합회에 흡수된 것이었다. 다만 산하 신도들에게 호도(糊塗)하기 위한 쇼에 불과했고, 정신없는 교통만 그들의 손에 놀아났으

니 허수아비처럼 이용되어 망신만 당한 꼴이 되었던 것이다.

4) 소위 통합 교단을 '천리교 한국교단'으로 개칭

결국 일본 천리교 교회본부에서는 그 본색을 드러내면서, 식민지 시대 이 나라에 설치했던 〈천리교 조선유지재단〉처럼, 1996년 9월 13일에 문화체육부에서 문서번호 종일 86212-478호로 〈재단법인 한국천리교연합회〉 명칭을 〈재단법인 천리교한국교단〉으로 변경하고 승인을 받았다.(당시 대표자로 허태규) 다시 말해서 광복 전 식민지시대의 신도천리교의 〈천리교 조선유지재단〉으로 다시 부활시켰다고 볼 수 있다.

〈참고〉 한국천리교연합회가 1988년 2월 24일에 최초로 법인 등록된 것에 대하여 필자가 직접 종무1과 사무실로 찾아가서 당시 담당자 K사무관에게 사실 여부를 묻고, 또 여러 번 전화로 확인해 본 일이 있었다. 그때마다 그는 극구 부인을 했다. 그리고 10일 후인 3월 3일에 K사무관을 필자(당시 총무부장)가 다시 교단으로 불러 김기수 교통 겸 이사장 그리고 교단 주요 임원 앞에서 직접 질의를 했을 때도 그는 얼굴색 하나 변하지 않고 완강히 부인했었다. 총무부장은 평소 K와 업무상 자주 만나 식사도 여러 번 한 일이 있을 정도로 친분이 있었다. 그래서 교무원장실로 따로 불러 믿을 수 있는 증거와 정황을 대며 재차 물어봤지만 역시 아니라고 거짓말을 했다. 나는 그의 처사를 심히 나무라며 그것도 비밀이냐, 곧 밝혀질 터인데, 왜 떳떳하지 못해! 라고 하면서 질책한 바 있었다.

그때 필자는 이러한 자들이 국가 주요 정책부서인 문공부의 중요 자리에 앉아 있다는 사실에 환멸을 느끼며, 그의 면상을 향하여 주먹을 내지르고 싶었지만 참았다. 이 후 그는 서기관으로 승진되어 정년을 채우고 퇴직했다고 한다.

5. 위기의 교단을 위해 김기수 교통을 해임, 교통 대행을 선출

가. 긴급 교의회를 소집하여 대책 강구

김기수 교통을 기만하고 있는 자들의 농간으로 교단이 위기에 처하자, 교단의 주요 임원과 교구장, 교의회 의장과 교의원, 그리고 전국의 주요 교회장 사이에서 더 이상 방관할 수가 없다는 여론이 비등해졌다. 그러자 이에 대한 대책을 논의하기 위하여 대구에 소재한 대구교회에서 만나 현재 처하고 있는 교단 문제를 원점부터 진지하게 논의하기로 결정했다.

여기에서 원천적으로 교령을 무효라고 결의하고, 현 김기수 교통을 해임, 잠정적 조치로 교통 대행을 선출하여 교정 정상화를 추진하는 전기를 만들었다.

1) 김기수 교통 해임, 교통 대행에 조수현

대천교의 별92-2호(1992년 12월 25일자)로 '제5차 교의회 결의사항 통고'라 하여 교의회의장 김영제 명의로 공문을 시달했다. 그 내용은 아래와 같다.

〈문서〉

제목 : 제5차 교의회 결의사항 통고.

지난 1992년 12월 9일자 제5차 임시 교의회에서 아래와 같이 결의하였음을 통고하오니 업무수행에 차질이 없으시기 바랍니다.

주요 결의사항

1. 교령 발포 무효 결의

2. 김기수 교통 해임

3. 조수현 교통서리 선출. 끝

대한천리교교의회 의장 김 영 제 직인

이 공문은 전 교통(김기수), 신임 교통대행(서리), 교구장 등에게 송부하였다.

〈참고〉 지난 1991년 5월 13일 제1차 교정위원회에서 김기수 씨를 교통으로 재추천할 때 교정위원 김현술 씨가 김기수 교통이 너무 늙어 노환으로 치매현상이 뚜렷하다 하여 재추천에 문제를 제기했다. 그리고 이에 대한 사전조치를 할 것을 주장했으나 그때는 모두들 이 길의 원로에게 명예로운 최후를 맞도록 해야 한다고 하여 재추천되었던 것이다. 그리하여 1991년 6월 29일 제5차 교의회에서 교의원 18명이 참석한 가운데 17표를 얻어 김기수 선생은 제7대 교통으로 다시 연임되었다. 훗날 그의 측근들이 이를 악용하여 교단을 혼란으로 몰고 가니 당시 교정위원회에서 강력하게 반대했던 김현술 씨의 주장이 새삼스럽게 생각난다.

여기에서 제5차 교의회에서 신임 교통 대행(서리) 선출과정을 살펴보자.

제5차 임시교의회는 1992년 12월 9일 13시에 대구시 소재 대구교회 신전에서 개최되었다.

이 날 의제는 교단현황문제를 긴급 토의한다는 것이었다.

참석자는 의장 김영제, 부의장 김종권, 의원 이웅석, 이영곤, 심운섭, 김정강, 조수현, 김진옥, 이일현, 이정규, 김진성, 이명옥, 정성인, 교구장 정연창, 김사용, 양정남, 배태수, 이강택, 임봉두 등이었고, 참관인으로 교정위원 김현술 씨가, 임시간사로 원종석 씨가 참석했다.

회의 주요 결의 사항

1) 교령 선포 무효 결의

2) 김기수 교통 해임

3) 조수현 교통 서리 선출

4) 기타에서 임시 간사 원종석 지명 동의

회의 사항

의장 인사(김영제) : 공사다망하심에도 이렇게 참석하여 주신 교의원 여러분께 감사드립니다. 재적위원 19명 중 13명이 참석하여 성원이 되었으므로 제5차 교의회 개최를 선언합니다.

(의장은 의사봉 3회를 두드리다)

의장(김영제) : 회의에 앞서 간사가 없습니다. 회의 진행자 정명수 간사께서 개인 사정으로 불참하였기에 서울교구 산하인 둘하나 교회장 원종석 씨를 오늘 간사로 추천하오니 여러분들께서 가부를 결정하여 주시기 바랍니다. 이의 있습니까?

일동 : 모두들 없습니다. (의장은 의사봉 3회 두드리다)

의장(김영제) : 이의 없으므로 만장일치로 간사를 임명하였으니 간사는 진행하여 주시기 바랍니다.

-생략-

이렇게 되어 원종석 간사가 이 회의에 사회를 보면서 식순에 따라 삼전배례와 국민의례를 진행하였다. 그리고 '지금부터 의장께서 본회를 시작하여 주시기 바랍니다.'하고 회의 진행을 의장에게로 넘겼다.

의장(김영제) : 교의회에서 교단 정상화추진위원회가 발족되었습니다만 불법 교령이 선포되어 의원님들께서도 인지하셨듯이 교정은 매우 혼란스럽습니다. 그러나 지금까지 우리 교의회에서는 아무런 의사표명을 하지 않았습니다. 이제는 교의회 입장 표명이 있어야 된다고 봅니다. 그 동안 교정위원으로 계시는 김현술 씨께서 교령의 부당성에 대한 이의를 제기하고 이의 시정을 위해 적극적으로 이 일을 맡아 오셨기에 자세한 설명을 듣기로 하겠습니다. 김현술 교정위원은 말씀해 주시기 바랍니다.

교정위원(김현술) : 근간에 있었던 현황을 간략하게 말씀드리겠습니다. 1992년 6월 13일, 교단의 주요 결의 기구인 교의회에서 교단 발전을 위한 참신한 지표를 건의하기 위하여 대한천리교 교단정상화추진위원회가 발족되었습니다. 이에 따라 1992년 7월 24일에 교정추 제92-1호 교정집행 일원화를 위한 질의서 제출의 건, 제하의 공문을 만들어 질의를 하였습니다만, 이에 대하여 1992년 7월 31일, 교령 92-19호로 교의회 활동을 중지하는 교령을 선포하였습니다.

다음 1992년 8월 12일, 교령에 대하여 본인(김현술)은 부당성을 논박하여 그 시정을 촉구하였고, 이에 1992년 8월 25일, 대천교 92-56, 불법단체(가칭) 교단정상화추진위원회의 유언비어 유포에 대한 지시, 공문이 하달되었고 다음 1992년 8월 29일 본인(김현술)이 대한천리교 제92-56호에 대한 반발 및 교령 철회 및 재촉구를 하였습니다. 이러한 부당한 처사로 인하여 교정은 혼란해지고 서로 대립되는 긴박한 상황 속에서 천리교회의 요람인 신성한 교단에서 폭력이나 언어 폭행으로 시시비비를 따지기 보다는 법에 의해 옳고 그름을 가려 보려고 했습니다만, 일차 법 적용의 잘못으로 각하라는 판결을 받았습니다. 각하하라는 내용은 쟁송사항이 되지 못한다는 내용입니다. 이에 저희들은 다시 항소를 해볼까 하여 현재 검토(진행)하고 있다는 것을 말씀드리며 그간의 상황에 대한 설명을 마치겠습니다.

의장(김영제) : 감사합니다. 김현술 씨의 상황 설명처럼 본 교단에서는 불미스런 일련의 사태로 교정이 매우 혼란스럽습니다. 이에 본인은 스스로 방관할 수 없다고 판단하여 지난 1992년 12월 1일 교의회를 비롯하여 각 교구장님들에게 긴급 현황 토의라는 제하의 임시회의를 소집하게 되었습니다. 의원님들께서는 기탄없이 토의를 해주시기 바라며 이에 대한 토의에 앞서, 본인은 이와 같은 교령은 무효라고 생각이 드는데 여러분들은 동의 하십니까?

일동 : 동의합니다.(이때 의사봉 3회를 두드린다.)

의장(김영제) : 그럼 허심탄회하게 대책을 말씀하여 주시기 바랍니다.

첫 번째 질의자로 이정규 의원이 발언을 요청 하였다.

이정규 의원 : 의장, 발언요청 합니다.

의장(김영제) : 이정규 의원 말씀하십시오.

이정규 의원 : 참 안타까운 일입니다. 현 김기수 교통님은 자주교단을 정립하기 위하여 노력하시었고, 그간 남긴 공적과 업적은 참으로 지대하므로 모두가 존경하고 있는 것은 사실입니다. 그러나 교통님은 92세라는 고령으로 인하여 교단의 큰 행사인 월차제 집전도 하시지 못한 지 오래 되었으며, 수강원생 입학과 졸업식도 주관치 못하고 있습니다. 이로 인한 교단 대소사가 측근들에 의해 좌지우지되며 따라서 교단 행정업무 전반이 마비 상태에 놓이게 되었습니다. 그러므로 더 이상 교통에게 중책을 맡겨두는 것은 교단 발전에 큰 장애 요인이 될 뿐 아니라 그 분을 위하는 일이 아니라고 생각되며 후임을 정하는 것이 현명한 대책이라 생각합니다. 이상입니다.

의장(김영제) : 감사합니다. 좋은 제안입니다. 또 다른 분께서 의견이 있으면 말씀하십시오.

두 번째 질의자 (심운섭)의원 : 소위 교통이 임의로 자주교단의 의결기구인 교의회를 멋대로 해산할 수 있습니까? 이해할 수 없습니다. 내 원 참! 이상입니다. (주위가 산만하여지다.)

의장(김영제) : 조용히 하십시오. 여러분들의 마음은 이해가 됩니다만 흥분은 금물입니다. 차분하게 냉정한 판단으로 질의하시기 바랍니다.

세 번째 질의자 (김진옥)의원 : 얼마 전 6대 일간지면에 새한당 창당 발기인으로 대한천리교단 교통 김기수가 나와 있는데 도대체 이럴 수가 있느냐고 이의를 제기하니까 그런 사실이 없다는 해명서가 제출된 것으로 압니다. 제출되었으면 6대 일간지에 기사화되었으니 그 지면에 정중히 사과와 해명을 했어야지요. 이상입니다.

의장(김영제) : 해명서는 제출되었습니다. 사과성명을 내지 않는데 어떻게 하겠습니까? 그래서 이렇게 회의를 하는 것이 아닙니까? 다음 질의를 하여 주십시오.

네 번째 질의자 (김진성) 의원 : 전과자가 교무원의 모 주요부서에 임명되었다는데 사실입니까?

의장(김영제) : 알아보도록 하겠습니다. 또 질의하실 분 없습니까?

다섯 번째 질의자 (김종권) 의원 : 가장 중요한 것은 이런 상태로는 전도 포교는커녕 있는 신자들도 떨어져 나가는 실정입니다. 교통을 해임시키는 수밖에 달리 방법이 없다고 생각합니다. 이상입니다.

의장(김영제) : (한참을 생각하더니) 질의하실 분 더 없습니까?

일동 : 없습니다.

의장(김영제) : 질의자가 더 없습니까? 없으면 의원 여러분의 의사를 묻도록 하겠습니다. 교단을 바로 세워 어버이신님의 뜻을 전하여 교단의 안위와 나아가 곳곳에 평화를 이루려는 여러분의 열띤 토론에 진심으로 감사드리며, 대책론으로 해임안과 후임안은 같은 뜻으로 생각이 됩니다. 그러면 해임안에 대하여 가부를 결정하겠습니다. 해임안에 대하여 찬성하시는 분은 거수하여 주시기 바랍니다. (이때 전원이 손을 들다. 누군가 사진도 찍다.)

의장(김영제) : 예, 13명 전원이 찬성하여 재적 의원의 3분의 2가 넘었으므로 가결되었습니다. (의장은 의사봉 3회 두드리다.)

일동 : (모두 박수를 치다.)

의장(김영제) : 해임안이 가결 되었으므로 교통이 부재가 되었습니다. 교통은 우리 교단을 대표하는 분으로서 한시라도 공석으로 둘 수 없기에 이 자리에서 선임하도록 하겠습니다. 그럼 교통 후보에 누가 좋겠습니까? 말씀들을 하시기 바랍니다.

부의장(김종권) : 영신교회장이신 조수현 씨를 추대합니다.

의장(김영제) : 또 추대할 분 없습니까?

일동 : 없습니다. (이때 모두들 '찬성이요.'라고 하다)

의장(김영제) : 예, 그럼 단일 후보이므로 동의 없이 만장일치로 결의합니다(의장은 의사봉을 3회 두드리다)

(일동, 박수치다.)

의장(김영제) : 긴 시간 고생 많이 하셨습니다.

교무원장 및 부서장은 조수현 교통님과 긴밀한 협의를 거쳐 의원 여러분과 추후 논의키로 하고 대한천리교 교의회 제5차 임시회의 폐회를 선언합니다. (의장은 의사봉을 3회 두드리다.)

이어서 교의원의 서명 날인과 참석원 모두 서명하였다.

(1) 문화부장관에게 교단장 변경 신고

이제 교단장인 교통이 변경되었으니 교헌 및 정관에 의한 이사장 겸직을 위해 후속조치를 취해야 한다고 생각하여 대천교의 별 92-3(1992. 12. 29)호로 문화부장관(참조 종무실장) 앞으로 '교단장(교통) 변경에 대한 보고'라 하여 교의회 의장 명의의 공문을 보냈다.

그 내용을 여기에 발췌하여 옮긴다.

현 교단장(교통) 김기수는 고령(93세)으로 기억력이 쇠잔하고 활동성이 없으므로,

-중략-

혜성교회 역원과 친족들이 마치 교통이 명한 것처럼 위장하여 합법적 기구나 임원을 무시하는 월권을 행사하여 교단의 기본 방향을 오도할 뿐 아니라 교정을 문란케 하고,

-생략-

본 교단 최고 결의기구인 교의회에서 부득이 아래와 같이 긴급결의하여 현 교통을 해임하고 새로이 교통 대행자를 선출하였음을 1차 알리오니 종무행정에 참고하시어 조치하여 주시기를 바랍니다.

아 래

1. 교단장 변경 : 교통 김기수를 해임하고 교통 서리 조수현(영신교회장)을 선출하였음.

2. 근거 : 교의회 제5차 임시총회(1992. 12. 9)에 재적 의원 2/3 이상 찬성으로 결의하고 8개 교구 중 6개 교구장 및 교정위원 11명 중 6명의 지지로 결정되었음을 알립니다.(교통 소속 교회인 혜성교

회를 제외한 여타 교회 모두 찬성하였음)

3. 기타 : 조속한 시일 내에 교단 정상화를 기하여 추후 보고 시까지 임기 만료 중인 새 이사 선임과 승인 신청 중에 있는 이사장 승인을 유보해 주시기 바랍니다. 끝

(유첨으로 관련 자료를 첨부.)

(2) 교무원장에 양정남 대선교회장을 지명하고 동의

이어 대한천리교 교통 서리 조수현 명의로 대천교 제93의 별2(1993년 1월 8일자)로 양정남 대선교회장을 교무원장(서리)으로 임명 발령한다(1993년 1월 5일자 발령). 물론 교의회의 비준이 있을 때까지는 교무원장 서리다.

그리고 대천교 제93의 별3호(1993년 1월 8일자)로 교단 종전의 관인을 무효화시켜 폐기하고 새로이 관인을 제작하여 변경하고 관하 교구 및 교회에 공고했다.

(3) 신청 중인 '법인 임원승인' 유보신청

또 재단에서도 재대천 제93-호(1993년 1월 20일자)로 문화부장관(참조 종무실장) 앞으로 '법인 임원(이사장) 승인 유보신청 (관련 대천교의 별92-3(1992년 12월 29일)에 관련된 사항을 보냈다.

당시 법인 임원 승인 유보 신청 내용은 다음과 같다.

〈문서〉

재단법인 대한천리교단

재대천 제93-호 1993년 1월 20일

수신 : 문화부장관

참조 : 종무실장

제목 : 법인 임원(이사장) 승인 유보신청

대천교의 별92-3호(1992. 12. 29)와 관련된 사항임

아 래

1. 본 교단(재단)에서는 전 교통 겸 이사장 김기수는 연로(현 93세)하시어 기억력과 판단 능력 등이 없는 치매현상으로 그 직무를 전혀 수행치 못하여 교정에 막대한 지장을 줄 뿐 아니라 이를 기화로 교정과 전혀 관련 없는 친인척 등이 부당하게 관여하여 더 이상 교정을 책임지울 수 없어 본 교단 최고 의결기구인 교의회에서 변경 조치하였음.

2. 현 재단 정관 13조에 교통은 이사장을 겸임하도록 규정한 조항에 의거, 기히 교통 면직된 자를 이사장으로 승인 신청한 것은 잘못되었음을 알리며 조속한 시일 내에 새로이 교통이 임명되는 대로 대체하려 하오니 승인 신청을 유보해 주시기 바람. 끝

재단법인 대한천리교단

감 사 김 정 강

정 성 인

이 사 조 수 현
양 정 남
최 명 진
반 상 열
정 연 창
배 을 란

〈참고〉 지난 1992년 12월 14일, 재대천 제92-17호로 법인 임원(이사) 취임 인허 신청이라 하여 김기수 이사장 겸 교통 명의로 문화부장관에게 이사장 승인 요청 공문을 제출한 바 있다.

그 내용을 보면, '본 재단의 정관에 의거 92년 8월 31일자로 임기만료된 임원(이사) 전원이 이사회의 결의로 재 선출(유임)되었기에 별첨 서류와 함께 취임 승인을 신청하오니 승인하여 주시기 바랍니다.' (그리고 김기수 교통 재선출 및 이사장 유임 관련 서류를 첨부함.)

이 문서를 늦게 전달한 것이 조수현 측에서는 다행이었다. 이 서류가 미승인 중에 있었음으로 실로 천행(天幸)이 아닐 수 없었다.

만일 이때, 이미 재단 이사장으로 김기수 이사장 연임이 확정(승인)되어 있었더라면, 조수현 교통 측의 대응이 아주 어려워 졌을 것이다.

그리고 참고로 주무부서명이 문화부에서 문체부로 바뀐 것은 얼마 후인 1993년 3월 6일부터다.

여기에서 당시 문화부에서 재단으로 보내 온 문서를 보면,

종일 86210-43(1993년 1월 25일자)으로 제목 〈법인 임원 취·해임

인가 신청에 대한 중간 회신〉이라고 하여 문서가 왔다.

그 내용을 보면

-전략-

2. 귀 법인의 임원 취·해임인가 신청서는 현재 검토 중임을 알려드리며, 아울러 조속한 시일 내에 귀 교단의 분쟁이 원만히 수습되어 법인 업무가 정상화될 수 있도록 노력하여 주시기 바랍니다. 끝

그런데 이 신청서류도 훨씬 후인 1993년 10월 16일 반려되었다. 상세한 것은 별도 항을 만들어 기술한다.

나. 원종석 교의회 간사 상해사건

1992년 3월 13일 오후 3시 교단본부 소회의실에서 개의한 제2차 임시 교의회에서 교의회 의장이 향후 1년간 간사 후임자 양성시까지 간사로 교무원 총무부장인 필자를 임명하고자 한다면서 동의를 요청하였다. 이 안건이 의결되어 그 후 교의회의 간사 업무를 맡아 계속하고 있었다. 그런데 전기 중요 교의회(1992. 12. 9)에 총무부장은 혜성교회 신임회장 측의 감시와 견제를 받고 있었던 터라 중요한 교통 해임 결의를 하게 되는 교의회의 회의 진행을 맡는다는 것은 문제였다. 그리고 앞으로 전개될 후속 조치(교통 선출과 중요회의 준비 그리고 결과행정조치 등)에 지장이 있을 것이 염려되어 12월 1일 밤에 총무부장은 교의회 의장에게 전화를 걸어, 이런 사정을 이야기했다. 그리고 대신으로 둘하나교회장 원종석 씨를 추천 소개하면서 그를 시켜 교의회 소집 공문을 만들어 보내기로 한 것

도 이야기를 했다. 그간 함께 교단 문제 등을 같이 걱정했던 이야기를 했다. 그리고 내 대신 그를 보내니 간사를 시켜 회의를 진행하도록 부탁했고 이미 나는(총무부장) 나대로 원종석을 만나 만반의 준비를 시켜놨다. 의장도 이를 수락하면서 이후 모든 것이 순조롭게 진행되었다.

그리고 총무부장은 원종석에게 회의 내용을 잘 기록할 것과 녹음해둘 것을 이야기 하고 여비를 만들어 다음날 대구로 내려 보냈다.

그는 교의회 의장을 만나 총무부장의 뜻을 전하고 간사로서 회의를 진행하여 시킨대로 임무를 잘 해 주었다. 그렇게 회의 내용을 갖고 올라 왔을 때 총무부장이 그를 도와 회의록을 작성하였고 또 후속 조치까지도 취해 주었다.

지난 연말부터 혜성교회 신임회장 측은 어떻게 해서든지 총무부장을 면직시키려고 계획하고 있었다. 그러자니 그를 따르는 교의회 간사인 원종석도 그들에게는 큰 장애물이었다. 그런데 전격적으로 김기수 교통을 해임하고 새로이 교통 대행을 선출하는 것을 알게 되면서, 혜성 측은 당황하였다. 이를 막지 못한 교무원장과 평소 자기들의 하는 일에 철저히 반대하는 총무부장에 대하여 진작부터 인사처리하지 못했던 것이 더욱 후회스러웠을 것이다. 그러나 그간 뚜렷한 비위나 축출할 명분을 찾지 못했다. 특히 총무부장을 따르는 원종석 교의회 간사에 대하여는 한번 불러 따끔한 맛을 보여주려고 벼르고 있었다.

그런 차에 1992년의 한해도 가고 새해 교정업무가 시작되는 1월 4일 오전이었다. 주과장 등은 새로운 인사(人事)가 곧 단행될 것이라면서(발표는 1월 7일자) 제 세상 만난 듯 의기양양해 하고 있었다. 이들이 교무원 주요 직책을 맡으면서 교단내 교의강습소 고학송(高鶴松) 사감(舍監)이 그들의 말을 잘 안 듣는다고 하면서 여럿이 덤벼들어 린치를 하고 구타한 일도 있었다. 며칠 전에도 그런 일이 또 있었다. 이 날도 무슨 일이 일어날 것만 같은 분위기였다. 그들은 공포 분위기를 조성하면서 이곳저곳 바쁘게 전화를 걸더니 원종석 간사를 교무원으로 불러들이고, 이재석 재무부장이 그를 주먹으로 얼굴을 때려 앞니 두개를 부러뜨리는 등 중상(치료가 4주 내지 6주의 진단)을 입히는 불상사가 일어나고 말았다.

이로 인해 이재석 재무부장은 용산경찰서에 고소되어 결국 구속까지 되는 사건이 발생하고 말았다.

〈참고〉 이재석(재무부장)이 교의회 간사인 원종석을 상해한 상황을 여기에 간략하게 옮긴다. (당시 총무부장의 일기를 근거로)

1월 4일, 새해 정상 근무를 시작하는 첫 날이었다. 나는 평소와 다름없이 출근했다. 오늘쯤 인사 발령이 있겠지 하고 생각했다. 나는 교무원에 들어서면서 사방을 살펴보니 분위기가 이상하게 느껴졌다. 그러나 아직 인사 조치가 없는지 아무런 말이 없다. 그런데 이재석 재무부장과 주정식 문화과장이 벌써 출근하여 제 세상 만난 듯 히히덕거리며 기고만장이었다.

좀 있으니 이재석 부장이 교의회 의장이 발송한 공문에 대하여 불만을 품고, 누구인지 모르나 전화로 욕설을 하고 있었다. 그리고 이번에는 전화를 끊고, '원종석이라는 놈이 어떤 놈이야? 원종석이 있는 곳이 어디냐?' 하며 원종석을 찾느라고 야단법석이다. 누군지 모르나 일성교회를 통하면 있는 곳을 알 수 있다고 하자, 새로 들어온 여자 서무(보)를 보고, '일성교회에 전화를 걸어 원종석 간사가 있는 교회 전화를 물어 보라.'고 한다.

얼마 후 전화번호를 알아내었는지 여자 서무가 전화를 걸어 확인한 후 이재석 부장에게 전화기를 넘겨, 이재석 부장이 전화를 받자, 무엇이라고 하면서 욕설을 하기 시작했다. 고성이 오고 가더니 끝내는 전화기에 대고 '이 새끼야 이리 와! 죽여 버리겠어.' 라고 하는데, 원종석 간사와 대화를 하는 것이 분명했다. 그리고 이재석은 흥분하면서 전화기를 쾅하고 놓는다. 그러자 30분도 채 안되어 원종석 간사가 나타났다.

내가 그를 맞으며, '왜 그래, 오지 말지, 괜히 싸움하지 말고.' 라고 말한 즉, 원종석 간사는 오히려 '건방진 새끼가 나 보고 오라 가라 해' 하면서 오늘 내가 그놈에게 본때를 보여주려고, 급히 오목교(양천구 목동 소재)에서 택시를 타고 여기까지 바로 달려 왔다는 것이다. 나는 다시 '오지 말지, 놈들에게 얻어맞으면 어떻게 하려고 그러느냐.'고 한 즉, '걱정마시오! 내가 그래도 태권도가 몇 단인데, 그 놈 하나쯤 해치우지 못하겠소? 염려하지 마십시오.' 라고 하면서 오히려 빙긋이 웃으며 내 자리 건너편에 가로 놓인 소파에 가서 앉는다. 그 동안 잠시 자리를 비우고 있던 이재석 부장이 교무원으로 다시 들어 왔다. 원종석 간사가 여전히 냉정한 자세로 앉아 있었고, 곁 의자에는 마침 강상열 대영교회장과 임순홍 서울교의강습소 강사도 있었다.

그런데 이재석 부장이 힐끗 소파를 내려보다가 원종석 간사가 와 있는 것을 보고 찔끔하더니 그 곁으로 가 바깥쪽에 앉는다. 이때 원종석이가 먼저 고학송 사감의 폭행에 대하여 너희들이 그런 짓을 함부로 할 수 있느냐고 하면서 먼저 말을 꺼내며 힐책을 하자, 이재석이 이에 대하여, 사리에도 맞지 않는 말로 더듬거리면서 자신들의 행위가 정당한데, 네가 뭔데 까불고 지랄이냐는 식으로 인상을 찌푸리며 몇 마디 고성을 질렀다.

이번에는, '해산된 교의회에서 너희들 멋대로, 불법으로 교통을 파면해! 너 같은 놈이 교의회 간사라고? 흥, 잘 만났다. 이 건방진 놈! 오늘 좀 맞아볼래!' 라는 등의 폭언이 오가더니, 갑자기 이재석이 벌떡 일어나 앞에 놓인 탁상을 내리치며 고함을 쳤다. 그러자 원종석 간사는 앉은 채로 차분하게 '뭐 이런 자식이 있나? 너보다 다 나이가 많은 원로들 앞에서 버르장머리 없게 이 무슨 짓이냐?' 고 훈계하듯 윽박질렀다. 그러면서 설명하던 서류를 얼굴 앞에 흔들어 대자, 이번에는 이재석이 더욱 흥분하면서 더 이상 못 참겠다는 듯, 원종석 간사의 멱살을 잡고 오른쪽 빰을 2대 순식간에 갈기면서 '뭣이 어째?' 라고 고함을 쳤다. 원종석 간사는 미동도 하지 않고 오히려 냉정하게 앉은 자세로 '너 때렸어?' 라고 얼굴을 쳐들고 무섭게 노려보자, '그래 내가 때렸다.' 하면서, 이번에는 다시 왼손으로 전광석화처럼 얼굴을 치고, 다음은 오른손으로 두 번 힘껏 후려갈겼다. 그것은 순간이었다. 원종석 입에서 피가 묻어 나왔다.

그러자 원종석 간사가 그래 더 때려 보라고 하면서도 조금도 흔들림이 없이 반항하거나 덤벼들지 않자 이재석이 오히려 당황하는 듯 보였다. 한편 원종석 간사는 마치 약을 올려 일부러 더 맞으려고 하는 것만 같았다. 다만 눈만 매섭게 치켜뜨고 가만히 이재석을 쏘아보고 있었다. 이렇게 되어 갑자기 사태가 심각해지자 주위에 있던 자들이 이들을 말리려고 나서자, 주정식 과장 등이 재빨리 이재석 부장을 밖으로 밀고 나갔다. 그래도 원종석은 그대로 앉아 이재석이 다시 나타나기를 기다리고 있었는데 5분이 지나도 이재석이 나타나지 않자, 조용히 앉아 있던 원종석이 이번에는 이재석을 찾으려고 밖으로 나갔지만 찾지 못하고 다시 교무원으로 들어왔다. '비겁한 놈 도망을 가?' 라고 원종석은 그때서야 혼자 뇌까렸다. 나는 서 운전기사를 불러 원종석을 태워 우선 치과병원으로 데리고 가서 치료를 해주려고 했다. 그런데 그는 치료보다 먼저 도망간 이재석을 찾으러 혜성교회를 가야겠다고 우겼다.

나는 더 이상 불상사가 나서는 안되겠다고 생각, '이재석은 거기에 없을 것이다. 설령 있다고 하여도 숨겨두고 만나지 못하게 할 것'이라고 했더니, 그러면 김웅선을 만나 따지겠다는 것이다. 나는 혜성교회 청년들이 다시 원 간사에게 무모한 짓을 할지도 모르니, 그 일은 뒤로 미루고 우선 치료부터 하자고 설득해서 신당동에 있는 모 치과병원으로 그를 데리고 갔다. 그런데 치과병원에는 대기하고 있는 손님들이 꽤 많았다. 내 주머니에는 치료비를 치르고 진단서를 발부받을 정도의 돈이 없어 원종석 간사를 병원에서 먼저 치료받도록 대기시켜 놓고, 나는 그 사이에 가까이에 있는 서울교구로 달려갔다.

교구에서 돈을 좀 빌리려고 서울교구 사무소에 들어갔더니 사무장이 자리를 지키고 있었고, 마침 이형문 씨(후에 교통실 비서)도 거기에 나와 있었다. 나는 그들에게 원종석 간사가 이재석에게 폭행당한 자초지종을 설명하고, 근처 치과병원에 치료를 받기 위하여

와 있다고 하면서 치료비를 좀 빌려 달라고 부탁했다. 그랬더니 곁에서 듣고 있던 이형문 비서가 흥분하면서, '잘 되었다. 이런 놈은 이 기회에 맛을 톡톡히 보여줘야 한다.'고 분개했다. 그때 근처 병원에 두고 온 원종석 간사가 치료도 받지 않고 교구 사무소에 들어섰다. 이형문 씨가 그를 보자 일어나 가까이 가서 위로의 말을 건네며 입안을 열어보고는 놀라면서 '나쁜놈들! 앞니를 박살내어 놓았구먼.' 하면서 '돈은 걱정하지 말고, 내가 잘 아는 치과병원이 있는데 거기로 갑시다. 내가 부탁하면 얼마든지 외상으로 치료를 받을 수 있고, 진단서도 외상으로 끊을 수 있으니 빨리 그리로 가십시다.'라고 말하고 상해고소(傷害告訴)를 하자고 했다. 거기에 모인 모든 자들도 다 같이 고소를 해야 한다고 맞장구를 쳤다. 그리하여 이형문 씨가 원종석 간사를 급히 데리고 돈암동에 있는 모 치과병원으로 가려 하기에 나는 얼른 내 주머니에 있던 돈을 모두 털어서 그에게 주었다.

원종석을 치료하러 보내고 난 후 한 시간 좀 지났을까, 이형문 씨로부터 전화가 왔는데 진료 결과가 4주 이상의 치료를 요할 정도의 중상이라는 것이다. 그렇게 많이 다쳤나 하고 놀랐다. 내일 중 치료비를 주겠다고 하고 서울교구를 나왔다.

다음날(1월 5일) 팔레스호텔 커피숍에서 원종석을 만나 치료비 조로 우선 40만 원을 건네주었더니, 원종석 간사는 반드시 이들을 고소하여 두 번 다시 교단 내에서 그러한 폭력 행위를 못하도록 해야겠다고 말했다.

사실 그 이전에는 서부역 앞 중림동에 소재한 '청자다방'에서 만나 대화를 나누어 왔었다. 특히 총무부장은 이형문 씨와 원종석 씨 등을 상대로 교단의 정체성에 대한 이상한 조짐에 대한 불안과 근간에 조성되어 가는 이상한 흐름에 대하여 분노하면서, 다각도로 정보를 나누며 의견을 교환하고 또 논의도 해 왔었다. 이후로는 신임 교통과 교무원장, 교의회의장 등과 함께 회현동 팔레스 호텔 커피숍 등으로 장소를 옮겨가며 공식적으로 상의하게 되어 우리들도 자연히 그리로 옮겨 만나고 있었다. 그런데 이재석 부장을 상대로 고소장을 쓰는데 거기에 첨부되는 교단 참고 서류(교헌 및 제규정과 정관 등)를 달라기에 총무부장은 그 다음날인 7일 오전에 중구 만리동 고개에 있는 '육교다방'에서 원종석을 만나 자료 일체를 넘겨주었더니 고소에 대한 의견을 물어온다. 나는 원 간사 좋을대로 하라고 했더니, 나에게 조언을 구한다. 그럼 알아서 연락을 하겠다고 하여 헤어졌다. 이 때문에 좀 늦게 교무원에 나갔다.

그런데 이날 자로 이미 총무부장을 해임한다는 인사조치(1월 7일자)가 내려져 있었다. 나는 새해가 되면 해임이 된다는 소식을 미리 듣고 있었지만, 막상 받고 보니 마음이 이상하게 가벼워지며 무언가 해방감을 느끼게 되었다. 그 후 1월 9일 잔무와 함께 인수인계도 있고 해서 잠시 교무원에 나갔더니 혜성교회 청년회의 육경수가 보였다. 임용석 강사가 나를 부르더니 해임된 사실을 살짝 귀띔해줬다. 나는 이미 알고 있다면서, 오늘은 다른 일이 있어 바쁘다고 하여 교무원을 나왔다. 상세한 것은 총무부장 면직란에 기술해 놓았다.

〈참고〉 총무부장은 그 길로 팔레스 호텔로 갔더니 조수현 교통

서리가 먼저 와 있었다. 차 한잔을 마시고 함께 서울경찰청으로 갔다. 모 총경을 만나 상의하려 했으나 그는 자리에 없었다. 할 수 없이 우리는 우리끼리 점심을 먹고 헤어졌다. 나는 오후 2시에 원종석 간사와 만나기로 한 장소인 '홀리데이'호텔로 갔더니 원종석과 이형문 비서가 이미 와 있었다. 나는 고소장을 대강 훑어보았다. 거기에서 나는 원 간사에게 고소장은 12일 아침에 용산경찰서에 피고소인이 직접 가서 제출하라고 했다.

당시 총무부장은 그간 대화로서 풀어보려고 혜성교회 측에 나름대로 설득도 하였고, 또 잘못 인식하고 있는 것을 이해시키려고 무척 노력을 했다. 그러나 그들은 총무부장이 그들의 계획이행에 방해가 된다고 생각하여 제거하려고 한다는 것을 알게 된 이상 대화만으로 이 난국을 수습한다는 것은 불가능하다고 판단하였다. 지금까지 묶여 있던 총무부장이라는 직책도 이제는 없다. 자유롭게 풀렸으니, 오히려 전면에 나서서 본격적으로 그들의 야망을 부수고 교단 쇄신을 위하여 노력해야 된다고 생각하니 용기가 더욱 솟아나 지금까지 미루어 온 계획들을 일사천리로 밀어붙일 수가 있었다. 실무자로서 보다 적극적으로 개혁 작업을 기획하고 또 진행하였던 것이다.

다. 조수현 교통 대행 체제를 구성했지만

혜성교회(신임교회장 주도) 측에서는 1993년 1월 8일이 되면서 전술한대로 교무원장(서리) 이상만 씨와 총무부장 정명수를 이유

없이 면직시키고 교무원장(서리)에 혜성교회 산하 태성교회장 김영창 씨를 임명하였다.

여기에 조수현 교통서리가 적법한 절차에 의하여 새로이 피선되고, 교무원장(서리)에 양정남 대선교회장을 임명했다. 그리고 1월 18일에 총무부장에 다시 정명수(며칠 전에 김기수 측에서 면직시킨 총무부장) 씨를 임명했다. 그리고 뜻을 같이 해 오던 '둘하나 교회' 원종석 회장과 이형문 선일 포교소장 등이 참여하여 함께 비상 교정(업무)체제를 구축하였고, 그 외 많은 용재들이 백의종군하는 마음으로 활동을 하기 시작하였다. 이렇게 되면서 한 교단에 양체제가 존재하는 꼴이 되었다. 그래서 김기수 교통을 하루속히 해임하지 않고는 그들의 체제를 아예 없앨 수가 없다는 결론을 갖게 되었고 이를 해소하기 위해 조속히 새 교통을 선출하여 교정을 정상적으로 집행하기로 중의를 모았다.

〈참고〉 총무부장은 1993년 1월 8일자로 혜성교회 측(신임회장 주도)에 의하여 무조건 해임되었다. 이 조치에 대하여 불응할까 생각을 하다가 잘못된 체제를 하루 속히 전복하는 길이 더 급함을 알고 참았다. 총무부장은 1월 12일 아침 출근 전에 새로 교무원장(서리)으로 지명된 태성교회장 김영창 씨에게 전화를 걸어, 먼저 교무원장(서리)이 된 것을 축하한다고 하면서, 충고라기보다도 업무상 권고를 해주었다. 첫째, 교무원장이라는 직무를 절대 망각하지 말고, 둘째, 혜성교회 신임 교회장의 꼭두각시 노릇을 하면 교정을 혼란하게 될 것이니 명심하여 그렇게 되지 않도록 각별히 유의해 줄 것을 부탁했다. 그리고 주요한 업무의 인수인계를 위해 10시 30

분까지 교무원으로 갈테니 거기서 만나자고 말했다. 총무부장은 약속한대로 교무원에 가서 김영창 씨에게 교단 인장 등을 넘겨주고, 서류는 목록을 작성하여 15일에 다시 와서 서명 날인하기로 했다. 이어 그 길로 간단한 개인 사물을 챙기고 교무원을 나오려는데, 조용수 교화부장이 안되었다는 듯이 총무부장 앞으로 다가와 인사를 한다. 총무부장은 덤덤한 기분으로 '조부장은 남아서 교단을 잘 지키시오.' 라고 하면서, 그에게 귓속말로 서류고에 보관중인 문서는 절대 파기되거나 밖으로 새어 나가지 못하도록 단단히 간수해 주기를 부탁했다.

1) 조수현 교통 서리와 새 임원의 등원(登院) 방해

김기수 교통의 해임으로 교통서리(敎統署理)가 된 조수현(曺洙鉉) 측에서 교정 비상업무를 시작하니, 한마디로 하나의 교단에 두 개의 집행부(교무원)가 생기게 된 셈이었다. 한편 김기수(金杞洙) 전 교통 측이 점거하고 있는 교단본부에서는 혜성교회 청년및 신도들을 동원하여, 새로이 선출된 조수현 교통 서리와 새 임원진의 교단 참배(參拜)와 등원(登院)을 철저히 방해함으로써, 정상적인 제전집행과 교정수행을 할 수가 없었다. 그들은 조수현 교통서리와 새 임원 그리고 교정기구 간부 등의 본부 월례제 참배마저 못하도록 교단 정문에서 출입을 철저히 봉쇄하고 있었다. 그래서 조수현 교통서리 측의 교정 집행부는 부득이 시내 중구 필동에 있는 '팔레스 호텔'과 '렉스 호텔' 등을 전전하면서 업무를 집행하고 있었다. 14일 이후부터는 남영동 '레인보우 호텔'을 임시 연락처로 정하여 수시로 이곳에서 만나 교정에 대한 협의를 했다. 사안에 따라 적당한 장소를 정하여 회합을 가졌고, 주요 교직자와 교정기구 간에 연락을 하여 교정에 대한 대책과 당면한 과제를 논의, 긴급 교무를 집행했다.

〈참고〉 정월 14일은 교단본부 춘계대제일이다. 출근 전 아침에 용산 경찰서 모 정보 형사로부터 전화가 왔다. '오늘 천리교에서 시끄러운 일이 일어날 것 같다는 정보가 있는데 사실입니까?' 라고 물었다. 나는 '글쎄 교단 임원들이 제전을 보러 들어가면 그들이 강제로 방해할지 몰라도 큰일은 없을 것이요.'라고 대답하고 집을 나와 청파동 시장 입구에 있는 태양다방에 갔더니 지방에서 올라온 많은 교회장이 모여 차를 마시고 있었다. 한편 춘계대제일임에도 혜성교회 청년회 청년들이 지방 소재 교회장들이 들어오지 못하도록 정문을 제외하고는 모든 문을 막고 있다고 전해준다.

그런데 조금 있으니 태성교회 김영창(김기수 측 새 교무원장) 씨가 들어와서 우리들에게 제전집행이 불가하다고 알렸다. 우리는 '무슨 소리야! '너희들이 뭔데 웃기는 놈들이구나.' 라고 하면서 거기에 모여 있던 사람들 다 같이 제전을 보러 올라가자고 했더니 모두 일어나 교단본부로 갔다. 아니나 다를까 우리 일행이 안으로 들어가려고 하니, 정문에서 이들이 미리 진을 치고 있었다. 우리 일행이 들어오지 못하게 밀거나 일단 들어온 자에게는 악착같이 옷을 붙들고 목을 죄며 또 팔을 비트는 등 맹렬히 저지하였다. 심지어 정문 밖 큰 길까지 따라 나와 밀어 젖히며 폭력을 휘둘렀다. 그런데 용산경찰서 정보과장과 정보계장 그리고 권 형사 등 수 명이 이미 교단 경비실과 그 주위에 와서 저지하는 장면을 보고 있었다. 그러나 큰 불상사가 일어나지 않아서인지 가만히 보고만 있을 뿐이었다. 이날 이형문 비서가 발길질과 주먹으로 구타당하였고, 김대환 교의원은 그들이 밀어서 뒤로 나자빠지는 등, 정말 위험하고 아찔했었다. 결국 제전을 보지 못하고 있다가 제전이 끝나자 우리들은 물러나 돌아갔다. 교통서리와 총무부장, 그리고 원종석 간사와 이형문 비서는 용산구 남영동에 있는 '레인보우 호텔'로 가서 이들의 행위에 대한 대책을 세우기 위하여 장기간 호텔에 머물기로 했다. 다음날 15일 오후 1시경 집에 들어와 쉬고 있으니, 이형문 비서로부터 전화가 왔다. 이재석(재무부장)이 혜정교회에서 경찰에게 체포되었고 연이어 주정식(문화과장), 한용화, 육경수, 이승남 등 5명이 체포 연행되었다는 연락이 왔다. 그리고 다음날 이재석만 구속 송치되었고 나머지는 불구속 송치되었다고 한다.

먼저 교무원의 업무를 부활하기 위하여 1993년 1월 8일자 대천교 제93의 별2호로 인사발령 공고를 하였는데, 내용은 다음과 같다.

(1) 교무원장(서리)에 대선교회장 양정남을 임명했다. (교통서리 임명 1993년 1월 5일자)

(2) 그리고 다시 대천교 제93의 별3호(1993년 1월 8일자)로 '관인 변경의 건'이라 하여 기존 관인(김기수 측에서 사용 중)을 무효화시키고 새로이 관인을 제작하여 실시한다고 문서를 하달하여 이후부터 이 관인으로 모든 교정을 집행하였다.

(3) 1993년 1월 18일에 전부터 근무해온 총무부장 정명수를 조수현 교통(서리)이 다시 총무부장으로 정식 임명하게 되면서, 교정

집행의 주도권은 완전히 새로운 집행부로 넘어 왔다. 그리하여 다음날 1월 19일자로 교무원 직원을 보강하고 교구장 회의에서 이를 공고하였다.

2) 비상 교구장 회의 개최

1993년 1월 16일 대구에서 김영제 교의회 의장이 상경하였고, 제주에서 양정남 교무원장이 올라왔다. 그리하여 조수현 교통서리 주최 하에 양정남 교무원장 그리고 교무원 총무부장 등 임원과 함께 교무회의를 열었다. 오는 19일 교구장 회의를 서둘러 열기로 결정하고 즉시 비상 교구장회의를 소집하였다. 그리하여 1993년 1월 19일에 비상 교구장회의를 개최하였다.

이때 김영제 교의회 의장도 참석하였다.

이날 주요 회의사항을 보면,

(1) 조수현 교통 직무대행의 인사발령(발췌)

오늘 교구장회의는 교단의 혼란과 위기에 대하여 하루 속히 정상화하자는데 그 목적이 있습니다. 본인이 교의회에서 교통서리로 지명된 것은 이 교단의 난국을 하루 속히 수습하라는 명령으로 알고 최선을 다하려 합니다.

먼저 오늘의 사태를 비상사태로 보고 교무원을 보강하려 합니다. 오늘 구두로 발령하여 이 난국 수습 시까지 잠정적으로 집행하려 합니다. 현(지금까지) 교무원(김기수 측)의 임원은 모두 인정치 않고, 새로이 임명하겠습니다.

교무원장 (서리) : 양정남

총무부장 : 정명수

교화부 : 문화과장 원종석

교통실 비서 : 이형문

기타 인선은 추후에 여러분들의 의견을 수렴하여 결정 하겠습니다. 이 인선은 어디까지나 과도기적 인선임을 알아주시기 바랍니다. 여기에 교구장님들의 의견을 듣고 싶습니다. (이에 교구장들은 모두 찬동을 하였다.)

(2) 교단 혼란에 대한 대책

새로 임명된 총무부장이 현황을 설명하여 주시기 바랍니다. 하고 교통 대행(서리)이 지시하여, 총무부장이 현황을 설명하였는데 이를 요약하면,

① 91년도 감사결과 시정사항에 대한 조치를 전혀 취한 바 없었고,

② 이의 강력한 시정을 위해 교단정상화추진위원회를 구성하려고 교의회에 회부하여 동의를 얻는 과정에서 평소 종속파에 호의적인 혜성교회 김웅선과 그 일당 등이 이를 빌미로 교단정상화추위를 불순단체 등이라 하여,

③ 불법 부당한 교령을 발동하여 김정강(일명 김대환)을 배제시키고 교의회를 무용지물로 만들어 그들 뜻대로 밀고 가려 하였다.

④ 전부터 교단을 혜성교회 일색으로 만들어 종속화하려고 한 계획이 점차 노골화되면서 교정은 혼란에 빠지게 되자 이를 바

로잡기 위하여,

⑤ 1992년 12월 9일자로 김기수 교통을 해임하고 비상조치로 교통 대행으로 영신교회장 조수현을 선출하였던 것입니다.

⑥ 혜성교회 2대 교회장의 심복인 이재석이가 교의회 간사를 건방지다면서 면상을 주먹으로 갈겨 앞니를 부러뜨리는 등 폭력을 가하여 중상을 입혀 고소 고발사건으로 확대되었고

⑦ 지난 1월 14일에는 혜성교회 2대 회장의 사주를 받은 청년 용재들이 교단본부 춘계대제에 참배하러 들어가려는 신임 교통 비서 이형문을 제전에 참배 못하게 이재석 일당 중 한명인 한용화가 옷을 잡아끌고 교단 정문 밖에서 폭행을 가하여 전치 2주의 상해를 입혔다. 또 재단 감사 김정강 씨가 교단 정문에서 이들에게 집단적으로 떠밀리는 폭행을 당하여 뒤로 넘어지면서 전치 2주의 상해를 입는 등, 교단본부 정문 앞은 이들 일당에 의하여 서로 엉켜 아수라장으로 변했다. 행사에 참배하려는 임원과 신자에게 위협을 가하고 또 폭행한 사건이 발생한 것이다. 이로 인하여 교정기구의 임원과 여러 교회장 등, 원로들이 더 이상 이를 묵과할 수 없다고 하면서 피해자들에게 법적 조치를 취하지 않으면 안 된다고 했다. 이 날의 피해자들이 폭력을 휘두른 혜성교회 청년들을 고발하는 불행한 사태가 발생하여 종교 신문에 기사화되기도 했다.

이로 인하여 모두 5명이 긴급 구속되었는 바, 그 중 1명은 구속송치되고 4명은 불구속 송치되는 사태가 발생하여 교단사에 또 하나의 오점을 남기게 되었던 것이다. 이상이 그 간의 현황이다.

조수현 교통 대행의 주재로 대책을 의논한 결과 아래와 같은 결

의문을 채택했다.

①교구장들의 결의문을 채택

첫째, 우리 교구장 일동은 본 교단 창립정신인
자주적 교단·토착화를 위한 교단·민주적인 교단 이상의 3대 원칙은 결코 불변함을 다시 결의한다.

둘째, 우리 교구장 일동은 일본 천리교회 본부로의 무조건 예속화는 반대하며 또한 친일적 예속 교단파와의 통합도 결사반대한다.

셋째, 교단 내 폭력과 협박 등으로 교정을 혼란케 하고 교단 부재를 가져오게 한 일련의 사건에 대한 책임 있는 조치를 강력히 요구한다.

이상의 결의가 관철될 때까지 일체의 교정에 협조를 거부한다.

끝으로 서명을 했는데 그 명단을 보면, 서울교구장 정연창, 부산교구장 배태수, 경북교구장 이강택, 경남교구장 김사용, 경기교구장 정경자, 충청교구장 임봉두, 호남교구장 전용성, 제주교구장 양정남 등이다.

이상의 결의서를 채택하여 김영창(김기수 교통 측의 교무원장)을 통해 전달토록 하고 그 결과를 1월 25일까지 회신해 줄 것을 요구했으나 특별한 이유 없이, 또 성의 없는 답변만 하면서 날짜만 끌더니 27일에는 불가함을 통보해 왔다.

②연로한 교통의 명예회복을 위한 조치로서 두 번 다시 이러한 월권행위로 불행한 교정이 되지 않도록 제도적 장치를 강구한다.

이상과 같이 교구장 회의를 진지하게 논의하여 모두가 일치 단결하게 되면서 교정정상화가 급격히 진전된다.

〈참고〉 총무부장은 2월 18일 H일간 신문사 김모 기자와 종교신문사 방모 기자를 만나 19일 있을 회의 내용을 취재할 것을 요청하고 대강을 설명했다. 그리고 오후 3시 허두 청암교회장을 '희' 다방에서 만나 김기수 교통의 권한을 대폭 제한하여, 남은 생애를 명예롭게 은퇴할 수 있도록 하자고 강력하게 요청했다.

다음날 19일, 총무부장은 원종석 과장을 데리고 만리동 모 가게에서 미리 주문했던 플래카드를 찾아와서 태양다방으로 갔더니 벌써 부인회와 검정강습회의 부인 용재들이 많이 나와 있었다. 오늘의 회의를 대강 설명하고 교단을 조속히 정상화하려고 한다고 설명을 하면서 결코 이곳에 전도청 간판을 못 걸게 막겠다고 했더니 모두들 맞장구를 치며 대환영을 하였다. 오후 1시가 되어 교단에 들어가려고 하였더니 역시 출입을 막는다. 그러나 이재석 등이 구속되고 일부 기소되고 보니 그들은 기가 많이 죽어 있었고, 그 전처럼 강력하게 강제로 저지하지 못했다. 총무부장이 그들에게 타협할 것을 종용하여, 조 교통서리를 모시고 들어가니 교무원은 이미 잠겨 있었고, 아래층 재단 사무국에 들어가니 모두들 거기에 모여 웅성거리고 있었다. 우리들은 약간 계획을 바꾸어 진행하면서 교구장들이 자발적으로 결의하는 형식으로 결의문을 채택하였다. 그리고 그 회답은 25일까지로 정하였다.

한편 검정강습회에서 오늘의 상황에 대하여 갑자기 공청회를 열고 누가 옳은지 모아 놓고 토의를 해 보자고 하여 이쪽에서는 원종석 교무과장과 이강택 경신교회장이 맡아 했고, 저쪽에는 주정식

(혜성교회 측 문화과장)과 혜성교회청년회 육경수가 나왔는데 그들은 일방적으로 당하기만 했다. 교의상의 문제는 접어두고라도 만사 앞뒤가 맞지 않는, 한마디로 일관성 없는 억지 주장을 했고, 또 현실에 대한 논리 전개가 미숙했다고 그 날 참석한 자들이 말을 하고 있었다.

3) 조수현 교통 서리의 교정 지침(신년사)

1993년 1월 신년을 맞아 교통 직무대행 조수현은 〈교단 혼란에 즈음하여〉라는 전단을 작성, 전국 교회 및 포교소에 보냈다. 그 주요 내용을 발췌해 보면

"대망의 계유년을 맞이하여 이 길을 가는 형제님들 가정에 어버이신님의 수호가 충만하시길 기원하면서 작금에 일어나고 있는 교단의 매우 불미스런 사태를 수습코자 감히 교통 직무대행을 수락했습니다. 이제 본인은 우리 교단을 양분시키려는 일부 몰지각한 무리들의 유언비어의 근원을 가려 분열의 책동을 막고 혼란을 수습하여 양기충만 세계건설에 매진코자 진위를 널리 공개합니다. -중략-

자주교단에 정면으로 도전하는 교회들이 계파별로 일본을 드나들면서 다시 사박수(네번 손뼉을 치는 행위)가 부활하는 등, 놀라운 일들이 서서히 다시 시작되고 있습니다. 하여 이에 항의하는 30만 천리교인의 총의 기구인 교의회의 기능을 정지하는 반민주적인 일이 발생하면서 혼란에 빠지기 시작하였습니다.

첫째, 발단은 자주교단을 무시하면서 시작되었습니다. 교단에서

결정하여 시행키로 한 시책을 무시하고 일본을 멋대로 내왕하며, 또 못하게 된 사박수(四拍手)를 부활시키고 있어 이것을 시정하여 달라는 교의회 정상화추진위원회의 건의를 받아들이기는커녕 오히려 교의회의 기능을 정지하였습니다.

-중략-

다섯째, 평생을 자주와 민주적인 교단을 만들어 토착화를 시켜야 한다고 부르짖으신 김기수 교통님이 93세라는 고령으로 병약하여 혼미해지자 이를 계기로 온갖 방법으로 자주교단을 말살하려고 했습니다. 그리하여 불법 부당한 교령을 문서로 만들고 여기에 당시 정명수 총무부장이 보관 중이던 교통 직인을 몰래 훔쳐 도용하여 찍어 이를 행사하였고 -생략-

여섯째, 대한천리교 교통이며 재단법인 대한천리교단의 이사장인 김기수 씨가 모르는 사이에 그 분의 도장을 찍은 일이 발생하였습니다. 즉, 지난번 당시 새한당 창단발기인 명단이 5대 일간지에 발표된 일이 있었는데 거기에 김기수 교통이 거명되어 있었습니다. 이에 대하여 교단 교정기구에서 교단의 막중한 위치에 계신 분이 한 마디 상의도 없이 정치에 관여함은 천리교단과 교인들의 명예를 훼손시키는 처사라고 추궁하자, 김기수 교통님은 전혀 모르는 사실이라고 해명하면서 해명서를 제출한 바 있습니다.(첨부한 별지 입당원서와 해명서 참조)

이와 같이 교통 명의의 도장을 함부로 남발함으로써 자주교단에 위해를 준다 하여 교단 임원들이 모두 그를 해임해야 한다는 생각을 갖게 되었던 것입니다.

일곱째, 이와 같은 일련의 사태가 발생하게 되자 자주 민주 교단을 어떻게 하더라도 지켜 나가야 한다는 공감대가 형성되었습니다. 하여 교의회를 개최하고 대책을 논의하려 했지만 그들의 집요한 방해로 부득이 대구시 소재 대구교회 신전에서 교의회를 갖었습니다. 그 자리에서 교헌 및 규정에 의거 적법한 절차를 거쳐 재적 의원 19명 중 13명 찬성으로,

-중략-

8개 교구 중 6개 교구장이 참석하여 그들도 찬성, 지지함으로써 한시적이나마 교통 직무대행을 부덕한 본인이 맡게 되었습니다. (신문을 참조하시기 바람) 그리하여 교단본부에 들어가 참배를 하려고 3~4회 정도 시도했으나 그들은 그때마다 물리적이고 조직적인 폭행을 가하여 저지했습니다. 이런 과정에서 4명이나 폭행과 상해를 입어 진단서를 첨부하여 고소장을 내는 심각한 사태가 발생하였습니다. 그들은 즉시 구속되었으나, 곧 보석을 신청, 불구속 수사 중에 있다고 합니다. -생략-

여덟째, 지난 1993년 1월 19일, 전국 교구장들이 모여 자주 민주 토착화를 위해 교단을 사수하는 결의문을 채택하는 과정에서 또 물리적 저지가 있었는데 이때 많은 부녀 용목들이 참석하여 경청 중에 교화과장 주정식이라는 자가 "자주는 고립을 의미한다."라고 말하였습니다. 즉시 나는 반박하면서, "민주 독립국가인 미국이 영국에서 독립되면서 과연 고립되었습니까? 우리나라가 민주독립국가인 지금 고립되어 있습니까? 일제 식민지 시대에 우리는 어떻게 했습니까?"라고 막았습니다. 다시 주정식이 한국천리교와 합쳐야 한다고 발언을 하자 야유를 받았습니다. 또, 육영수라는 혜성교회 청년회장이 "교통은 아무 것도 몰라도 된다. 교통은 상징적 인물이

다. 종교는 카리스마다. 시키는 대로 하면 된다."라고 상식 밖의 망발을 하여 많은 이들의 조소와 항의를 받자, 슬그머니 좌정해 버렸습니다. 연이어 교의원들의 엄중한 항의를 받게 되자, 이번에는 "사기꾼은 말을 잘한다."라고 말하면서 도망가듯 사라지는 등, 실로 한심한 사태가 백출하였습니다.

'자주는 고립을 의미한다는 말은 반자주적 표현입니다. 한국천리교와 합병은 일본에의 종속을 의미하며 교통 상징설과 카리스마는 반민주를 의미합니다. 교통님의 이념과 다른 그들이 어떻게 교단에 있게 되었는지 철저히 규명되어야 할 것입니다.

아홉째, -생략-

열 번째, 재단법인은 개인 사유화할 수 없으며 종교행위가 이루어지지 않을 때는 법적으로 정부 자산으로 귀속되며 유사단체에 흡수되는 것입니다. 그럼에도 불구하고 내가 헌금을 많이 냈으니 많이 낸 자의 것이라는 말을 공공연히 발설하고 다니는 등, 비상식적인 비속한 언어를 사용해 오면서 김기수 교통님의 빛나는 업적에 먹칠을 하고 있습니다.

열한 번째, 일본 추종파로 널리 알려진 허태규 씨가 지난 1월 20일 자기 교회에서 "우리는 청파동으로 간다. 한국과 합병하면 대한천리교는 없어진다."라고 말을 하고 있었습니다. 이는 무엇을 의미합니까?

이 길을 가는 30만 용재 여러분!

-전략- 지금도 한국천리교에서는 리를 세운다는 행위로 금품을 수시로 바치고 또 '교회 명칭의 리'를 받으라고 재촉하고 있습니다. 그런데 리(理 : 여기에서는 교회 인허)를 받으려 하면, 이번에는 간

절히 바라는 청원서를 만들게 하고, 등기부 등본과 재산 기증서 및 이전에 필요한 일체의 서류를 만들어 인감증명서까지 첨부한 후, 이금(理金 : 여기서는 인허를 요청하며 내는 돈)을 올리면 교회 허가라는 것이 나오는데 이 서류는 교회본부 재무관리국에서 접수처리 됩니다.

용재 여러분! 우리 나라에서는 지금 외국인이 부동산을 취득할 수 없도록 막아 놓고 있기 때문에 문제가 없지만(당시는 1993년), 지금도 계속 외국의 거센 개방 압력을 받고 있어 언젠가는 개방은 불가피할 것입니다. 그 때는 어떻게 되겠습니까? 이는 신앙을 빙자하여 국가를 팔아버리는 행위가 되며 높은 산을 깎아 낮은 산으로, 평평한 땅으로 골라 밟겠다는 어버이신님의 뜻을 왜곡 모독하는 무리들인 것입니다. -중략-

우리는 서로 사랑하고 화합하여 자주 민주 토착화를 위해 교권을 확립하여 후세들에게 넘겨주기 위하여 부끄럽지 않는 선배가 됩시다. 일본의 어떠한 음모에도 우리는 서로 흩어지지 말고 하나가 됩시다. - 이하 생략 -

1993년 1월

교통직무대리 조 수 현

유첨 : 발기인 승낙서

첨부된 발기인 승낙서의 내용을 보면,

〈문서〉

발기인 승락서

성명 : 김기수 (金杞洙)

주소 : 서울 성동구 상왕십리동 25번지(27/3)

주민등록번호 : ○20403-1017111

재단법인 대한천리교단 교통 겸 이사장

본인은 새한국당(가칭) 창단준비위원회 발기인이 됨을 승낙합니다.

1992년 10월 14일

성명 김 기 수 (인)

새한국당(가칭) 창당준비위원회 귀하.

〈참고〉 이 때 김웅선도 같이 발기인으로 되어 있었는데 직함은 재단이사 겸 혜성교회장으로 되어 있었다.

당시 김기수 교통의 해명서를 여기에 옮긴다.

〈문서〉

해 명 서

10월 23, 24일자 각 신문 지상에 발표된 새한국당 발기인 명단에 본인(김기수 대한천리교단 교통)의 이름이 있어 해명합니다. 본인은 전혀 참가할 의사도 없고 참석한 일도 없으니 교인 여러분과 친지 여러분은 오해 없으시기를 바랍니다.

1992년 10월 24일
대한천리교 교통 김기수

〈참고〉 상기 해명서는 자필로 쓰고 또 자필로 사인을 하고 전국 교회 및 포교소에 배포를 하였다. 여기에 이기(移記)하면서 필자가 문장을 읽기 쉽도록 조금 수정하였다. 이를 근거로 총무부장은 인사동에 있는 새한국당 당사의 이종찬 사무실로 신문에 난 공고문과 함께 해명서를 들고 찾아갔다. 그리고 이종찬 씨를 만나려고 2, 3일간 찾아갔으나 만나지 못하고 이종찬 보좌관에게 엄중히 항의하면서 이런 무책임한 처사에 대하여 책임을 따졌더니, 나는 잘 모른다 조직부에서 한 것 같다고 하기에 조직부 책임자를 찾았다. 그러나 그 또한 조직부 직원이 입당서와 승낙서를 가져왔으니 자기는 잘 모른다는 것이었다. 그럼 누군가 취급한 자가 있을 것이 아닌가 라고 계속 따졌더니 그 사람의 얼굴을 보면 알겠지만 그냥은 모른다고 하기에 가져 간 윤모 씨의 사진을 제시하였더니 이 자가 맞다고 했다. 이에 대하여 정정공고와 사과문을 동시에 낼 것을 요구하자, '나는 모른다, 따지려면 윤모 씨에게 따지든 법적으로 하든지 맘대로 하라.'고 하기에 교단에 돌아와 상의했다. 그는 이것 말고도 여러 차례 교단에 피해를 준 자이니 이번 기회에 버릇을 고쳐야 한다고 의견이 합치되어 나는 고소장을 쓰고 서울시경 수사과에 제출하였다. 그리고 오랫동안 이 문제를 잊고 있었는데, 어느 날 경기도 양평경찰서 수사과에서 윤모 씨를 체포하여 입건했다고 연락이 왔다. 이 건에 대하여 총무부장이 고소인 대리로 출석한 바 있다. 윤모 씨는 의법 처리되었다고 한다.

그리고 문교부 및 사법 기관 등 관련 기관에 교통 서리 및 교구장 및 교직자 일동의 연서를 받아 '진정서'를 보냈다. 진정서의 내용을 발췌하여 간기한다.(문맥을 정리하느라 일부 문장을 수정 보강하였음)

〈문서〉

진 정 서

-전략- 근간 대한천리교단 내에 폭력집단이 투입되어 공갈과 온갖 협박 등으로 일본 교회본부의 사주를 받고 뒤에서 교사하는 자들의 지시를 받은 행동 대원들이 신성한 자주·민주적인 대한천리교단을 힘으로 장악하려 하고 있다. 그들은 제전(祭典)에 참석하려는 교역자들을 참석 못하게 폭력을 휘두르며 상해까지 저지르고 있는데 이들 일당 때문에 심각한 위기를 맞고 있다. -중략-

이러한 무리들을 제거하고 그 배후를 색출하여 줄 것을 법에 호소했으나 검거된 일당 중 5명만(직접 폭력을 휘두른 자)을 용산경찰서에서 취급하여 4명은 불구속처리하고 한 명은 구속하였다. 그나마 검찰에 송치된 한 명이 합의도 없이 적부심인가, 금보석인가를 받고 풀려 나왔다고 한다. -중략-

전 교통 김기수는 93세라는 고령으로 노환이 깊어 그 직무를 올바르게 수행할 수 없게 되자 -중략-, 김기수의 손자 김웅선은 본교단을 자기들 수중에 넣으려는 목적으로 교통인(教統印)을 훔쳐 공공연히 날인한 후 교통이 결재하였다고 속여 교단의 주요 교직자를 무조건 해임시켜 버리고, 교정을 멋대로 휘두르며 반대파를 이유 없이 폭행하고 공갈 협박하였고, 또 폭력단을 투입시켜 -생략-

1993년 1월 14일, 교단본부 춘계대제일에 교단에 들어가려고 하는 원로 및 중진 교직자 및 신자들 중 20여 명을 선별하여 무조건 참배치 못하도록 폭력을 가하여 2주에서 4주까지에 이르는 상해를 여러 사람에게 입히는 사건이 발생하여, -생략-

행동대장 이재석은 1992년 2월 10일, 재무부장으로 기용된 자로, 김웅선과는 지난날 친구였다. 그런 그가, 행동대장이 되어 수십 명을 거느리며 지휘, 조종하여 교정을 완전히 마비상태에 이르게 하고 -생략-

교단본부 교의강습소 사감 선생을 2, 3차례나 이재석과 그 일당들이 집단 구타하여 2주 이상의 상해를 가하였고, 교의회 간사인 원종석을 이유 없이 구타하여 4주 이상의 치료를 요하는 상해를 다시 입혔다. 또, 1992년 9월 14일, 본부 월차제 제전에 참석하기 위하여 대구에서 상경한 교의회 의장(김영제)을 교단 정문에서 막았다. 그리하여 결국 참석하지 못했으며, 동년 12월 14일에도 교단 감사(재단 감사 겸)이며 교단정상화추진위원장인 교회장 김정강(일명 김대환)을 이재석 일당이 1시간 동안 교단에 들어오지 못하게 방해하여 옷을 찢고, 끌고 다니며 -생략-

1993년 1월 14일은 본 교단본부의 춘계대제일로서 이 행사에 참석차 정문으로 들어오는 신임 교통 비서실장 이형문을 참석치 못하게 하려고 이재석 일당 중 한 명인 한용화라는 자가 교단 정문 밖으로 끌고가 폭행을 가하여 전치 2주의 상해를 입혔고, 감사 김정강 씨도 교단 정문에서 이들 집단에 떠밀려 폭행당하면서 뒤로 넘어져 전치 2주의 상해를 입었다. 교단본부 정문 앞은 이들 일당에 의하여 마치 아수라장으로 변하여, -생략-

이재석이 다시 풀려나와 이와 같은 폭력을 행사하기 때문에 교정이 다시금 혼란상태에 빠지게 되는, - 생략 -

위 사실을 엄히 처벌하여 교단이 정상화가 되도록 협조해 주시기를 바라면서 본 진정서를 올리며 탄원합니다.

1993년 1월 19일

대 한 천 리 교 단

진정인 신임 교통서리 조수현 외 교구장 및 교직자 일동

〈참고〉 1월 22일, 원종석 과장으로부터 총무부장에게 이재석이 금보석으로 출감했다고 전화가 왔다. 혜성교회장 김웅선을 따르던 이재석과 추종자들이 음력 설을 앞두고 기소, 구속되는 불상사가 발생하니, 그들의 가족과 주위로부터 지탄과 원망을 받게 되었다. 그러자 혜성교회 신임회장은 이들을 무마하기 위하여 많은 돈을 써서 이재석을 빼내주었다고 했다. 한국천리교연합회 측 모 교회장은 지난 27일, 영남 지역에서 10명, 부산 지역에서 4명 계 14명과 서울 혜성 측에서 14명이 모여 통합하기로 하고, 한국전도청 간판도 청파동 교단본부에 함께 단다고 알려 주었다.

구정 다음날인 1월 24일, 천성교회장 왕광준은 이재석이가 풀려나왔는데 금보석(5000만 원)을 걸고 나왔다고 했다.

제2장 위기의 자주 자립교단을 사수하기 위하여

1. 교단을 사수하기 위하여 후임 교통을 선출

1월 24일 오후 3시 30분에 을지로 '태화호텔' 커피숍에서 조 교통 서리와 정 총무부장, 원종석 과장, 이형문 비서가 만나 '이제 더 이상 교정을 대화로 풀어간다는 것은 시간만 낭비할 뿐이며, 종속 교단에 기회만 줄 뿐이다. 오히려 자주교단에 위기를 초래할 지도 모른다. 그 위기의 순간이 가까워 오고 있다고 생각되니 빨리 대책을 세우자.'면서 다음 오후 3시에 서울역 플라자 커피숍에서 김영제 교의회 의장과 만나 최후의 결론을 짓기로 했다.

다음날 25일에 김영제 의장을 만나 교단 집행부의 의견을 제시하며 대화를 했으나, 교의회 의장은 더 두고 보자고 해서 결론을 짓지 못했다.

가. 김영창 씨 등과 마지막 협상 결렬

김영제 의장은 그래도 미련이 있었는지 26일 오전에 김영창(혜성 측 교무원장 김웅선 측 지명자)을 '레인보우' 호텔 커피숍에서 만났으나 특별한 의견교환 없이 오후 3시에 다시 만나기로 했다. 그리하여 조 교통 서리와 김영제 의장, 정연창 서울 교구장 등이 약속한 종암동으로 가서 김영창 씨를 만났으나 별로 신통한 결론을 보지 못한 채 다음날인 27일 다시 만나기로 했다. 한편 총무부장은 전용성(錢龍成) 호남 교구장과 서울역에서 만나기로 약속했었으나 그는 오후 6시가 되도록 나타나지 않아 만나지 못했다.(후에 안 일이지만 종암동 회담에 총무부장이 배제하기 위한 술책이었다고 전한다)

다음날 10시, 총무부장은 충정로 재산 건으로 정의진 재단 사무국장을 만나기 위해 약속한 서소문에 있는 '희' 다방으로 가고 없을 때였다. 그 시간에 레인보우 호텔 커피숍에서는 조 교통 서리와 김영제 의장, 양정남 교무원장이 전날 약속대로 혜성 쪽의 허두 청암교회장과 김영창 태성교회장 등을 만나 대화를 해보았지만, 역시 성의 없는 말만 되풀이 하고 있었다. 이미 그들은 제 갈 길을 가고 있었다. 그 누구도 혜성교회 신임회장의 생각을 돌릴 수 있는 실력자들이 아님을 우리는 감지했다.

바로 그날 밤(1월 27일) 서울 모처에서 혜성 측 8명(김웅선, 안광용, 김영창, 김성환, 허두, 오의상, 임순홍 등)과 허태규 측 8명(허태규, 배석수, 라석기, 이송원, 이병호, 박계수, 안재형 등)이 만나 교단 통합 서명식을 했다고 이튿날 모 교회장이 우리에게 알려 주었다. 그간 이 쪽에서는 철저히 그들에게 농락당한 꼴이 된 것이다.

나. 후임 교통으로 조수현 씨를 선출

교단의 정상화는 오직 김기수 교통 체제를 해체하는 길 뿐이었다. 모든 교직자들이 이구동성으로 한 말이다. 그렇다면 어떻게 할 것인가? 교단 집행부는 이제 결심할 때가 되었다. 더 이상 시간을 낭비해서는 안된다고 판단하고 오직 결행만 있을 뿐이라고 결정을 했다. 자주교단을 어떻게든 사수해야 한다는 교우들의 열화같은 열망에 의거, 1월 29일 조수현 교통 대행과 정명수 총무부장 그리고 이형문 비서 등이 대구로 급히 내려가 김영제 교의회 의장과 김종권 부의장 등을 만나 '이제는 김기수의 현 체제를 더 이상 두고 볼 수가 없다. 오직 전복하는 길 뿐이다.'라는 결론을 내렸다. 이어 극비로 후임 교통의 선출에 대한 대책을 수립하고 그 실행을 신속하게 진행키로 결정하였다.

그리하여 1월 30일 오전에 교정위원회 소집 및 교의회 소집 공문을 작성하여 각각 띄우고 총무부장은 김종권 부의장과 함께 그 길로 대구에서 제주도로 날아갔다. 제주에서 양정남 교무원장 서리를 만나 근간의 있었던 상황을 상세히 설명했다. 또 긴급 교정위원회를 소집하게 된 배경도 설명했다.

〈참고〉 당시 총무부장이 기록한 일기장을 보면, 다음과 같다.

나(총무부장)는 1월 28일 마지막으로 종교 관련 기관의 관계자들과 잘 알고 지내는 법률가들을 일일이 찾아다니면서, 교정 정상화에 대한 그들의 의견을 청취하였다. 그들이 여러 가지 조언을해 주어서 많은 참고가 되었다. 1월 29일 조수현 교통 서리와 나(총무부장), 그리고 이형문 비서 등이 대구로 내려가 김영제 교의회 의장과 김종권 부의장을 만나 교통 선출에 대하여 좀더 심도 있게 논의하여 최종 결론을 내렸다. 그리하여 1월 30일 나와 김종권 부의장이 대구에서 제주도로 건너갔다. 그리고 근간에 있었던 일련의 회합과 최종 계획을 말하고 대구에서 결정된 사항을 보고했다. 즉 1월 9일 결정한 사항인, '2월 4일 오후 1시에 대구 소재 대구교회에서 전격적으로 교통을 선출하기로 결정한다.'는 내용을 알리고 그날 저녁에 다시 부산으로 내려갔다. 원남성교회에 가서 교구장 등 중진들과 함께 대구에서 결정한 사항을 전하고 이 거사에 모든 준비를 다 하도록 했다.

다음날 오전에 회의 소집 공문을 띄우고 나는 다시 김종권 교의회 부의장과 함께 제주도로 날아가서 양정남 교무원장에게 교통 선출에 관한 세부 계획을 설명하여 차질 없도록 조치하기로 했다. (여기에서 지난 28일 허태규, 배석수, 김웅선, 안광용, 라석기, 이송원 등이 비밀리에 와서 양정남 대선교회장도 교단 통합하는데 함께 참여할 것을 종용했으나 양정남 교무원장 서리는 이 상태로는 통합이 불가함을 역설하며 응하지 않자 그들은 되돌아갔다고 했다. 특히 안광용 정능교회장이 앞장서는 모습을 보고 그에게 강력하게 지탄을 했다고 한다) 그리고 나는 1월 31일 10시 15분 비행기로 상경하여 원종석 간사와 만나 간단하게 세부 계획을 설명하고 교의회 개최에 대한 준비를 시켰다.

2월 1일, 조 교통 서리에게 그간의 준비 상황을 보고하였다. 또 정연창 서울교구장, 왕광준 교의회 부의장, 임봉두 충청교구장에게도 그간의 상황을 대강 설명하고 대구에서 만나기로 하고 나름대로 만반의 준비를 시켰다. 그리고 나는 원종석 간사에게 치료비와 대외 활동비 조로 50만 원(자기앞 수표)을 주고 이형문과 함께 저녁을 먹으면서 3일 오후에 대구로 내려갈 것을 논의한 후 2월 3일 오후 3시 45분발 열차로 대구로 내려갔다. 거기에는 이미 김대환 교의원, 정연창 서울 교구장, 김영제 교의회 의장, 조수현 교통서리 등도 미리 와 있었다. 조 교통 서리를 만나 진행 상황을 다시 재점검 했다. 무엇보다도 교통 선출시 필요한 정족수인, 정원의 2/3 이상의 교의원이 참석하여 성원이 되어야 했는데 다행히 성원이 되었다.

〈참고〉 사보이 호텔 커피숍에서 나는 뜻하지 않는 광경을 목격하고 놀랐다. 아니 화가 치밀어 올랐고, 한편으로는 어이가 없었다. 마음 속으로 '세상에 이런 미련한 사람이 또 어디에 있단 말인가!' 하는 탄식이 절로 나왔다.

다름 아니라 최정자 원남성교회장과 이강택 회장, 김사용 회장 등이 상경하여 조용수 교화부장을 만나 그와 함께 김기수 교통을 직접 만나러 갔다 왔다는 것이었다. 다행히 결과는 아무런 성과도 없이 끝났다고 했다. 그 옆에 김종권 부의장도 있었다. 이유를 알아본 즉 돈 500만 원만 주면 그들 몇 사람에게 나눠주고 교단 분쟁은 없었던 걸로 처리해 주겠다고 해서 돈까지 갖다 주고 방금 돌아 왔다는데 별 성과가 없다는 것이다. 나는 기가 차고 어이가 없었다. 한편 무엇인가 섬뜩했다. 만일 이러한 일이 김응선 측에 역이용당하여 오늘 개최하려는 교의회에 영향을 주어 성원이 안 되도록 기일을 늦추거나, 또 인원을 참석치 못하게 속임수로 방해를 했었다면 어떻게 되었을까? 유언비어로써 우리의 계획을 알고 모략을 했더라면 또 어떻게 되었을까?라고 생각하니, 아찔하여 나도 모르게 그만 "미쳤나, 이 사람들아? 어리석게도 다 된 일을 망치려 드느냐? 그들이 돈 몇 푼에 놀아날 자들인가?"하면서, 그런 짓은 백해무익하며 성사될 수도 없는 일이라고 강력히 통박했다. 그리고 덧붙여 말했다. "나는 이 이야기를 듣지도 않았고, 또 보지도 않은 걸로 모른 체 할 터이니, 이 후부터는 일절 이에 대한 말을 다시 해서는 안 된다." 여기에 모인 교의원 중에도 불평 불만자가 있어 이를 역으로 이용한다면, 오늘 회의는 그르칠 수도 있기 때문에 진중하게 행동할 것을 당부하고 나는 급히 그 자리에서 빠져나왔다. 이날 교의원 성원 중 1명만 빠져도 교통 선출은 불가능했던 것이다.

〈참고〉 24일, 나(총무부장)는 대안동 소재 사보이 호텔(당시)에서 자고 일어나 사우나를 하고 아침을 좀 늦게 먹고 아래 다방으로 내려갔다. 교정위원 8명(반상열 씨는 위임)과 교의원 모두가 참석했다고 전해 준다.

나는 여러 의원들과 차를 마시고 있었는데, 교의장이 나를 부른다고 연락이 왔다. 사보이 호텔 옆 골목 지하 다방으로 갔더니 교의회 의장이 혼자 있었다. 그는 나에게 준비상황을 대강 묻더니, 오늘 선출하려는 교통에 누구를 선출하려고 하느냐 라고 재차 물었다. 당초 계획대로 조수현 교통서리를 선출해야 할 것이 아닌가 라고 했더니, 그는 그 문제를 다시 한번 검토해보자고 한다. 나는 당초 계획한 대로 밀자고 했더니, '그는 사심없이 일을 해낼 수 있을까. 또 그가 지도자로써의 판단력을 갖고 있느냐'는 등의 질문을 하면서 여러 면으로 분석해서 잘 생각을 해보자는 것이다. 그래서 나는 양정남 교무원장 서리를 불러 논의를 해보자고 하고 그를 찾아 나섰다. 인근에 있던 그를 찾아 다시 그와 함께 다방으로 들어가 3인이 이 문제에 대하여 진지하게 논의하였다. 나는 현재로서는 조수현 씨 밖에 할 사람이 없다고 말하면서 교단 정상화를 위해서는, 앞으로 많은 어려움이 있을 것이며 또한 많은 자금과 인원이 소요되고 동원되어야 하는데, 현재로서는 원남성교회의 지원을 받을 수 있는 조수현 씨 밖에는 대안이 없다고 강력히 주장했다. 결국 그도 이를 동의하였다.

나는 이어 다음 교통은 두 분이 의논하여 결정하면 되지 않겠느냐고 했다. 양정남 회장이 "다음은 대구교회장이 하시고, 나는 그 다음에 해도 되니까."라고 말을 먼저 한다. 나도 그 의견에 동의하고 이제는 교통 선출을 원만하게 하는 것 뿐이라고 재촉했다. 교의회 의장도 이를 쾌히 수락하고 그가 앞장서서 일사천리로 진행하겠다고 다짐했다. 나는 그렇게만 되면 우리의 목적이 성취되어 교단의 위기를 막고 개혁을 할 수 있다고 장담하면서, 지금은 다 같이 힘을 합쳐 이 위기의 교단을 살리자고 했다. 양 교무원장 서리도 열성적으로 찬통하였다.

이 논쟁 때문에 오전에 치르기로 한 교정위원회가 오후 2시에 열리게 되었다. 여기에서 교통 추천을 받아 그 직후에 교의회를 열어 교의회 의원 정족수인 13명 전원 찬성으로 조수현 영신교회장을 새 교통으로 선출함으로써 7대 교통이 되어 잔여 임기 동안 활동을 하게 되었다.

1) 긴급 교정위원회에서 교통 후보 추천

긴급교정위원회의와 교의회를 같은 날로 정하여 개최하기로 하고 93년도 제1차 교정위원회를 1993년 2월 4일 오후 2시에 대구시 대안동 소재 대구교회(교회장 김영제) 신전에서 개최했다.

의제 : 교통후보 추천의 건

참석자 : 교통대행 조수현, 교정위원 남무현, 최기대, 김현술, 배을란, 양정남, 반상열(위임장 지참 김진옥 참석), 김진환, 이의호(위임장 지참 이영곤 참석)등 8명

의결 사항 : 교통 김기수 해임에 따른 후임 교통 후보선출

'조수현 영신교회장(교통 대행). 양정남 대선교회장 이상 2명 추천.'

회의사항 :

총무부장의 경과보고 :

〈긴급 교정위원회 소집 및 새 교통후보 추천 건에 대한 경과보고〉를 하나하나 설명하면서 낭독했다.

(상기 경과보고는 교의회의 경과보고와 같으므로 여기에서 생략한다) 이에 대하여 교통서리와 교의장, 교무원장 서리가 모여 더 이상 교단의 위기를 묵과할 수 없다고 판단하여 오늘 긴급히 교정

위원회를 열고 교헌 및 규정에 의거 새로이 교통을 선출하여 혜성교회 김웅선 같은 자의 접근을 막자는 것입니다. 이상입니다.

끝으로 현재 교정위원 12명 중 전 정능교회장, 민임희 교정위원의 출직으로 영남교회장 김진환 회장이 새로 선임된 교통 서리에 의거, 지난 2월 1일자로 교정위원으로 위촉되었음을 알리며 오늘 회의에 참석했음을 보고 드립니다.

그리고 반상열 위원의 위임장을 갖고 김진옥 서울교구 사무장이 대리 참석했음을 알립니다. 이것으로 경과보고를 마치겠습니다.

의장(교통대행) : 오늘의 의안을 심의하겠습니다. 심의에 앞서 사회자(교무원 총무부장)의 인원 점호가 있겠습니다.

위원을 점검한 결과 재적 12명 중 8명이 참석하였음을 알리며 오늘의 심의안인 〈교통후보 추천에 관한 건〉을 논의하는데 정족수가 됨을 알린다.

의장 : 그럼 성회가 됐으므로 개최를 선언합니다. (의장, 의사봉을 3회 치다.)

김현술 위원 : (의안 채택을 정식 요구하면서) 사회자의 경과 보고를 들은 바와 같이 교단은 위급합니다. 그러니 더 이상 김기수 교통 겸 이사장을 현직에 두고는 교단 정상화를 할 수 없다고 생각해서 새로운 교통을 선출해야 할 것이라 생각합니다. 제가 준비한 교통후보자 추천에 관한 제안설명 요지를 말씀드립니다.

(이때 김현술 위원이 미리 준비한 〈교통후보자 추천에 관한 제안설명 요지〉를 낭독하다. 여기에 발췌하여 옮긴다)

(1) 작금의 교단 현황과 교통후보자 추천에 관한 제안 설명 : 작금

의 우리 교단은 현 교통이 노령으로 인해 기력이 쇠진과 치매를 앓고 있어 판단력이 상실됨에 따라 제전 집행은 물론 업무집행 불능상태입니다. 따라서 사실상 교통이 공백상태라 해도 과언이 아닌 현실에 직면해 있습니다. 이를 기화로 교통의 친손인 혜성교회 2대 회장 및 혜성교회 역원 일부는 교권장악을 획책하고 있는 실정인 바, 그 구체적 사례를 들어 보겠습니다.

ㄱ) 교단행정의 마비

본 교단에는 최고 의결기구로서 교의회가 구성되어 있으며 교통은 당연히 그 의결사항을 집행하여야 함에도 불구하고 그 측근자의 농간에 의해 사사건건 집행이 보류 또는 묵살되어 왔습니다. 그 예로 1992년 3월 4일부터 3월 10일까지 본부회계감사위원회가 본부를 비롯하여 각 교구를 감사하고, 시정 및 건의 사항을 교통에게 전달하였으나 측근의 농간에 의해 또 묵살되는 등, 교정업무가 비정상적으로 운영되고 있으며 교정기구는 그 구실을 제대로 못하고 있는 실정입니다.

ㄴ) 교단정상화추진위원회의 결성

-전략- 교단의 장래를 염려하는 뜻있는 교직자들이 모임을 갖고 교단을 정상화시키기 위한 방도로서 가칭 교단정상화추진위원회를 구성하여 교통에게 건의사항을 전달하는 한편, 교의회에 제의하여 승인을 얻었습니다.

ㄷ) 부당한 교령 발동

교권장악을 획책하는 김웅선 및 그의 일당은 교의회와 교단정상화추진위원회의 움직임이 심상치 않음을 감지하고, 이를 제지할 목적으로 정신이 흐린 교통의 의사인 양 기만하여 교령이라는 문서를 교무원이 아닌 외부에서 만들었습니다. 그리고 총무부장이 보관하고 있는 교단의 직인을 몰래 훔쳐 찍어 전국의 교회 및 포교소에 배부하였습니다. 그들이 만든 부당한 교령의 요지를 보면, 첫째, 별도의 명령이 있을 시까지 교의회의 모든 활동을 금일(92. 8. 5) 0시를 기하여 전면 중단할 것을 명한다. 둘째, 교단정상화추진위원회(가칭)를 임의단체 및 기구로 단정하는 바, 모든 행위를 즉시 중단 및 해산할 것을 명한다. 셋째, 김정강(일명 김대환)을 모든 교직에서 면직한다는 내용입니다.

그러나 현행 대한천리교 교헌 및 규정 중 교헌 제17조에 (-생략-) 명시되어 있는 대로 교령발포는 그 내용이 교헌 및 규정에 근거를 두어야 합니다. 그러나 교헌에는 그 근거가 될 수 있는 교의회의 해산 및 활동 중지 명령권이 없으며, 자율적으로 구성한 교단정상화추진위원회의 해산권과 그 선도적 역할을 한 김정강 씨의 면직권 역시 교헌 및 규정에 의한 징계규정에 따른 심판위원회의 결의에 의해서만이 행할 수 있는 것입니다. 그런데도 마치 교통의 교령을 전가(傳家)의 보도(寶刀)인 양 휘두른다는 것은 있을 수 없는 불법인 것입니다. 그래서 본 교정위원이 부당한 교령임을 교헌 및 규정의 해석을 통해 철회할 것을 요구하였으나 역시 측근에 의해 묵살당하였습니다. 따라서 부당한 교령의 시비를 가리는 길은 법밖에 없다고 판단하고, 1992년 9월, 서울민사지방법원에 교령효력정지가처분신청을 하였습니다. 그런데 동년 11월 8일자로 우리가 문제 삼고 있는 교령은 교리를 확립하고 단체 및 신앙상의 질서를 유지하기 위하여 행하는 종교단체의 내부규정이므로 법률상 쟁송의 대상이 아니라는 이유로 각하되었습니다. 그런데 이러한 이유로 각하된 것을 마치 자기네들의 교령발포가 합법적이어서 이긴 것인 양 왜곡 선전을 하여 내용을 알지 못하는 다수의 교신자를 현혹시켜 왔습니다. -이하 생략-

ㄹ) 혜성교회청년회 행동대의 만용

김웅선 혜성교회장은 교무원의 각 부서에 교통의 이름을 빌려 멋대로 자기 심복들을 인사발령하고 자기 마음대로 교정을 펴려고 했습니다. 마치 깡패조직처럼 폭력으로 교권을 장악하려 한 것입니다. 그래서 자기의 의사에 따르지 않는 자는 폭력으로 위협을 가하였고, 그래도 안 될 때는 온갖 방법을 동원하여 축출하려고 하였습니다. 그래서 제일 먼저 수강원의 사감 고학송을 축출키 위하여 그들 부부에게 수차례에 걸쳐 폭력을 휘둘렀습니다. 또 교의회 간사에게도 전치 4주 이상의 상해를 입히는 등, 공포분위기를 조성하였습니다. 그러다가 결국 피소되어 1명은 구속 송치(현재 금보석)되고, 4명은 불구속 송치된 일이 있습니다.

ㅁ) 부당한 인사 처리 및 기타

교무원의 총무부장이 자기네들의 책략에 동조하지 않는 것을 못마땅하게 여겨 오다가, 연말이 되면 임직원들이 다시 신임을 묻는다는 의미에서 관례적으로 교통에게 사직서를 제출하는 것을 이용해서 결국 축출했습니다. 총무부장의 경우 쉽게 응하지 않을 것을 알고, 연말의 일괄 사퇴를 기다리고 있었던 것입니다. 이를 알면서 총무부장은 사직서를 제출하였고, 수강원의 사감도 이때를 기하여 축출되고 말았습니다.

그리고, 지난 1월 25일 교구장회의를 통하여 채택한 6개 교구장의 교단정상화를 위한 결의문을 교통에게 전달하여 사안을 해결한다는 약속을 했음에도 불구하고 교통에게 결의문의 전달과 건의를 묵살, 그 해답을 고의적으로 유보하는 등의 농간을 부렸습니다.

이러한 일련의 사태는 교통의 친손인 김웅선을 필두로 혜성교회 역원 일부가 대한천리교의 교권을 장악하고 한국천리교연합회와 야합하여 대한천리교본부에 일본천리교의 간판을 걸고 일본천리교의 전진 기지화하려는 음모라는 것이 청천백일 하에 밝혀졌습니다.

끝으로, 이와 같이 일본 종속 교단인 한국천리교연합회가 일본 전도청과 합작한다는 것이 명백히 밝혀진 이 마당에 우리는 우리 교단의 창단 정신인 교단 자주화·토착화·민주화를 위해 단호히 투쟁하여야 합니다. 이러한 사태의 근원이 교통 측근자의 농간에 의한 것이라고는 하나, 그런 틈을 준 것은 교통의 업무집행 불능에 기인한 것이므로 이제는 더 이상 양보나 사태를 수수방관할 수 없기에 작년 12월 9일 교의회를 통하여 교통의 직무를 정지시키고 교통서리를 선출하였습니다. 그러나 그것으로는 미흡하므로 대한천리교 교헌 및 규정에 따라 새로운 교통을 선출하고, 재단 이사장도 교체하는 것이 교단을 정상화하는 유일한 길임을 통감하여 이에 새 교통 후보를 추천하는 바입니다. 아무쪼록 교정위원 여러분. 현명하신 판단 있으시기 바랍니다. 교정 위원 김현술. (별지로 첨부

합니다)

의장 : 김현술 위원의 제안을 잘 들었습니다. 이에 대하여 여러분의 의견을 듣고 싶습니다.

남무현 위원 : 듣고 보니 도저히 용납할 수 없는 일들을 하고 있으니 법으로 먼저 시정토록 해야 할 것입니다. 선배 선생님들이 교단을 어떻게 만들었는데 무법천지로 그냥 둘 수 있습니까? 고령인(93세) 교통을 더 이상 욕되지 않게 하기 위해서라도 교통을 바꾸어야 할 것입니다. 잔여 기간만이라도 새로운 교통을 뽑아서 정상화 시킵시다.

의장 : 그럼 교통 후보 추천을 하겠습니다. 이의가 없습니까?

이영곤(이의호 위원의 위임) : 찬성하면서 영신교회장 현 교통 서리 조수현 의장을 추천합니다.

남무현 위원 : (찬성하면서) 대선교회장 양정남 씨를 추천합니다.

의장은 또 다른 분의 추천여부를 물었으나 추천하는 사람이 없었다 하여, 김현술 위원이 후보가 2명이니 그대로 추천 결의를 하자고 제안하고 일동이 찬성했다. 그리하여 2명이 만장일치로 추천되었다.

의장이 이의 없습니까? 하고 물었으나 일동이 없다고 하므로 의장이 의사봉 3회를 두드리며 의결되었음을 선포했다. 이때 다시 박수가 있었다.

-이하 생략-

이렇게 교통후보 선출내용을 교의회에 통보하고 조속히 해 줄 것을 요청했다. 한편 이에 대기 중이던 교의원들이 통보를 받은 즉시 교의회를 개최하였다.

2) 제6차 교의회에서 교통을 선출

전술한 바와 같이 교정위원회에서 교단의 위기를 수습하기 위하여 후임 교통을 추천했다. 하여, 교의회에서 후임 교통을 선출하게 된다. 이 날의 회의 내용 중 중요 사항을 발췌하여 여기에 옮긴다.

〈문서〉

대한천리교교의회

-제6차 교의회 회의록-

1. 일시 : 1993. 2. 4. 15:00
2. 장소 : 대구교회 신전
3. 안건 : 교단본부 교정 정상화 대책 수립
4. 참석자 : 의장 김영제, 부의장 김종권, 의원 이응석, 이영곤, 심운섭, 조수현, 김진옥, 이일현, 이정규, 김진성, 이명옥, 정성인, 김정강, 간사 원종석, 교구장 정연창, 김사용, 양정남, 배태수, 이강택, 임봉두, 참관인 교정위원 김현술, 배을란, 교무원 총무부장.
5. 회의 주요 결의사항 : (1) 교통선출 (2) 교무원장 인준
6. 회의사항

의장(김영제)의 개회사(발췌) : 교단 혼란 문제로 인하여 바쁘신

데도 불구하고 자주 소집을 하게 됨을 매우 유감스럽게 생각하며 제6차 임시교의회를 재적 교의원 19명 중 13명이 참석하여 성원이 되었으므로 개회를 선언합니다.

간사의 식순 진행 - 생략 -

간사 : - 전략 - 제6차 임시교의회를 열게 된 상황을 간략하게 말씀드리겠습니다. 지난 11월 9일 우리 교의회에서 교통서리를 선출한 바 있습니다만 혜성교회 김웅선 측에서 교통서리가 정상적인 직무수행을 못하게 폭력으로 저지하고 대화조차 거부하고 있습니다. 더욱 안타까운 것은 지난 1월 27일 일본 천리교회의 종속단체인 한국천리교연합회와 혜성교회 일부 역원들이 연합하고, 약정하여 2월 14일 교단본부 제전 때, 일본 전도청의 지시를 받은 자가 집전을 한다고 합니다. 교정위원회에서는 이러한 일련의 사태에 대처하기 위해 강력한 체제로 교단을 정비코자 교통을 정식으로 선출해야 한다고 해서, 새로이 교통 후보 2명을 추천하였기에 오늘 본 교의회를 열게 된 것입니다. 다시 말하면 교정위원회에서 새로운 교통을 선출해 줄 것을 긴급히 요청해 왔습니다. 간략하나마 지금까지 있었던 상황을 설명하였습니다.

의장 : 수고하셨습니다. 지금 간사의 말처럼 이와 같은 상황에서 의회를 소집하였습니다. 교정위원회에서 상정한 교통 후보는 영신교회장 조수현, 대선교회장 양정남 2명입니다. 정명수 총무부장께서 상세히 교통 후보 추천 배경을 말씀해 주실 수 있겠습니까? 부탁합니다.

총무부장 : 네 말씀드리겠습니다. (〈별지 1〉을 낭독하여 추천 배경을 설명하다.)

여기에 〈별지 1〉의 〈긴급교정위원회 소집 및 새 교통후보 추천건에 대한 경과보고〉의 중요 부분을 발췌하여 옮긴다.

'지난 한해는 우리 교단사에 영원히 오점을 남긴 부끄러운 해가 되었습니다. 교단 부재와 교정 혼란은 한마디로 연로한 김기수 교통의 장기 재임과 그를 둘러싸고 있는 손자 김웅선, 그리고 그를 추종하는 망나니 같은 혜성교회의 친일 종속교단파의 작태로부터 생긴 사건이라고 한마디로 요약할 수 있습니다. 보다 상세히 설명하자면,

(1) 지난해 연초에 실시한 1991년도 교단 감사결과를 92년 제2차 임시 교의회(1992. 3. 13일자)에서 감사위원장이 보고하면서 교의회 의장 명의로 집행부에 강력하게 지적사항 시정을 요구했습니다. 그러나 교단에서는 이의 시정은커녕 무성의한 답변으로 묵살하므로 이에 교의원 및 교직자들의 원성이 컸습니다. 그 이유는 본 교단 창립 정신인 자주교단·한국 토착화를 위한 교단·민주적인 교단 등의 정신이 퇴색되고, 오히려 친일적인 교직자들이 교통을 등에 업고 교정을 마구 혼란으로 끌고갔기 때문입니다. 이들의 횡포 때문에 교정의 혼란은 더욱 더 심각해졌으며 이의 근본적인 정리가 있어야 한다고, 전국 교직자들이 말하고 있습니다.

(2) 이리하여 92년 제4차 교의회(1992. 6. 13일자)에서 전국의 주요 용재들이 가칭 교단정상화추진위원회를 구성키로 결의하고 다음 교의회에서 회칙과 운영 방향을 확정해서 정식 발족키로 했습니다. 그 후 정상화추진위원회 회칙 초안을 기초하여 조정 중인데,

(3) 이를 트집잡아 1992. 7. 31일자로 교통의 지시 운운하며 교통 손자인 김웅선이라는 교단과 하등 관련 없는 자가 교통을 등에 업

고 교령(교헌에는 규칙제정 근거로 만든 조항)을 발포하였습니다. 그런데 그 교령이라는 것을 마치 대통령의 비상계엄령과도 같은 것으로 멋대로 확대 해석하고 있습니다. 또 그 발포 과정에서도 교통의 교정 참모이자 집행자인 교무원장, 총무부장 등의 의견은 묻지도 않고 교단과 아무런 상관없는, 즉 권한과 책임도 없는 김웅선 혜성교회 후계자 및 그를 추종하는 몇몇 사람이 멋대로 작성하였습니다. 그리고는 판단력과 사고력이 없는 치매환자인 93세 고령의 교통에게 자필로, 마치 교통의 의사인 것처럼, 쓰게 한 후, 그것을 당시 최명진 교무원장과 총무부장인 본인에게 내어 놓고 집행할 것을 강요하고 협박하였습니다. 이들이 바로 소위 신임 혜성교회장의 하수인이며 행동대장격인 이재석(재무부장 발령)과 그 주구인 주정식(문화과장 발령), 이승남(교통실 비서 발령) 등 입니다. 그들은 논리에도 맞지 않는 괴설과 협박 등으로 교정의 위계질서를 무시하고 조건 교통의 명령이니 시행하라고 강박하며 참으로 한심스러운 작태를 부렸습니다.

(4) 8월 1일에는 교무원장이던 최명진 씨가 일단 교무회의에서 부당함을 역설하며 교통을 만나 직접 취소할 것을 건의 하겠다고 해서 혜성교회(김기수가 기거)에 갔었으나, 김웅선이 극구 반대하여 아예 면담도 못하게 하면서 교령 집행만을 강요하므로 이에 못견딘 최명진 교무원장은 사표를 제출하고 영영 나오지 않았습니다. 물론 총무부장인 나도 절대 불가함을 주장하였습니다. 그러자 8월 3일 오후 본인에게 와서 노골적으로 공갈과 협박을 하며 교통의 명령을 어길 거냐!고 고성을 치며 덤벼들었습니다. 본인은 교령의 부당성에 대해 참모인 총무부장으로서 서면으로 건의할 것이니 그

것을 교통에게 전하고 그래도 집행하라는 서면 결재를 받아 오면 나는 그때 가서 집행하겠다고 했습니다. 다음 날인 8월 4일 건의서를 만들어 주정식과 이승남에게 전하고, 고소 중인 (충정로 재산건) 사건의 증인으로 성동경찰서에 급히 출석하였다가 오후 4시경 교무원으로 전화하여 주정식에게 그 결과를 알아 본 결과 문서만 전해 주고 결재는 안받았다고 했습니다. 그러나 그는 교령 공문을 이미 발송했다고 하기에 교단 직인도 없이 어떻게 보냈느냐고 물었더니, 그 전날 밤에 이미 찍어 두었다고 했습니다. 나는 기가 막혔습니다. 잠궈둔 서랍을 그들이 임의로 열고 본인의 허락도 없이 교단 직인을 꺼내 찍었다기에 나는 "너희들 마음대로 하는구나." 하면서 너무 어이없어 전화를 끊었습니다.

(5) 교령(별지1 - 생략함)의 규정 및 내용을 봐도 알겠지만 문서형식도 창피할 정도로 조잡하게 작성되었고, - 생략 -

이상의 직접적인 원인으로 교정은 혼란에 빠지고 교통이 없는 유령 집단이 교단을 지배하는 기현상이 생겼고, - 생략 -

한국천리교연합회의 허태규 및 배석수와 혜성교회계 김웅선, 안광용 등이 주축이 되어 자주교단인 대한천리교단을 예속교단으로 만들려는 무서운 계략과 공작이 있었음이 노정된 것입니다. 말이 통합이지 - 중략 -. 더 이상 방관할 수 없어 지난해 12월 9일 제5차 임시교의회에서 교통 김기수를 전격 해임하고 우선 그 대행자로서 대구 영신교회장 조수현 씨를 교통서리로 선출하여 교단을 조속히 정상화하려고 했던 것입니다. 그리고 이러한 과정을 교의회 의장 명의로 전국 교직자에게 알리는 〈이 길의 일렬 형제님께 삼가 고함〉(별지2 - 생략)이라는 공문을 발송했습니다. 그랬더니 이에 불만을 품은 혜성교회 신임교회장과 그 일파는 행동대장격인 이재석(재무부장)을 시켜 교의회 의장에게 시정잡배도 못할 욕설을 마구 해대며 행패를 부렸습니다. 그리고는 심지어 교의회 간사를 불러들여 4주 이상의 치료를 요하는 상처를 입혔습니다. 또, 정월대제(교단본부 춘계대제 행사)에 참석하려는 교직원, 특히 교통서리, 교의장, 교무원장 서리 및 교의원들을 그의 사조직을 시켜 참석 못하게 방해했고, 수명의 교직자에게는 상해와 폭행을 가하였습니다.(5명 기소 중임) 뿐만 아니라 자기들의 지시와 명령을 듣지 않으면 폭행을 가하였고(고학송 사감을 감금 집단구타), 그래도 끝까지 그들의 행동을 견제하고 대화로 교정의 실마리를 풀어가자고 요구한 총무부장인 본인마저 지난 정월 8일에 아무런 이유 없이 일방적으로 해임시켰습니다.

(6) 지난 1월 19일, 전국 교구장 회의(8명 중 6명 참석)를 열고 그동안 교단을 위해 일해온 교통의 명예를 생각하여 다시 교통으로 추대하기로 했습니다. 그러나 그의 현재 병세를 감안, 교정의 책임과 권리를 교무원장에게 위임함으로써 두 번 다시 김웅선과 같은 자가 교정에 간섭 못하도록 조치할 것을 요구하는 결의문(별지3-생략)을 채택하여 김영창(김기수 교통 측 교무원장으로 지명된 자)을 통해 전달하고, 그 결과를 1월 25일까지 회신토록 했으나 특별한 이유없이 성의 없는 답변만 하면서 날자만 끌더니 27일에는 불가함을 통지하여 왔습니다.

그들은 전 교직자를 끝까지 속여 왔습니다. 즉, 결코 일본 천리교 종속교단인 한국천리교연합회와 합작을 안 한다고 누누이 속여오더니, 지난 1월 27일에는 서울 모처에서 김웅선, 안광용 일파와 허태규, 배석수, 나석기, 이송원 등 쌍방 10여 명이 모여 서로 통합하기로 약정을 하였음이 밝혀졌고, 돌아오는 2월 14일 교단본부 제일에 공동 집전키로 결의했음도 명백하게 드러났습니다.

(7) 이에 대하여 교통 서리와 교의회 의장, 교무원장 서리가 모여서 더 이상 교단의 위기를 보고 있을 수가 없다고 의견을 모아 오늘 긴급히 교정위원회를 열게 되었고, 교헌 및 규정에 의거 새로이 교통을 선출하여, 김웅선 같은 자의 접근을 막자는 것입니다. 이상입니다.

의장(김영제) : 모두 잘 들었을 것입니다. 이에 대하여 교의원들께서는 의문사항이 있으면 물으시고, 또, 의견을 말씀해주시기 바랍니다.

교의원(김진옥) : (의안 채택을 요구하면서) 듣고 보니 놀라울 따름입니다. 이는 대한천리교단의 백년대계를 위하고 창립 정신인 자주 · 자립 · 토착화 이념을 지키기 위해서도 교의회에서 강력히 대처해야 할 것입니다. 그러자면 새 교통을 선출하는 것이 최선의 길이라고 생각합니다. 이상입니다.

의장 : 의안 채택을 요구하고 있습니다. 여러분의 의견을 듣고 싶습니다.

(이때 이명옥 교의원의 질의 신청이 있다하므로 의장이 질의를 받는다)

교의원(이명옥) : 교정위원회에서 교통 선출을 하는 의안이 상정되어 오면 꼭 선출해야 되는 것입니까?

교구장(정연창) : 제가 말씀드릴 장소는 아닙니다만 새로 선출하는 교통의 임기는 어떻게 되는 겁니까?

의장 : 마땅히 김기수(7대 교통) 교통의 잔여 임기 동안입니다. 즉 2년 남은 기간까지 새로 선출된 교통이 직무를 맡게 되겠습니다.

이때, 교통후보 양정남 씨는 신상 발언을 요청하여 "저는 오늘 교정위원회에서 교통 후보 추대를 받았습니다만 저 개인 사정으로나 모든 면에서 부족하므로 교통 후보를 사퇴하겠습니다."고 한다.

의장 : 양정남 후보가 사퇴하겠다고 합니다. 단일 후보가 되었습니다. 선출을 하려면 선출 방법은 어떤 방법이 좋겠습니까?

교의원(정성인) : (의안 채택을 동의하면서) 가결을 요합니다.

의장 : 반대하실 분은 없습니까? 없다면 의안을 채택합니다.

이때 김진성 의원 등이 "이의 없습니다."라고 한다. 의장이 이에 이의 없음을 다시 묻자 일동이 이의 없다고 대답하였다.

의장 : 그럼 의안을 채택합니다.(의장 의사봉을 3회 두드리다. 일동 박수)

교의원(김정강) : 그럼 교통 선출 방법으로 거수로 할 것을 제안합니다.

교의원(김종권) : 동의합니다.

교구장(김사용) : 참고인으로서 말을 합니다. 이런 경우는 무기명으로 하는 것이 좋겠습니다.

의장 : 무기명으로 하자는 분이 있었습니다. 찬성하시는 분은 손을 들어 주시기 바랍니다.

(이 제의에 거수 하는 자가 없다)

의장 : 무기명으로 할 것을 찬성하는 분이 한 명도 없으므로 거수로 하겠습니다. 영신교회장 조수현 씨를 교통으로 찬성하시는 의원님들께서는 손을 들어주시기 바랍니다.

(전원 손을 들다)

의장 : 재적 19명 중 13명이 거수로 찬성하였으므로 영신교회장 조수현 씨가 교통으로 선출되었음을 선포합니다. (의사봉을 3회 두드리다)

일동이 모두 일어나 박수를 친다.

의장 : 그럼 새로 선출된 교통님의 인사말씀을 듣겠습니다.

신임 교통(조수현) : 감사합니다. 저는 교헌을 준수하고 교정 업무를 수행함에 있어 여러분의 뜻에 따라 신명을 바쳐 일할 것을 약속합니다. (일동 박수)

-10분 정도 휴회 후 속개

의장 : 새로 선출된 교통님께서 서면으로 대선교회장 양정남 씨를 교무원장을 지명하여 인준요청서가 조금 전에 제출되었습니다. 여러분의 의견을 듣고 싶습니다.

의원(정성인) : 인준 동의할 것을 요청합니다.

의장 : 이의 없습니까?

모두 이의 없다고 한다.

의장 : 교무원장으로 대선교회장 양정남 씨의 임명 동의를 묻겠습니다. 동의하시는 분은 손을 들어주시기 바랍니다.

전원이 손을 들다.

-이하 생략-

이리하여 역사적인 후임 교통이 선출되고 또 교무원장이 임명 인준 동의를 받아 정상적인 교정 기구를 구성하게 되었다.

〈참고〉 새로운 교통을 선출하기 위한 준비는 극비리에 진행되었다.

이 날 교정위원회와 교의회를 개최하기 전에 교단 수뇌부와 임원들이 사전에 극비로 준비를 하느라 긴장하였고, 또 인사 문제를 놓고 여러 교회장을 만나 조율하면서 그들의 의견도 들었다. 새 교통은 교통서리로 피선되는 것이 순서가 아닌가 라는 대체적인 여론이 있었고, 또 교무원장 서리도 결정되었다. 이들이 또 교의회 교정운영에 대한 여러 가지로 의견을 조율하였는데, 이로 인해 시간이 좀 걸렸다. 오전 중에 교정위원회를 개최하고 오후에는 교의회를 개최하려 한 당초의 계획에 약간 차질이 생겨 점심을 한 후에야 교정위원회를 개최할 수 있었다. 그리고 나서 교의회를 하였으므로 오후 늦게까지 회의를 하게 되었다. 특히 교통선출을 하는데 고의적으로 방해하는 자가 있으면 어떻게 할까 하여 집행부 임원들은 시종 긴장을 풀지 못했다.

회의가 끝나면 이들이 헤어지기 전에 서명 날인을 받아야 하기에 총무부장은 교정위원회의 회의록을 대구 중부경찰서 앞 대서소에 가서 급히 회의록을 타이핑하여 즉시 교의회에 넘겼다. 또 교의회가 끝나자 역시 교의회 회의록도 다시 가져와 찍고 교정하느라고 축하 만찬에도 총무부장은 참석치 못했었다.

모든 문서를 만들어 돌아갔더니 이미 회식은 끝나고 대부분 자리를 떠나 있었다. 나 혼자 저녁밥이나 달라고 하여 먹는 둥 마는 둥하다가 나와 버렸다. 이렇게 교헌과 규정에 어긋남이 없이 완벽하게 교통을 선출하였다. 이 계획을 비밀리에 준비했던 나와 집행부 임원들은 이상 없이 계획이 성공되자 그간의 긴장과 스트레스를 풀기 위하여 원종석 간사, 이형문 비서, 김대환 교의원과 함께 대구 시내의 한 노래방에 들어가 노래를 하며 휴식을 취하다가 새벽 2시가 넘어서야 여관으로 돌아와 잠을 청했다.

다. 교단(재단) 대표권의 시비와 그간의 과정

1) 새 교통을 재단 이사장의 문공부에 승인 유보

다음날 대구에서 서울로 올라온 총무부장과 교의회 원종석 간사는 상경 즉시 집에도 가지 않고 곧바로 을지로 5가 태화관 호텔 바로 뒤 을림장 여관에서 극비리에 작업을 했다. 교통이 선출되었으므로 이를 근거로 재단이사장 승인신청 서류를 작성하고, 이 문서를 시내에 나가 타자로 찍었다. 이번에 작성한 서류는 1992년 12월 14일에 제출했던 임원 승인 신청 서류 중, 기히 신청 중인 김기수 이사장 대신 새로 선출된 교통 조수현 씨를 새 이사장으로 변경해 줄 것을 요청하는 서류였다. 이 서류를 작성하여 재단에 넘기면 재단 사무국장은 재단 정관 제6조 1항(이사장은 교헌 제13조에 의거하여 선출된 교통이 겸직한다)에 의거하여 문체부에 제출하도록 되어 있었다. 그리하여 1993년 2월 6일자로 대표자 변경신청 서류를 만들어 문체부에 제출하였다.

이상으로 법적 대응을 할 수 있는 최소한의 요건과 근거를 마련했다고 생각하니 여지껏 쌓여 있던 무거운 스트레스가 다 풀려 빠져나가듯 온 몸이 날아갈 듯 가뿐해졌다. (일단 교헌 및 규정 그리고 정관상의 제 요건을 갖추어 공식적인 접수를 했다)

이렇게 되면 어떤 법적 조치를 해 와도 적절히 대응할 수 있고, 또 우리도 그들을 제소도 할 수 있게 되었다.

이 일을 위하여 나름대로 비밀리에 "법이면 법, 힘이면 힘으로 대응한다."는 계획의 근간을 만들었으니, 이제 교단본부 및 교정 업무의 접수만 남아 있었다. 우리들은 차근차근 다음 조치를 위해 준비했다. 그리고 조수현 교통이 하루 속히 재단 이사장으로 취임 승인을 받기 위하여 총무부장 등은 문체부에 '법인 업무 정상화 촉구'를 문서로 독촉했다. 그리고 한편 각 관련 기관을 찾아다니며 대한천리교의 창립과 현황, 그리고 근간에 있었던 일련의 사실을 알렸다. 아울러 교단이 건전한 발전을 하는데 도와줄 것을 호소하는 등, 동분서주했다.

전항에서 기술한 바와 같이 1993년 재대천 제 호(1993. 1. 20일자)로 재단 이사들이 연명으로 법인 임원(이사장 김기수) 승인 유보신청을 이미 문체부에 제출했다. 또 신임이사의 승인 신청(조수현 이사장 등, 승인 요청)도 했다. 이에 대하여 주무부에서는 종교분쟁 문제는 자체 해결을 바란다면서 시비를 가려 주지 않고 오히려 법인 업무정상화 촉구를 바라는 권고문이 문화체육부장관 명의로 교단에 보내져왔다.

그간의 몇 가지 주요 문서를 여기에 옮기면,

〈문서〉

재단법인 대한천리교단

대천교 제93의 별6호 1993년 2월 6일자

수신 : 문화부장관(참조 종무실장)

제목 : 대표자 변경 승인의 건

관련 : 재대천 92의 17호(1992. 12. 14),

대천교의 별92의 3호(1992. 12. 29),

재대천 93의 호(1993. 1. 20).

본 교단에서는 아래와 같이 교헌 제13조에 의거 교통을 새로이 선출하고 법인 정관 제2장 6조 1호에 의거 〈이사장은 교헌 제13조의 조항에 의하여 선출된 교통이 겸직한다.〉 대표자 변경을 신청하오니 조속히 승인하여 주시기 바랍니다.

아 래

1. 본 교단에서는 1993년 2월 4일자 교헌 및 규정에 의하여 영신교회장 조수현을 새로운 교통(교단장)으로 선출하였음

2. 새로이 선출된 교통 조수현은 지난 1992년 12월 14일 재대천 제92호에 의거 기히 이사로서 제반 구비서류를 갖추고 이사 승인 신청 중에 있음을 참고하시기 바람. 끝.

그리고 교통 선출에 관한 서류를 첨부하여, 교통 조수현 명의로 송부했다. 1993년 2월 22일자로 당시 문화부장관에게 〈진정서〉를 보냈다. 그 내용을 살펴보면,

진정서(발췌)

-전략-

본 교단의 분규 원인 및 경위는 이미 귀부에서 주지하고 수차 종용한 바와 같이, 자체적으로 원만히 해결하기 위하여 최선을 다하였으나 93세의 고령인 전 교통 겸 이사장인 김기수 씨의 손자인 김웅선 혜성교회장 등 일부의, -중략- 사리 판단력을 이미 상실한 김기수 씨의 고령을 물실호기로 이용하여 교단의 모든 기구를 무시, 그 기능을 마비시켜 교단 분규는 대화와 타협의 여지조차 없는 막다른 길로 치닫게 된 것입니다.

이에 수개월간 신앙인의 양심에 호소하고 은인자중하던 본 교단의 최고 의결기구인 교의회에서는 1992년 12월 9일, 본 재단의 조수현 이사를 교단분규 종식 시까지 잠정적으로 교통 서리로 선출, 분규를 원만히 해결키 위한 타협을 모색하였습니다. 그러나 동 12월 14일 신앙인으로서는 도저히 할 수 없는 교단출입 봉쇄 강제 축출, 폭언 등을 일삼고 있어 자체적으로 원만한 해결이 어려워지고 있어 부득이 교의회 의장 김영제 명의로 12월 29일 이미 귀부에 재대천 92-17(92. 12. 14)로 제출된 임원(이사) 취임 승인의 보류를 요청하고 타협을 모색한 것입니다.

그러나 금년 1월 4일과 14일 양차에 걸쳐 교의회 간사 및 재단감사 등이 교단본부에서 중인환시(衆人環視)리에 김웅선의 사주를 받은 청년들에게 폭행을 당하는 등의 불상사로, 전 교역자 및 신도들이 통분하고 있습니다.

이에 본 재단의 임원 7인(이사 5인, 감사 2인)의 연명으로 금년

1월 20일 긴급하게 귀부에 임원취임(전 김기수 이사장) 승인 보류 신청을 먼저 제출하는 한편, 다음과 같이 타협안을 제시하고 종교인으로서 최후의 양심에 호소하였습니다.

첫째, 김기수 전 교통은 종신 명예 교통으로 추대하고,

둘째, 교헌을 변경하여 교무원장을 교의회에서 직선하고,

셋째, 폭력 행위를 일삼는 청년 간부 2인을 퇴진시킨다. 이처럼 파격적인 조건을 제시, 타협을 모색하였으나 이들은 협상 시한인 1월 25일을 27일로 지연시키고 책임 없는 답변으로 교단의 공식 기구인 교구장회의 및 교의회의 제의를 묵살하였습니다.

더욱 가증스러운 것은 2차 협상일인 1월 27일 오후, 김웅선은 소속 교회인 혜성교회 산하 교역자 10여 명을 이끌고 본 교단과 대립관계에 있는 한국천리교연합회 측 간부들과 야합, 일본 천리교 본부의 지시 사항인 통합결의문을 채택함으로써 영문도 모르고 그 자리에 참석한 일반 신도들은 물론, 자신들의 부하 교회장들까지 분노, 격분케 하였습니다.

양분된 교단의 통합은 교인이면 누구나 환영할 일입니다. 그런데도 양 교단의 공식 기구(교의회, 교정위원회, 교무원, 교구장회의 재단 이사회) 및 일선 교역자의 결의나 의사를 전혀 반영치 않는 일부 종속 분자들의 상식을 초월한 망동은 이윽고 전 교역자와 신도들을 경악시키게 된 것입니다.

이에 지난 해 2월 4일, 소집된 교정위원회와 교의회는 조수현 이사를 교통으로 선출하고 양정남 이사를 교무원장으로 지명 승인하였습니다. 그리고 2월 11일, 전 교역자와 신도들의 성원하에 교단 본부 및 교무원을 접수하고, 그들이 추진하던 불법 야합한 통합 봉

고제 계획을 원천적으로 봉쇄하기에 이르렀습니다.

-중략-

교단본부에서 자신들이 계획한 통합 봉고제와 일본 천리교회본부 산하의 한국전도청 현판식이 좌절되자, 지난 2월 24일 혜성교회에서 통합대회를 열고 93세의 고령인 전 이사장 김기수 씨로 하여금, 손자 김웅선이 사주하는 대로 한국천리교연합회와 통합을 선언케 함으로써 스스로 대한천리교단에서 이탈하였음을 시인하였습니다. 거듭 밝히거니와 본 교단 소속 중 통합 결의에 응하고 참여한 교회는 오직 혜성교회와 그 예하 일부 포교소의 신도에 불과한 것입니다. 이는 본 교단의 분규를 야기시킨 장본인 김기수 전 교통과 그 동안 수십 회에 걸쳐 일본을 왕래하며 그들의 지시대로 통합계획을 수립해 온 안광용 이사가 본인들의 의도와는 상관없이 분규 종식의 길을 터준 결과가 되었습니다.

-중략-

이에 지난 1년간 마비된 교정을 시급히 수습하고 교단 본연의 자세를 되찾기 위하여 재단 임원 및 교의회 의장은 다음과 같이 건의, 진정하오니 이를 조속히 승인하여 지체된 업무를 수행토록 선처하여 주시기 바랍니다.

다 음

첫째, 재대천 92-17(1992. 12. 14) 임원(이사) 취임 승인 신청에서 스스로 본재단의 임원이기를 포기한 김기수 씨를 제외한 10인의 취임 승인을 요청합니다.

둘째, 본 교단의 교헌에 의거 선출된 교통 조수현 이사는 재단 정관 제2장 6조 1호에 따라 재단 이사장을 겸하게 되어 있는 바, 대천교 제93의 별6호(1993. 2. 5) 대표자 변경 승인 건을 조속히 인허하여 주시기 바랍니다.

셋째, 본의 아니게 고령으로 교통 및 재단 이사장의 직무를 수행할 능력을 상실하고 이로 인하여 후계자(신임 혜성교회장)로 하여금 교단분규를 야기시킨 김기수 씨를 제외한 10인의 취임 승인과 조수현 교통의 재단 대표이사 승인을 조건으로 1993년 1월 20일자(임원 7인), 1992년 12월 29일자(교의회의장) 취임 승인 보류 신청을 철회합니다.

1993년 2월 22일

교통 겸 이사	조수현
이사	최명진, 배을란, 반상열, 양정남, 정연창
감사	정성인, 김정강
교의회 의장	김영제

이 진정에 대하여 문체부에서 회신이 왔다. 그 내용을 보면,

〈문서〉

문서번호 : 종일 86210-130 1993. 3. 2일자

제목 : 진정에 대한 회신

귀하 등 9명이 93. 2. 22일자로 우리 부에 제출한 진정은 "귀 법

인 문서 재대천 92-17호(92. 12. 14)로 제출한 임원 취임 인가 신청 사항 중 이사장 김기수에서 조수현으로 변경하고 나머지 임원은 당초대로 인가해 달라."는 내용으로써 이에 대하여 다음과 같이 회신합니다.

다 음

○ 귀 법인의 이사장을 누구로 할 것인가에 관하여 귀 법인의 의견은 김기수 또는 조수현으로 양분되어 있는 상태이고, 그 원인은 교의회 활동을 중지토록 한 교령(92. 7. 31 일자)의 효력 유무에서 비롯된 것으로 보이는 바,

○ 교령의 효력 유무는 귀 교단의 내부적 기준에 의하여 판단되어야 하고,

○ 이사장 선출에 관한 귀 교단 및 법인의 의견이 정리될 때까지 임원 취임 인가를 보류할 것임을 알려드리니, 종일 86210-43 (93. 1. 25)및 종일 86210-70호(93 .2. 4)로 이미 통보한 바와 같이 분규가 조속히 해결될 수 있도록 적극 노력하여 주시기 바랍니다.

문화부장관 (인)

이에 대하여 교단(재단)에서는 즉시 다음과 같이 문서를 작성하여 보냈다.

〈문서〉

문서번호 : 재대천 93-8(1993. 3. 26)

제목 : 임원취임 및 대표자 변경 인가 촉구

본 교단에서 귀부에 신청한 임원(이사) 취임인가 신청(1992. 12. 14일자), 대표자 변경 인가 신청(1993. 2. 6일자)에 대하여 귀부에서는 본 교단의 교의회 활동을 중단토록 한 교령의 효력유무를 판단할 근거가 없다는 이유와 이사장 선출에 관한 본 교단의 의견이 정리될 때까지 임원 취임 인가를 보류할 것임을 통보한 바, 다음 사항에 의거 임원 취임 및 대표자 변경 인가를 촉구하오니 조속히 승인하여 주시어 지체된 교단업무를 정상화시킬 수 있도록 하여 주시기 바랍니다.

다 음

1. 대천교의 별 92의 3호(1992년 12월 29일자)로 귀부에 임원취임 보류 신청 시 유첨된 회의록에 기재된 바와 같이 1992년 9일 개최된 교의회에서 만장일치로 교령의 무효가 결의되었으며,

2. 전 이사장 겸 교통인 김기수 씨는 1993년 2월 14일 서울특별시 성동구 상왕십리동 25번지 소재 혜성교회에서 일부 한국천리교연합회 소속 교회장 및 신도들과 소위 교단 통합대회를 개최하고, 이어 동 2월 18일 소위 통합교단 교회장 연석회의를 열어 혜성교회 소속 일부 교회장과 한국천리교연합회 소속 일부의 야합으로 별개의 교정위원회 및 교의회를 구성하는 등, 일련의 독단적인 행위로 일관한 바,

3. 이는 본 교단의 교정위원회, 교의회, 교구장회의, 이사회 등의

공식기구를 무시하고, 교헌 및 정관에 위배한 명백한 교단 이탈 행위로써 그 동안 부단히 대화와 타협을 모색하며 자체적으로 원만히 분규를 해소하려는 전 교역자의 의도를 외면한, 비신앙적 처사로 이러한 사태를 더 이상 방치할 시에는 돌이킬 수 없는 악화일로가 예상되는 바,

4. 본 교단에서 신청한 임원취임 및 대표자 변경을 조속히 승인하여 주시는 것만이 더 이상 분규를 확대치 않고 와해된 교단 업무를 정상화시키고 분규를 종식시키는 첩경이라 확신하오니 선처하여 주시기 바랍니다.

-이하 생략-

재단법인 대한천리교단
대한천리교 교통 조 수 현

여기에 대하여 문체부에서 문서번호 종일 86210-199로 1993년 4월 1일자로 〈임원취임 및 대표자 변경 인가 촉구에 대한 회신〉이 오는데 역시 전과 같은 주장에 변함이 없다는 것이다.

이에 대하여 교단에서는 1993년 4월 9일자로 감사원에 민원(문서번호 민원 07000-2581호로 접수)을 보냈다. 내용은 문체부의 부당한 법인 업무처리에 대한 시정조치 요구였다. (1993년 4월 7일) 그러나 역시 주무부서인 문체부로 이관되어 다시 문체부장관 명의로 문서번호 종일 86210-243(93. 4. 16)호로 민원에 대한 회신이 왔다. 그 내용은 문체부에서 기히 교단에 회신으로 보낸 바 있는 〈종일 86210-130(93. 3. 2)〉의 문서 내용과 동일하니 참고하시기 바란다는

것이다.

이에 대하여 다시 아래와 같이 보냈다.

〈문서〉

재대천 제93-9호 1993. 4. 23

수신 : 문화체육부장관 (참조 종무1과장)

제목 : 임원취임 및 대표자변경인가 촉구 및 결의문 제출

-전략-

현재 본 교단은 재단 이사장이 부재 상태이므로 이사회를 개최할 수 없는 바, 별첨과 같이 본 재단 이사 11인 중 6인 및 감사 2인 전원이 결의문을 채택 제출하오니, 본 교단에서 1992년 12월 14일 신청한 임원 취임 승인 신청과 1993년 2월 6일 제출한 대표자 변경 신청을 조속히 인가하여 지체된 교단 업무를 정상화시킬 수 있도록 하여 주시기 바랍니다.

유첨 : 결의문 1부

인감증명 8매(이사 5매, 감사 2매)

재단법인 대한천리교단

교통겸이사 조 수 현

첨부된 결의문을 옮겨보면,

〈문서〉

결 의 문

1. 1992년 7월 31일 선포되어 본 교단 문제를 급속히 악화시킨 교령에 대하여 1992년 12월 9일 개최된 제5차 교의회에서 무효 결의가 있었으나 다음 사항에 의거 그 무효를 재확인한다.

가. 교통은 교령 선포 등 중요 교정을 수행할 경우 교정위원회의 결의를 얻어 집행부서인 교무원장, 총무부장 등으로 하여금 이를 수행케 해야 함에도 불구하고, -중략- 불법 선포된 교령은 그 절차상 교헌 및 규정에 위배됨으로 당연히 무효인 것이다.

나. -전략- 재단 이사회에서 선출 국가(당시 문화부)의 인가를 받아 취임한 재단감사 김정강 씨를 교통이 교령으로 임의 해임할 수 없다는 것은 명백한 사실인 바, 그 내용상 효력을 인정받을 수 없으므로 당연히 무효이다.

2. 1993년 2월 4일 개최된 교정위원회와 교의회에서 교통으로 추천되고 선출된 조수현 재단이사는 본 교단 교헌 및 규정에 의거 합법적으로 선출된 본 교단의 대표로서 본교 재단 정관상 재단 이사장을 겸직하는 바, 이를 재확인 문화체육부의 인가를 촉구한다.

3. 본 교단 교역자 및 신도 대부분이 열망하는 한국천리교 연합회와의 통합은 당연히 양 교단의 교정기구인 교의회, 교정위원회, 교구장회의, 재단 이사회 등의 결의를 거쳐 합법적으로 이루어져야 함에도 불구하고, 일본 천리교회 본부의 사주를 받아, -중략- 불법 자행된 야합이므로 이는 당연히 무효이다.

4. 평생을 교회와 교단발전을 위해 진력한 노고에도 불구하고, -중략- 불명예 퇴진하게 된 전 교통 겸 이사장 김기수 씨에 대하여

는 교단이 정상화된 후 그 명예를 회복시키는데 최선을 다한다.

1993년 4월 14일자로 재단 임원(이사 6명, 감사 2명)들의 연명 날인을 함.

전술한 바와 같이 문체부에서는 종일 86210-279(93. 4. 30)로 이에 대한 회신이 오는데 역시 같은 말 뿐이었다.

그리고 종일 86210-386(93. 6. 12)호로 〈법인 업무 정상화 촉구〉라는 공문이 교단에 접수되었다.

교단에서는 이에 대하여 재대천 93-13(1993. 6. 24)로 〈분규수습 촉구에 대한 회신〉이라 하여 그간 김웅선 측에 재단이사회 참석을 종용하고 있으나 그들이 이에 응하지 않고 있는 등, 그들의 비협조로 합의 못하고 있음을 회신하였다. 이렇게 되자 문체부에서 법인 운영실태 점검계획 통보라 하여 문서(종일 86210-403 (1993. 6. 21))가 온다. 이에 대하여 교단에서는 이사회를 열었지만, 역시 김웅선 측의 협조는 없었다.

문체부에서는 종일 86210-556(93. 8. 25) 등으로 〈법인 업무 정상화 촉구〉라는 문서만 내려올 뿐, 명백히 시비를 가려 결정(승인)하려고 하지 않았다. 할 수 없이 재단에서는 이사장이 유고함으로 7월 13일 재단 이사회를 열고 최명진 이사를 상무이사로 선출하여 재단 정상화를 기한다는 문서 〈재대천 93-16호(1993. 7. 26)〉를 문체부에 보냈다.

여기에서 당시 주무부의 생각을 알아보기 위하여 많은 회신 중한 문서인 종일 86210-556(93. 8. 25)의 〈법인업무 정상화 재촉구〉라는 문서가 오는데 이 내용을 여기에 옮긴다.

〈문서〉

제목 : 법인 업무 정상화 재촉구

1. 종일 86210-386(93. 6. 12) 관련입니다.

2. 우리 부에서는 귀 법인의 분규사태와 관련하여 행정지시 실태조사 등을 통해 수차례 법인업무 정상화를 촉구하였으나, 8개월이 지난 현재까지도 아무런 해결 방안도 제시 못할 뿐 아니라, 특히 지난 7월에 실시된 '93정기법인 실태조사 시에는 임원 출석 및 서류 제출 거부 등, 분규 해결을 위한 기초적인 노력마저 기피하는, 파행적인 법인 운영이 계속되고 있습니다.

3. 우리 부에서는 현 분규사태가 계속되는 한 귀 법인의 정상 관리업무는 물론 법인설립목적 달성이 불가능한 것으로 판단하고 있으며, 따라서 귀 법인의 업무 정상화를 다시 한번 촉구하니, 93년 9월 25일(토)까지 분쟁 당사자 간 합의한 해결 방안을 우리 부에 제출하여 주시기 바랍니다.

4. 만약 동 기한 내에 적정한 해결 방안을 제시하지 못할 경우 법인 운영 능력이 없는 것으로 간주하여 관선 이사 선임 등, 적정 행정조치를 취할 것이며, 선량한 신도 보호를 위해 법인 설립허가 취소 조치를 강구할 계획이오니, 이 점 참고하시기 바랍니다. 끝

문화체육부장관

이에 근거하여 재단상무이사 최명진 명의로 재대천 제93-18(1993. 8. 26) 분규 수습촉구에 대한 회신을 보냈으며, 이어 재대천 제93-19(1993. 9. 1) '법인업무 정상화 촉구' 등을 보냈다.

재대천 제93-20(1993. 9. 7)호로 임시 이사회 개최 통보를 하는데 장소와 시간은 1993년 9월 14일 오후3시 청파동 재단 사무국 회의실에서 하였다. 그런데 이 날 참석한 임원은 상무이사 최명진, 이사 조수현, 배을란, 양정남, 정연창, 반상열(위임자 참석) (11인 중 6명). 감사 정성인, 김정강(2인), 사회는 정의진 사무국장 등이었다.

그런데 혜성교회 임원은 한 사람도 참석치 않았다.

이 날 주요 결의사항은 (1)혜성교회 측 임원 5인의 대한천리교단 이탈 행위 확인. (2)의사회 결의에 의하지 아니한 이사장 인감 사용 행위 무효. (3)혜성교회 측 임원의 분규수습 비협조 경위 일반 교역자에 통보. (4)조수현 교통의 재단 이사장 취임승인 재촉구 등이다.

이상의 회의 결과를 문체부장관에게 보고했다.

그 내용은 다음과 같다.

〈문서〉

재단법인 대한천리교단

문서번호 : 재대천 93-21호 1993. 9. 24

수신 : 문화체육부장관

참조 : 종무 1과장

제목 : 법인 업무 정상화 재촉구에 대한 회신

1. -생략-

2. 본 법인은 지난 7월 13일 개최된 임시이사회에서 공석 중인 상무이사를 선출하고, 교헌 및 정관의 개정을 통한 수습 방안을 제시하며 정상화를 촉구했으나, 이미 귀부에서 주지하시는 바와 같이 그들은 임원 출석 및 서류 제출 거부 등 분규 해결을 위한 기본적인 노력마저 거부하며 한국천리교연합회와 불법 통합을 기정사실화 하고, 결국 본 법인의 와해와 귀부의 법인 설립허가 취소 조치를 기대하고 있습니다.

3. 이에 본 법인은 지난 9월 1일 상대측 임원들에게 법인 업무 정상화를 위한 각성과 협조를 촉구하는 별첨 서신을 우송하고 9월 14일 임시 이사회를 소집하였으나, 이미 한국천리교연합회와 새로 구성한 교정기구의 임원으로 취임한 그들은 출석 거부는 물론 귀부에서 자기들에게 유리한 시책을 강구한다는 등의 유언비어를 날조하여 전후 사정을 모르는 일부 교역자들을 당혹시키고 있습니다.

4. 본 법인 임원들의 간청에도 불구하고 끝내 출석을 거부한 상대측 임원들이 불참한 가운데 9월 14일 개최한 임시 이사회에서 부득이 이미 기정사실화된 불참 임원들의 본 법인 이탈행위를 확인하고 조수현 현 교통의 재단 이사장 취임 승인을 재촉구하기로 결의하였습니다.

5. 현재 본 법인을 이끌고 있는 임원들은 종교 문제는 자체적으로 해결하게 한다는 귀부의 분규 수습 원칙을 존중하여 끝까지 합의

에 의해 수습하고자 최선을 다하고 있습니다. 그러나 우리의 이러한 신앙적 자세를 김웅선 측에서는 일본 천리교본부의 한국교단 예속화 공작에 교묘히 이용, 그들의 야욕을 달성시키려 하고 있습니다. 하오니 더 이상 사태가 악화되기 전에 조수현 교통의 재단 이사장 취임을 승인하여 주시어 본 법인의 업무가 하루속히 정상화될 수 있도록 협조하여 주시기를 바라는 바입니다.

유첨 4개 문서를 첨부(여기에서는 생략)

재단법인 대한천리교단
상무이사 최 명 진

〈참고〉 문화체육부에서 재단법인 대한천리교단 실태조사를 1993년 7월 14일 14:00~17:00 재단법인 대한천리교단에서 실시한 바 있었는데 당시 문체부 종무1과 행정 사무관 윤원중, 행정주사 김명현이 와서 김기수 측과 조수현 측을 만나 면담을 하는데 김기수 측에서는 불참(거듭된 참석 요청에도), 조수현 측에서는 면담자로서 최명진(재단 이사), 조수현(재단 이사), 정의진(재단 사무국장), 정명수(교단 총무부장) 등이 참석했다.

그 날의 조사 내용(문체부 내부 결재용에 기재된 사항임)은 아래와 같다.

○ 조사 내용: 대한천리교단 분규실태 및 대책 현황

조사내용에서 '분규해결을 위한 임시이사회 개최결과'를 보면

- 조수현 측 이사 6인 임시 이사회 소집 요구 : 93. 6. 21

안건 : 92년도말 정기보고서 제출, 법인 업무 정상화

- 김기수 현 재단 이사장의 이사회 소집 불응에 따라 조수현 등 이사 4인의 연명으로 이사회 소집 통보. 93. 7. 3(정관 제13조의 규정에 의하여).

임시 이사회 개최 : 93. 7. 13, 14:30

장소 : 재단 사무국.

참석자 : 최명진, 반상열, 배을란, 조수현, 양정남, 정연창 이사 (총 11인 중 6인).

감사 : 김정강, 정성인. 참관: 김영제(교의회 의장), 정명수(총무부장), 정의진(재단 사무국장)

의결사항 : 상무이사 선출(최명진 이사), 92년 결산보고 및 통과, 93년 예산안 통과

결의 사항 : 김기수 이사장 '사고' 상태 결의. 4. 14결의문 재확인.

대 책

○ 이번 분규는 교단의 기본방향 및 교리 해석상의 차이에서 비롯된 것으로 제 규정의 유권 해석에 의한 행정력의 개입보다는 분쟁 당사자 간의 합의를 통한 자체 해결이 바람직함.

○ 정부에서는 분쟁 양측 당사자 간의 화해 중재 노력을 지속적으로 전개함.

○ 분쟁 해결 시까지 임원 취임 인가 서류는 보류 반송시키며, 법인 관리업무는 소극적 재단 관리업무에 한정하도록 함.

○ 필요시 분쟁에 따른 이사장 권한 대행은 양측의 동의를 전제

로 상무이사나 중립적인 제3의 인사로서 자체 선임토록 하되 이사회의 의결을 받도록 함.

문체부에서는 양측의 합의에 의한 수습을 종용하지만 이것은 절대 불가능한 일이었다. 먼저 대한천리교단의 이념은 오직 자주·자립 교단의 건립으로써 이를 역행하는 종속 이론에 더 이상 양보할 수가 없기 때문이었다.

지난 날을 돌이켜 볼 때, 일본 천리교회본부의 종속이론에 현혹되어 놀아나면서 그 때부터 일본 교회본부에 무한정 리납(理納 : 금전을 바침)하느라, 그나마 유지해 온 교육기관(서울 혜성고등공민학교와 진해 정선학교 등)마저 유지 못해 폐쇄하게 되었다. 우리끼리 모여 활동할 때보다 날로 교세는 위축되었고, 지금은 복지시설 하나 제대로 갖추지 못한 꼴이 되었음을 생각할 때, 이미 일본 천리교회본부의 주구가 된 종속파와 손을 잡은 혜성교회장 김웅선 측과는 더 이상의 타협의 여지는 있을 수 없었던 것이다.

다시 본론에 들어가면, 문화체육부에서 종일 6210-632(1993. 10. 5)호로 '법인 업무 정상화 관련회의 개최 통보'라 하여 일시는 1993년 10월 13일 15시에 문화체육부 종무실장실(3층)에서, 〈대한천리교단의 분규 해결방안 모색〉이라는 의제를 놓고 양측(김기수 외 1명, 조수현 외 1명)을 참석시켜 대화를 갖게한 바 있었다.

그리하여 대화를 했으나 별 성과 없이 끝났다. 당시 문화체육부 담당자의 보고서를 여기에 옮긴다.

〈문서〉

문화체육부

문서번호 : 종일86210 -

수신 : 내부 결재(참고 : 기안 윤원중, 과장 결재, 실장 전결)

제목 : 대한천리교단 분규 수습 중재회의 결과보고

대한천리교단 분규 수습 중재회의 결과를 다음과 같이 보고합니다.

1. 회의 개요

ㅇ 일시 : 1993. 10. 13. 15:00-16:30

ㅇ 장소 : 종무실장실

ㅇ 주재 : 종무실장

ㅇ 참석

〈김기수 측〉

김웅선 대한천리교 혜성교회장

어덕수 대한천리교 원로

〈조수현 측〉

조수현 대한천리교 이사

최명진 대한천리교 이사

〈문화체육부〉

종무실장, 종무과장 외 1명

2. 회의 결과

ㅇ 분쟁 양측은 자율적 분규수습을 위해 상호 지속적인 노력 경주

○ 분쟁의 원만한 해결시까지 임원취임 인가를 보류하고 관련 서류를 반려

3. 검토 및 향후 조치계획

○ 우리 부에서는 동 재단이 종교법인임을 감안, 가급적 분쟁의 자율적 해결을 유도하기 위하여 수차례 촉구 공문을 발송, 실태조사, 중재회의 등을 개최함.

○ 중재회의시 우리 부에서는 쌍방의 양보를 전제로 한 몇 가지 중재방안을 제시하였으나 쌍방의 현격한 입장 차이로 인하여 합의 도출 실패

○ 따라서 임원의 취임 인가는 유보하고 관련 서류를 반송한 후 일정기간 자율적 분규 수습을 유도함.

첨부 : 1. 대한천리교 분규 해결 중재안
2. 대한천리교 분규현황
3. 대한천리교단 주요 분쟁 일지. 끝

문 화 체 육 부 장 관

이렇게 되면서 문화체육부에서는 문서번호 종일86210-641(1993. 10. 13)로 수신처는 (재)대한천리교단 이사장 조수현으로 문서가 왔다.

〈문서〉

제목 : 임원 취·해임 인가 신청서 반려

1. 관련 근거

2. 우리 부는 귀 법인의 임원 선출과 관련된 분규로 인하여 법인 업무가 정상적으로 이루어지지 못함으로서 이의 해결을 위하여 행정지시, 실태조사, 중재회의 등 법인 정상화를 위한 각종 조치를 취하였으나 전혀 진전이 없으므로 귀 법인이 신청한 임원 취·해임 인가 신청서를 반려하오니 조속한 시일 내에 원만한 수습 후 임원 취·해임 인가를 재신청하시기 바랍니다.

첨부 : 임원 취·해임 인가 신청서. 끝

문 화 체 육 부 장 관

그리고 이어 문서번호 종일 35110-721(1993. 11. 26)로 문서 반송 공문이 왔다. 그 내용을 보면,

수신 : 서울시 용산구 청파동 121-3
재)대한천리교단 이사 최명진

제목 : 임원 취·해임 인가 신청서 반려

1. 재대천 93-24호(93. 11. 20)의 관련입니다.

2. 귀 법인의 임원 취·해임 인가 신청서는 다음의 사유로 반려합니다.

다 음

ㅇ 귀 재단 정관 제6조 제1항에 의하면 재단 이사장은 교단의 교통이 겸직하도록 되어 있고, 교통은 교단 내부 규정(교헌)에 의하

여 선출하도록 되어 있는 바, 귀 교단의 기구(교정위원회, 교의회)에서 91. 6. 27일 정식으로 선출하여 현재 임기 중인 교통 김기수를 해임하고 새로이 조수현을 신임 교통으로 선출한 것은 현행 귀 교단의 교헌 등 제 규정에도 이를 판단할 관계 조항이 없어 그 타당성 여부에 대하여 우리 부에서 결정할 수 없는 사항입니다.

3. 우리 부에서는 귀 교단이 종교단체인 점을 감안, 분쟁 당사자 간의 상호 합의에 의하여 자율적으로 해결토록 수차례 촉구하였으나 아직까지 해결되지 않는 바, 이를 재 촉구하니 조속한 시일 내 분규를 원만히 해결한 후 임원 취·해임 인가를 재신청하기 바랍니다.

첨부 : 신청서류. 끝

문 화 체 육 부 장 관

그 후 다시 재대천 93-25호(1993. 12. 2)로 임원 취·해임 인가 재신청을 했고, 또 다시 재대천 93-26호(1993. 12. 22)로 임원 취·해임인가 재신청 반려에 대한 의견 및 재승인 요청의 건에 우리의 의견을 쓴 '의견서'를 첨부하여 다시 보냈다. 이에 대하여 문체부에서 종일 86210-745호(1993. 12. 9)로 '임원 취·해임 인가 신청서 반려 및 질의에 대한 회신'이라 하여 공문이 왔다.

그간 온갖 방법과 수차례 이사회 등을 열어 좋은 방안을 모색하려 해도 김웅선 측은 성의가 없었고, 주무부에서는 이들의 농간에 끌려다니느라, 여러 번 재신청을 하지만 언제나 변함없이 불가의 회신만이 올 뿐이었다. 결코 승인은 않고 번번이 반송되어 왔다.

그 후, 문화체육부장관 명의의 문서번호 종일 86210-784 (1993. 12. 31) '법인운영 정상화 촉구'라는 공문이 (재)대한천리교단 이사장 앞으로 다시 온다. 그 내용을 발췌 간기하면,

1. 우리 부는 종교단체의 내부적 분규에 대해서는 헌법이 규정한 정교 분리의 원칙을 준수하고, -중략- 자율적 해결을 원칙으로 하고 있습니다.

2. -전략- 귀 재단의 분규에 대해서도 분쟁 당사자 간의 양보와 합의를 통하여 자율적이고 상호 원만한 해결, -생략-

3. 그러나 분규가 발생한 지 1년이 지나도록 귀 재단은 분쟁 당사자 간 어떠한 양보나 타협점을 찾지 못한 채 상호간 갈등과 불신임만 깊어가고 있으며 재단 운영을 위한 기본적인 업무마저 마비, -중략- 조속한 법인 운영 정상화를 위한 적극적인 노력을 촉구하오니 이에 대한 귀측의 성의있는 태도를 바라며, 94. 1. 30일(토)까지 그 동안의 법인 정상화 노력의 결과 및 향후 대책을 우리 부에 보고 바랍니다.

그리고 해가 바뀌어 신년초가 되면서 문체부에서, 문서번호 종일 86210-29 (1994. 1. 3) '임원 취·해임 인가 신청서 반려'라는 공문이 왔다.

〈참고〉 종교담당 주무부의 명칭이 그간에 바뀌어 혼돈을 준다. 그래서 그간 변천된 명칭을 보면 문화공보부는 1968년 7월 24일부터 사용하였고, 공보처와 문화부가 분리되면서 1990년 1월 3일부터 문화부로 사용하다가 1993년 3월 6일부터는 문화체육부로 명칭이

바뀌고 그 후 1998년 3월 9일부로 다시 문화관광부로 이름이 바뀌면서 현재하고 있음을 참고하시기 바랍니다.

2) 감사원에 진정서 제출

대한천리교 교통 조수현 명의로 감사원장 앞으로 1993년 4월 6일에 진정서를 제출하였다. 그 내용을 발췌하면,

〈문서〉

진 정 서

새 한국 건설의 지상 목표로, 부정부패 그리고 온갖 사회적 부조리를 척결하겠다는 굳은 의지로 강력히 추진하고 있는 새 정부의 시책을 환영하면서 21세기를 향한 국가 번영의 기반이 확립되기를 바라는 바입니다.

본 교단은 타 종단에 비하여 지극히 미약한 종단으로서 종교 본연의 사명을 제대로 수행하지 못하고 간혹 사회적 물의를 빚은데 대하여 송구스럽게 생각하며, 이번 기회에 이의 시정에 최선을 다하겠음을 다짐하면서, -중략-

본 대한천리교단은 8·15 광복 후 이 땅의 천리교인들만이 결합하여 일본 천리교회본부의 간섭을 배제하는, 자주교단을 설립하여 1963년 당시 문교부로부터 법인 허가 제111호를 득하였습니다. 본 교단은 자주와 토착화를 제일의 목표로 하여, 왜색종교라는 지탄에

서도 종교 본연의 사명을 다하기 위하여 노력해 왔습니다. 그러나 한일 국교 정상화 이후 한국 교회와 교단을 일본 교회와 일본 천리교회본부에 예속시키려는 일본인들과 이 땅의 친일파 교역자들에 의하여 갖은 수난을 당하게 되었습니다. 목표물(예배의 대상)과 의식(儀式) 및 조직 등을 일본식으로 서서히 개편하고 있던 저들은 급기야 본 교단이 그들의 지시에 순종하지 않고, 일본의 신사(神社)식 목표물(야다노가가미)을 철거하자 본 교단에서 이탈한 일부 친일 교역자들로 하여금 일본 예속 교단인 소위 한국천리교연합회를 결성하게 하였고, 당시 주무부서인 문공부에서는 정확한 상황도 파악치 않은 채 이 단체를 법인으로 승인하여 준 바 있었습니다.(이를 증거로 1988년 3월 4일자 진정서 사본 첨부) -여기서는 생략함-

교단이 본의 아니게 양분된 상태에서도 저들의 일본 예속화 공작은 집요하게 진행되었습니다. 그래서 본 교단의 교단장(교통)이 고령으로 교정 수행 능력을 상실하자, 이를 기화로 1992년 초부터 교단장의 손자로 하여금 자주교단 지지자들을 불법으로 제거하고 한국천리교연합회와의 통합이라는 미명 하에 한국천리교 전도청(청장 일본인) 설치를 위한 계획을 급진전 시켰습니다. 이에 종교인으로서 은인자중하며 수개월 동안 타협을 모색하고 이성에 호소하던 본 교단의 교정기구(교의회 등)에서는 본 교단을 일본의 식민지화하려는 정신 침략 공작을 더 이상 좌시할 수 없어 부득이 교헌에 입각하여 새로운 교단장을 선출하였고, 본 재단의 정관상 재단 이사장은 교통이 겸직한다는 규정에 의거 주관 문화체육부에 대표자 변경 승인을 요청하였습니다. 그러나 주무당국에서는 '종단 분규는 자체적으로 해결해야 된다'는 원칙론으로 시종일관 승인을 지연시킴으로써 사태를 더욱 악화시키고 결과적으로 일본의 정신 침략공작을 비호하는 인상을 금치 못하게 하고 있으니, -중략-

본 교단의 대표자 변경 승인을 지연시키는 것은 오히려 분규를 조장시키고, -중략-

당국자의 무소신이 안타까울 뿐입니다.

보다 구체적으로 말씀드리면(경위 등 관계서류 일체는 이미 문화체육부 종무1과에 제출되었음) 93세의 교통(김기수 전 혜성교회장)이 기억력과 판단력이 쇠잔해지고 거동도 불편해짐을 기화로 후임 혜성교회장에 취임한 손자 김웅선은 교단과는 하등 관계가 없음에도 불구하고 일본에서 세뇌 교육을 받은 추종자들의 종용에 따라 교통인 조부의 명의를 참칭, 임원 임명 등 불법 행위를 일삼는 전횡을 자행한 것입니다. 이로 인하여 교정이 마비 상태에 이르자 본 교단의 교의회에서는 교헌 및 규정에 의거 김기수 교통을 해임하고 새로운 교통을 선출하였고, 재단 정관에 따라 대표자 변경 승인을 요청하였으나 종단 분규라는 이유로 승인을 보류하고 있는 것입니다. 그것도 연로한 전 교통 김기수의 명의와 직인을 도용하여 교단의 합법적인 기구와 절차를 무시한 채 교령(비상조치령) 이라는 것을 발포하여 교정을 마비시켰습니다. 일련의 행위는 일본 천리교회본부의 치밀한 예속화 공작의 일환으로, 그들의 조종에 의해 이미 이탈한 한국천리교연합회와의 통합이라는 구체적 행위로 현실화된 것이 명백함에도 불구하고. -중략-

이는 결과적으로 주무 당국의 담당자가 본의 아니게 본 자주 교단을 말살시키고 한국 내의 교회 및 교단을 완전히 장악하려는 일

본 천리교회본부의 정신 침략 공작을 방조하는 셈이 되고 말 것입니다. -중략-

조용한 교단을 불법으로 마구 흔들어 교정을 마비시키고 일본에 예속시켜 성지 참배라는 구실로 수많은 신도들을 일본에 보내 귀중한 외화를 낭비케 하였습니다. 이러한 친일 매국노들은 좌시한 채 이를 방지하려는 합법적인 행위는 무시하는 처사가 과연 올바른 종무행정인지? 담당자들의 무소신이 너무나 답답하고 안타까워 더 이상 참지 못하고 진정하오니 양지하여 주시기 바랍니다.

이 기회에 지난 일이오나 또 한가지 문화체육부 종무실의 중대한 과오를 지적하지 않을 수 없습니다.

전술한 바, 1998년 제6공화국 정권이 출범하기 하루 전(2월 24일) 당시 문공부 종무실은 한국천리교연합회의 법인 설립 신청에 대하여 교단 상황을 조사 한번 하지 않고, 또한 문화 정책면을 전혀 고려하지 않은 채 이를 전격적으로 승인하여 주었습니다. 그 때 승인을 받기 위해 엄청난 자금을 일본으로부터 들여와 살포하였다는 소문이 무성하였고, 이에 대하여 당시 신문 및 잡지(현대공론 1988년 6월호 참조) 등에 한국천리교연합회를 상대로 이 땅에 일본 신사(神社)를 부활시키려 한다는 내용과 정치 자금이 주효했다고 비판한 기사가 게재되기도 하였습니다.

-중략-

더욱 놀라운 사실은, 종무실에서 승인을 이미 하고서도 그 사실을 본 교단에는 극구 비밀로 하였으며, 승인 후 15일이나 지나서도 그 진부를 문의한 본 교단에 대하여 끝까지 아니라고 부정한 것으로 보아, 떳떳하지 못한 일이 있었을 것이라고 생각한 바 있습니

다. -중략-

끝으로 본 교단은 일본의 예속 교단인 한국천리교연합회와 그들을 조종하는 일본 천리교회본부의 본 교단에 대한 끝없는 말살 공작을 분쇄하여 한국적 자주교단의 기반을 확고히 하여,

-중략-

본 교단의 주무당국에 대한 승인 신청을 엄정히 검토하시어 올바르고 소신 있는 종무행정이 구현되도록 선처하여 주시기를 본 교단의 전 교역자는 충심으로 진정하는 바입니다.

유첨 서류 :

1. 임원 취임 및 대표자 변경 인가 촉구 사본(1993. 3. 26)
   (부 '이 길의 소리' 1993. 3. 10)

2. 진정서 사본(1993. 2. 22)

3. 진정서 사본(1988. 3. 4)

4. 〈현대공론〉 관련 기사 사본(1988. 6월호) 이상

이에 대하여 감사원에서 '민원접수 통보'라고 하여 문서번호 민원 07000-2581호, 1994년 4월 9일자로 문서가 왔다.

처리 내용 : 문화체육부에서 조사 처리하여 귀하에게 통보함. 끝.

이상과 같은 성의 없는 회신이었다.

이에 대하여 다시 대천교 제93-14호(1993. 4. 15)로 다시 감사원장에게 〈진정서에 대한 추가 청원〉을 보낸 바 있었지만, 회신도 없었다. 주무부에 넘겼으니 우리는 모르겠다는 것이었다. 역시 문체부에서는 앵무새 같은 안일 제일주의적인 소극적인 반응만 있었을

뿐이었다.

〈참고〉 당시 문화체육부의 지시 공문을 수용한다면, 이것은 김기수 이사장을 계속 인정하는 꼴이 되어, 교통이라는 직책도 행세를 하지 못하게 된다. 이에 대한천리교 조수현 측은 이를 수용할 수 없다고 반발했다.

본교 교헌에 규정한 각급 교정기구의 정당한 절차를 밟아 새로 선출한 조수현 교통을 인정하지 않는 꼴이 되면 결국 치매환자인 김기수 씨가 임기 동안 권리 의무를 하게 된다는 결론에 도달했다. 그렇게 되면 자연 종속파가 승리하는 꼴이 된다. 그래서 부득이 시한을 연장한다는 뜻에서 행정심판을 청구하게 되면서 그의 권한을 무용화시켜야 한다는 결론을 갖고, 부득이 행정 심판을 청구하게 되었던 것이다.

3) 문체부를 상대로 재단 이사장 승인에 대한 행정 심판 청구

교단(재단)에서는 더 이상 기다릴 수 없어 행정소송을 제기했다.

정관 제6조 1항에 의하여 '이사장의 선출은 교헌 제13조의 조항에 의하여 선출된 교통이 겸직한다.'는 규정에 의하여 조수현 새 교통을 주무부서인 문화부에 임원 변경승인을 요청한 바, 전임자인 김기수 제7대 교통의 임기인 1995년 6월까지 보장 운운하면서 임기 중 교통을 해임시키고 신임 교통을 선출할 수 있는 근거 조항이 없다고 주장하는 등 쉽게 승인을 해 주지 않았다.

전술한 바와 같이 재단 이사들이 연명한 대표자 변경승인에 대한 진정서를 93년 2월 22일자로 문화부에 제출하였고, 94년 4월 23일자로 임원 취임 및 대표자 변경 인가 촉구와 관련된 결의문도 제출했다. 그러나 계속 승인을 유보할 뿐 아니라 법인 임원 취·해임 인가 신청도 반려함으로 재단은 물론 교정에 막대한 지장을 주고 있어, 할 수 없이 교단에서는 문체부장관을 상대로 새로 선출된 조수현 교통을 부당하게 이사장 승인(처분)을 반려한데 대하여, 국무총리 행정 심판위원회에 문화체육부장관을 피청구인으로 한 행정 심판을 청구했다.

최초의 청구는 다음과 같다.

〈문서〉

행정심판청구

재대천 제94-01호

청구인 :

서울특별시 용산구 청파동 1가 121-3

재단법인 대한천리교단

임시 이사회 의장 이사 최명진

피청구인 : 문화체육부장관

청구 취지 :

피청구인이 93. 11. 26일자(종일 35110-721) 및 93. 12. 9일자(종일 86210-745)와 94. 1. 3일자(종일 86210-2)로 한 재단법인 대한천리교단 법인 임원 취·해임 인가 신청에 대한 위법 부당한 반려처분에 대하여 법인 임원 취임을 승인하라.

청구 원인 :

1. 재단법인 대한천리교단의 이사 및 이사장의 임기가 만료(92. 8. 31)되어 공석 중이므로 재단법인 대한천리교단 정관에 의거하여 새로운 이사장 및 이사를 선출하고 승인(임원 취·해임 인가)을 요청하게 되어,

① 재단법인 대한천리교단 정관 제6조 1항 이사장은 교헌 제13조의 조항에 의하여 선출된 교통이 겸직한다고 되어 있음. 본 교단에서는 교헌 제13조 규정 '교통은 교정위원회에서 추천한 후보자 2명 중 교의회에서 선출하되 재적 구성원 2/3 이상의 의결에 의한다.'에 의거, 지난 1993. 2. 4. 93년도 제1차 교정위원회(유첨물 1의 (2)(ㄴ)의 교정위원회 회의록 참조)에서 조수현(영신교회장) 씨가 교통 후보로 추천되어 같은 날 93년도 제6차 교의회(유첨물 1의(2)(ㄷ)의 교의회 회의록 참조)에서 교헌상 하자 없이 선출되어 정상적으로 근무 중이며,

② 이에 근거하여 지난 1993. 11. 17일자 93년도 제3차 재단 임시이사회(유첨물 1의(2)(ㄱ)의 이사회 회의록 참조)에서 정관 15조(정족수, 과반수 찬성으로 의결한다)에 의거 재적 11명 중 6명이 참석하여 이사 6인의 취임 및 조수현 교통을 이사장으로 취임 승인 신청키로 결의하여 재대천 93-24(1993. 11. 20)에 의거 법인 임원(이사) 취임 승인 신청을 하였으나 주무부서인 문체부에서 종일 35110-721 (11. 26)로 반려한 것은 불법 부당한 처사임.

2. 종일 35110-721(1993. 11. 26)호 제목 임원 취·해임인가 신청서 반려에 대하여 본 교단에서는 '유첨물 2. 임원 취·해임 인가 재

신청서 반려'에 대한 재 신청사유를 제출하였으며

3. 당시 종일 35210-745(1993. 12. 9) '임원 취·해임 인가신청서 반려 및 질의'에 대한 회신에 대하여 '유첨물 3. 임원 취·해임 인가 재신청 반려에 대한 의견 및 재승인 요청의 건'(재대천 93-26)으로 반박하여 승인을 촉구한 바 있으니 참고하시기 바랍니다.

4. 김기수 전 교통(현 이사장으로 되어 있음)은 이미 본인의 의사와는 상관없이(93세의 노인으로 사고와 판단력이 없음) 그의 사적인 손자 김웅선에 의해 지난 1993. 1. 27일자로 자주교단인 대한천리교 교헌을 무시한 채 멋대로 이탈하였습니다. 그리고 일본 천리교의 예속 종단인 한국천리교연합회 측과 야합하여 교단 통합추진위원회를 서울 성동구 왕십리 모처에서 만들었습니다. 이는 명백한 본 교단에서의 이탈이므로 이미 김기수 전 교통은 대한천리교단 교헌상의 권리 의무를 스스로 포기한 자입니다. 따라서 교단이나 재단의 임원이 될 수 없음을 참고하시기 바라며, 조수현 현 교통은 취임(93. 2. 4) 이후 교단본부에서 교통의 직무를 정상적으로 집행하고 있음을 아시기 바랍니다.

유첨 : -생략(10개 증빙서류가 포함되어 있음)-

1994년 1월 10일

위 청구인 : 재단법인 대한천리교단

임시 이사회 의장 이사 최명진

국 무 총 리 귀 하

행정심판 청구 사건번호 제94-25호로 취급되어 문서번호 국행심 61240-39호로 1994. 1. 26일자로 피청구인(문화체육부장관)의 '답변서 송부'라고 하면서 이에 대한 보충 서류 및 증거 자료 제출 요구서(문서)가 국무총리 행정심판 위원회에서 송부되었다.

그 중 중요 문서를 옮긴다.

〈문서〉

국무총리 행정심판위원회

문서번호 : 국행심61240-39
시행일자 : 1994. 1. 26
수신 : 대한천리교단 임시 이사회 최명진
제목 : 답변서 송부

1. 귀하가 제기한 행정심판 청구사건의 번호는 94-25입니다.

2. 귀하가 제기한 심판청구에 대하여 피청구인으로부터 별첨과 같은 답변서가 제출되었기에 이를 보내드립니다. 이 답변서를 보시고 보충 서면, 증거자료 등을 제출하고자 하는 경우에는 특별한 사정이 없는 한 1994. 2. 12까지 각 2부씩을 작성하여 우리 위원회에 제출하여 주시기 바랍니다.

3. 심판 절차에 대한 문의는 정부 제1종합청사 1215호실(전화 398-5435)로 하여 주시기 바라며 문의하실 때는 먼저 사건번호와 성함을 말씀하여 주시기 바랍니다.

첨부 : 답변서 1부

국무총리행정심판위원회 인

별지 '답변서'는 다음과 같다.

답 변 서

ㅇ 사건명 : 법인임원 취·해임 인가 신청 반려처분 취소 및 임원 취임 승인 이행 청구

ㅇ 청구인 : 재단법인 대한천리교단

서울특별시 용산구 청파동 1가 121-3

이 사 최 명 진

ㅇ 피청구인: 문화체육부장관

ㅇ 심판청구의 대상이 되는 처분 내용 및 처분일(행정처분 경위 포함)

-처분 내용 : 임원 취·해임 인가 신청의 반려 처분 (별지1 참조)

-처분일 : 1차 93. 11. 26.

2차 93. 12. 9

3차 94. 1. 3

ㅇ 고지의 유무 없음

답변 취지 : 청구인의 청구를 기각한다 라는 재결을 구함

답변 이유 : 별첨 2 참조

증거 서류 : 별첨 3 참조

위와 같이 답변합니다.

1994. 1. 22

피청구인 문화체육부장관

국무총리행정심판위원회 귀중.

'별지 1'을 옮긴다.

-심판청구의 대상이 되는 처분의 내용-

○ 처분의 내용

재단법인 대한천리교의 임원 취·해임인가 신청서 반려 3회

○ 처분 경위

재단법인 대한천리교단의 임원 취임 신청서 접수 3회

〈내용〉 대한천리교단의 이사 임기가 92. 8. 31일자로 만료됨에 따라 정관 제6조의 규정에 의해 이사장 조수현, 이사 최명진, 반상열, 배을란, 양정남, 정연창을 새로 선출하여 임원 취임 인가를 신청함.

위 임원 취임 인가신청서 반려 3회(생략)

○ 처분 사유

재단법인 대한천리교단의 정관은 동 재단의 모체인 교단의 최고 지도자인 교통을 당연직으로 이사장을 겸하도록 규정하고 있음.

이에 따라 청구인측은 교헌 및 교단의 제 규정이 정하는 절차에 따라 교통을 선출하였음을 주장하고 있으나, 이미 교통의 선출기관인 교의회가 교령(교통이 교헌에 의해 발포하는 명령)에 의하여 그 활동이 중단되어 있는 상황으로 '활동이 중단된 기관에 의한 선출'이라는 중대한 하자가 존재함.

또한, 교헌은 교통의 임기를 4년으로 보장하고 있고, 임기 중인 교통을 해임시킬 아무런 근거 조항이 없음에도 불구하고 청구인

측은 임기 중이던 교통 김기수를 일방적으로 해임하고 조수현(청구인 측)을 새로운 교통 겸 이사장으로 하여 임원 취임 인가 신청을 하였던 바, 이는 근거 규정의 부재 및 전례 없던 사안으로 반려처분의 한 사유가 되었음.

뿐만 아니라, 동 재단은 청구인 측이 '교단정상화추진위원회'를 결성하여 교권에 대항함을 발단으로 하여 현재까지 분규가 계속되고 있으며 청구인 측의 교단본부(청파동) 강제 점거 등으로 사태는 더욱 악화되어 교단 운영이 이원화 되는 등 극심한 분규로 인해 재단의 정상적인 운영이 불가능해지고 설립목적의 달성마저 위태롭게 됨.

당초 '교단정상화추진위원회의 결성'(청구인 측)과 '교령 발표'(당시 이사장 측)'로 분규가 시작된 이후 92. 11. 27. 청구인 측과 이사장 측이 동시 참석한 임시 이사회가 개최되어 이사장을 교통 김기수로 하여 이사 11명(청구인 측 6명, 이사장 측 5명)의 연임을 만장일치로 의결하였으며 이를 피청구인에게 임원 취임인가 신청으로 제출하는 등 분규 해결이 가시화되었으나 '청구인 측이 합의를 깨고 일방적으로 조수현을 신임 교통으로 선출함'으로 분규가 악화됨.

이에 피청구인은 중재회의의 개최 등을 통해 자율적 분규해결을 촉구하였으며 청구인측의 임원 취임인가 신청서 뿐만 아니라 92. 11. 27 임시 이사회에서 의결한 이사장 측의 정당한 신청서까지 동시에 반려 처분함으로써 분쟁의 원만한 해결을 유도하였으나 현재까지 분규가 해결되지 않고 있는 상황으로 피청구인의 청구인 측에 대한 임원 취임 인가신청서의 반려처분은 적법 타당한 것임.

답변이유

1. 청구인의 청구 이유

①적법한 절차에 의한 임원 선출 및 신청임을 주장

- 생략 -

② 피청구인의 반려 처분이 불법 부당하고 교단 내부의 일에 간섭하고 있다는 주장 - 생략 -

2. 피청구인의 답변 이유

①천리교의 현황 - 생략 -

②교단 분열과 분쟁과 법인 운영의 파행성

-전략- 93. 2. 11. 청파동 교단본부 건물을 강제로 접수하여 김기수 측이 관할 경찰서인 용산경찰서에 탄원서를 접수시키고 조수현으로 하여금 교단 사무실로부터 철수토록 내용증명을 발신하였음. -생략-

93. 10. 13 양측이 참석한 중재 회의시 분규의 수습 및 법인정상화 시까지 임원 취임 인가를 보류키로 하고 양측의 임원 취임인가 서류를 반려조치함.

93. 11. 20, 12. 2, 12. 22 등, 3회에 걸쳐 청구인 측은 임원 취임인가 신청서를 다시 제출하였으며 이에 대해 피청구인은 아직까지 신청서 반려 이유가 해소되지 않음을 이유로 동 신청서를 재 반려조치하고 김기수 측에게 94. 1. 30일 까지 분규를 해결할 것을 마지막으로 촉구하였음.

3. 신청서 반려의 구체적 이유

-전략- 조수현을 교통으로 선출한 교의회가 이미 교령으로 그

활동이 중단된 상태였고, 교령의 효력 정지에 관한 가처분신청을 법원에서 각하하였으므로 그 효력에 대해서는 피청구인이 판단할 수 없고, 임기가 4년으로 보장되어 재직 중인 김기수 교통을 해임하고 청구인 측에서 일방적으로 신임 교통을 선출한 근거 및 교헌상의 규정이 미약하여 동 임원 취임 신청서를 반려 조치한 바 그 구체적 이유는 다음과 같다.

〈교령의 발동 및 그 효력〉

이하는 다음에 나오는 본 교단의 답변서를 참조하시기 바라면서 이하는 생략합니다.

〈참고〉 문체부의 답변은 비민주적이며 비논리적이다. 교회나 교단은 어디까지나 교신도들의 것이며 교신도들에 의하여 기구가 만들어지고 또 거기에서 교단의 주요 임원이 선출되는 것이다. 그들 교신자들의 주장이 바로 교단의 주장이며 교권이 되는데, 문체부의 해석은 김기수 교통이 마치 교주처럼 착각하여 그가 행한 부당한 교령(명령)을 절대 불가침의 것으로 착각하고 있다. 거기에다 김기수 교통은 93세가 넘는 고령으로 거동은 물론, 치매현상이 심하여 사고력이 없는 분이다. 여기에 공적인 참모도 아닌 사적인 가족이 교정을 멋대로 대행하며 부당하게 교권을 전횡하는 것을 정당히 보는 그 시각에 회의를 느끼면서, 일고의 가치가 없어 여기에서 생략한다.

이상의 피청구인의 주장에 대한 회신으로, 교단(재단)에서 1994

년 2월 5일자로 보충서류 및 증거자료를 아래와 같이 제출을 했다.

그 문서를 옮긴다.

〈문서〉

국무총리행정심판위원회
- 보충서류 및 증거자료 제출 -

행정심판 청구 사건번호 : 제94-25
문서번호(국행심 61240-39)와 관련
피청구인 : 문화체육부장관

피청구인 답변서에 대하여 별첨과 같이 보충서면 및 증거자료를 추가 제출합니다.

첨부 : 1. 답변서에 대한 보충서
2. 첨부물
1) 별지 추1호(92년도 제2차 교의회 회의록)
2) 별지 추2호(92년도 제4차 교의회 회의록)
3) 별지 추3호(교령 초안)
4) 별지 추4호(교령 발동에 대한 불가 건의)
5) 별지 추5호(김정강 감사의 임원 취임 인가)
6) 별지 추6호(교령 효력정지 가처분 결정(판결문))
7) 별지 추7호(건의서 ; 교구장들의 교령철회의 건)

8) 별지 추8호(대천교 92-55에 대한 반박 및 교령철회 재촉구)

9) 별지 추9호(불법 교령발포에 대한 철회 및 교단정상화추진위원회의 해산에 대한 이의 제기의 건)

10) 별지 추10호(교령 무효 공고 및 교정위원회 결의서)

기타 증빙서류가 22건이 첨부되어 모두 32건의 첨부물이 첨가 되었으나 여기에서는 생략함.

1994년 2월 5일

신청인 : 서울시 용산구 청파동 1가 121의 3

재단법인 대한천리교단

임시 이사회 의장 이사 최 명 진

첨부된 〈답변서에 대한 보충서〉를 옮긴다.

답변서에 대한 보충

1. 교령의 효력에 대하여

가. 교령 발동에 대한 전후 사정

피청구인의 답변 중, "다. 신청서 반려의 구체적 이유 중 교령의 발동 및 그 효력을 보면 교단정상화추진위원회가 불법임을"…… 운운하고 있는데, 이것은

(1) 지난 1992년 초에 실시한 1991년도 교단 자체 감사 결과 보고를 92년도 제2차 임시 교의회(1992. 3. 13) (별지 추가1)에서 했음. 이 때 감사위원장이 집행부에 강력하게 지적사항을 시정할 것을

요구키로 결의하여 교의회 의장 명의로 시정요구를 한 바 있음. 그러나 교단에서는 이의 시정은커녕 무성의한 답변으로 묵살함으로써 이에 교의원 및 교직자들의 불만이 고조되고 교단장에 대한 불신이 가중되었음. 그 이유는 대한천리교단의 근본적인 체제 파괴 문제로서 창립 정신인 자주교단 한국토착화를 위한 교단, 민주주의에 입각한 합의적인 운영 정신을 말살시키고 친일적 종속 교단을 추구하는 몇몇 교직자가 분별력이 없는 노쇠한 교통 김기수를 등에 업고 교정을 역행시켰기 때문임. 이로써 교단은 혼란과 불신과 반목으로 치닫게 될 우려가 있어 이의 근본적인 대책을 강구해야 한다는 전국의 교직자들의 여론이 확산됨.

(2) 92년도 제4차 교의회(1992. 6. 13)(별지 추가2 참조)에서 전국의 주요 교직자들이 교단 정상화를 위한 전국 교단 정상화추진위원회를 구성키로 결의하고 곧 회칙을 만들어 교의회에서 확정한 후 정식 발족키로 결의했음.

(3) 이를 빌미로 하여 1992년 7월 31일자 인쇄물(별지 추가3)을 교무원에 가져와서 총무부장 앞에 내어 놓으면서 교통의 지시 운운하며(대리권이 전혀 없는 교통의 손자인 김웅선의 지시) 소위 교령(교헌에는 규칙 제정 근거로 만든 조항)이라는 것을 만들어 김웅선의 하수인인 이재석(92. 2. 10일자 재무부장으로 발령), 주정식(92. 3. 5일자 문화과장으로 발령), 그리고 비서 이승남(92. 7. 24일 교통 비서로 발령) 등을 시켜 교무원장 등에게 강제로 교단인을 날인하여 발송(집행)하려 함. 이에 총무부장이 이게 무슨 행패인가? 교무원장도 이 내용을 아느냐고 물었더니 교통의 명령이니 필요 없다고 했음. 그래서 총무부장은 교헌 및 본부규정 제4조에

'교무원장은 교통의 지시를 받아 본부의 업무를 처리한다.'고 되어 있으니 교무원장과 상의해서 하기로 하고 날인함.

(4) 8월 1일 당시 교무원장이던 최명진 씨는 일단 교무회의에서 부당함을 역설하며 교통에게 시정을 요구하고자 혜성교회(교통 김기수 교회이며 숙소)를 방문했으나 김웅선이 교통을 만나지 못하게 방해하면서 오히려 교령 집행만을 강요하므로 괴로워 출근을 거부하였음. 8월 3일 오후에 김웅선 측은 총무부장에게 노골적으로 공갈과 협박으로 교통의 명령을 어길 거냐며 위협하였음. 이에 총무부장이 교령의 부당성을 서면으로 제출할 것이니 그것을 교통에게 전하고 그래도 집행하라는 서면 결재를 받아오면 그때 집행하겠다고 하였음. 다음날인 8월 4일 건의서(별지 추가4)를 작성, 교통이 거주하는 혜성교회에 가서 직접 전하려 했으나 비서 이승남 등이 온갖 협박과 욕설로 끝까지 못만나게 했음. 그래서 할 수 없이 그들 하수인인 주정식과 이승남에게 전한 후, 고소 중인(충정로 재산 건) 사건의 증인으로 성동경찰서에 들러 일을 마치고 오후 4시경에 교무원으로 전화하여 주정식에게 그 결과를 문의한 바, 문서만 주고 결재를 안 받았다고 하면서, 교령을 발송했다고 하기에 교단직인 없이 어떻게 보냈느냐고 했더니 그 전날 밤 몰래 찍어 뒀었다고 했음.

즉, 교무원장과 총무부장의 결재도 없이 멋대로 총무부장이 잠궈 둔 서랍을 파손시키고 교단 인장함을 열어 날인 후 발송한 것임. 따라서 교령 자체가 정당한 권한이 없는 자가 대리행사를 하였고 직인 또한 불법으로 사용되었으므로 명백한 원인 무효임. 지난번 법원에서 각하된 사항은 구체적 사실 관계를 주장하지 못한 사항으로 동 사건과는 관계가 없음.

나. 교령의 구속력에 대하여

(1) 교령의 문서 필적이 교통의 자필임은 틀림없으나 이미 사리 판단 능력을 상실한 교통이 손주가 써 준 것을 그대로 복기한 것이 분명함. 그것을 자신들이 이미 작성한 교령 내용 위에 첨부한 것으로, 문제 해결 절차도 밟지 않고 멋대로 작성했으므로 정식문서로 간주할 수 없는 인쇄물에 불과함.

-(2), (3)항 생략-

(4) -전략- 달리 진정인들 개인의 특정한 권리 의무에 관계되는 법률관계를 규율하는 것이라고 볼 수 없으므로 위와 같은 내용의 교령 그 자체는 법률상 쟁송의 대상이 될 수 없다 할 것이다 라고 되어 있음.

(5) 본 교단의 교헌 및 규정은 다수 교직자들의 중의와 합의에 의해 제정되었기에 비록 해석상 모호한 점이 발생, 유추 해석을 하더라도 모든 교직자와 교신도들이 부당하다고 따르지 않을 경우, 즉, 그 교령 발동의 부당함을 교신도들 과반수가 인정한다면 그 교령의 효력은 없는 것임. 따라서 대변기구인 교의회와 원로회인 교정위원회, 그리고 전국 8개 교구 중 7개 교구가 교령 발동의 부당함을 지적하였으므로 이는 무효임.

다. 교령에 대한 과거의 전례에 대하여

피청구인 문체부 측의 답변을 보면 교령을 발포하는데 특별한 절차를 규정하지 않고 있다고 주장하고 있으나 이는 부당함. 과거 교령발포시 충분한 보충 증거가 있음. 그 예로서 제4호 교령과 제5호의 교령을 살펴보면 충분히 교직자 간에 사전 협의가 있었음을 알 수 있음.

-이하 생략-

2. 교통 선출에 대한 경위

가. 교헌 및 규정상의 문제

피신청인의 답변서에 보면 제7대 교통으로 취임한 김기수의 교통 임기가 교헌에 의하여 95년 6월까지 보장 운운, 그리고 임기 중 교통을 해임시키고 신임 교통을 선출할 수 있는 근거 조항이 없다고 주장하고 있으나,

(1) 교헌 13조의 절차에 의해 조수현 현 교통을 정당하게 선출하였으며,

(2) 김기수 교통 해임에 대하여 교헌상 해임규정이 없다고 하나 교헌 제14조 (1)항의 후반 '……사유로 인하여 공석이 되면 사유가 생긴 날로부터 30일 이내로 한다.' 고 되어 있음. 그 사유는 이미 전술하고 증거를 여러 번 제시한 바와 같이 전 교통 김기수는 도저히 교정을 집행할 만한 정상인이 아니며 교통이라는 직을 형식적으로 갖고 있을 뿐, 그 행사(인사 문제 등)는 전혀 교단과 상관없는 사적인 손자의 손에서 좌지우지 되고 있는 것이 그 사유인 것임. -이하 생략-

나. 김기수 전 교통은 대한천리교단을 이미 탈퇴.

피청구인은 내부적 조정에 의한 자율적 해결 운운하고 있지만, 이는 자주교단이냐 종속교단이냐는 체제 문제에 관한 건으로서

(1) 이미 전 교통 김기수는 대한천리교 교통이라는 직을 스스로 포기(자의든 타의든)하여 1993년 1월 27일 종속 종단인 한국천리교 측과 야합, 소위 그들이 말하는 교단 통합추진위원회를 구성하고 그 대표자가 되어 떠나버린 것임. -이하 생략-

3. 기타 참고

피청구인의 답변 중에 김기수 교통이 현재 정상적으로 업무를 진행하고 있으며 교단본부를 이탈하게 된 이유는 청구인 측이 강제로 교단본부를 접수했기 때문이라고 주장하고 있으나,

(1) 피청구인의 답변 가운데 김기수 측이 관할경찰서인 용산 경찰서에 탄원서를 접수시키고 조수현으로 하여금 교단 사무실에서 철수할 것을 내용증명으로 발신했다고 했는데, 그 당시 내용증명에 대한 회신(별지 추가 29호)을 참조하라며 전술한 바와 같이 혜성교회 측에서도 일부를 제외한 교직자들과 신도들이 조수현 교통 체제에 합류하여 정상적인 교정을 운영하고 있음.

(2) 청구인 측이 폭력 운운하고 있지만 김기수 전 교통 측의 하수인인 이재석 전 재무부장이 1993년 1월 4일 교의회 간사인 원종석을 구타, 4주의 진단을 받아 한때 구속되어 집행유예 중이며, 1993년 1월 14일에도 기타 주요 교직자를 구타하여 상해를 입힌 주정식 등 4명이 유죄가 인정되어 기소 및 집행유예 중에 있고, 조수현 교통 쪽에서는 폭력을 휘둘러 유죄를 받은 바가 전혀 없음.

(3) 1993년 2월 11일 교단본부를 강제 접수한 것은 첫째, 신임 교

통 조수현이 교정을 정상적으로 집행하기 위한 목적과, 둘째, 불법 통합파들이 2월 14일 본 교단본부에서 통합 대회와 봉고제를 집행하는 것을 원천적으로 봉쇄키 위해 자주파 교역자들이 자발적으로 취한 자위행위로써, 통합파들이 시도한 일본 전도청 현판식 거행을 좌절시켰음.

(4) 대한천리교의 창립과 현황(별지 추가 32호)을 보면 왜 자주교단과 종속교단의 대화가 불가능한가를 알 수 있을 것임.

이후 국무총리 행정심판위원회에서 국행심 61240-69호로 1994. 2. 17일자로 심리 기일 통보가 왔다. 그 날짜는 1994년 2월 25일 14:00부터 17:00경 사이라고 했다. 이에 대하여 본 교단에서는 심리 참석 요청자를 최명진 이사와 정명수 총무부장을 지적하여 보냈지만, 그 후 아무런 소식이 없었다. 총무부장은 결과를 알고 싶어 1994년 3월 2일 오후에 국무총리실 행정심판위원회에 들러 당시 담당 사무관 김의성을 만나 심판결과를 문의하였던 바 그는 기각되었다고 했다. 이에 총무부장은 그 결과를 바로 통보해주지 않았음에 대해 항의를 했다. 후에 알고 보니 행정심판위원회에서는 문체부의 주장만을 일방적으로 받아들여 종결했던 것이다. 그 후 3월 15일자로 행정심판 결과 통보를 받았다.

이에 대하여 행정심판의 2심격으로 상급심인 당시 서울고등법원에 항소를 하려고 준비를 했지만, 임기도 다 끝난 시점에 승소해 봤자 별 실리가 없어 포기하기로 했었던 것이다.

그 후, 오랫동안 분쟁을 거듭해 왔던 재단 이사장으로 신임 교통 조수현 씨가 승인(인가)이 확정되어 교단(재단)에 통보가 왔다.

당시 문서를 옮긴다.

〈문서〉

1997년 2월 28일자
문서번호 종일 86214-79호로서 임원 취임 인가.
인가내용 :
취임 임원

직 위	성 명	주 소	임 기	비고
이사장	조수현	대구 남구 대명 9동 493-20	인가일로부터 99. 12. 13까지	

-이하 생략-

이상과 같이 조 교통이 이사장 승인을 받게 되면서, 오랫동안 교단의 교권 분쟁은 막을 내렸다.

2. 새로 선출된 조수현 교통 체제로 교단을 정비

가. 교단을 사수하기 위하여 교단을 기습 접수

1) 교단을 사후하기 위하여

당시의 상황은 정상적인 교정 인수인계는 도저히 불가능했으며, 조수현 교통서리의 정상적인 직무수행은 불가능했다. 물론 교단본부 출입까지 방해하는 그들과 대화로써 풀어보려고 여러 번 시도

했지만 불가하다고 판단한 조수현 교통 서리 측은 이제 합법적인 절차로 교통이 되어 교권을 인수하는 토대를 마련해야 했다. 그리고 순순히 응하지 않을 때는 물리적인 힘으로라도 교단본부를 점령할 수밖에 없다는 결론을 내렸다.

그래서 대구에서 2월 4일, 새 교통을 선출했다. 다음은 교통이 이사장을 겸임하게 되어 있는 정관에 따라 새로이 선출된 교통을 새 이사장으로 선임하여 당국의 승인을 받아 교단을 정상화하는 것이 최선의 방법이었다.

교통을 선출한 다음날 5일 아침, 조수현 신임 교통과 정명수 총무부장, 원종석 교의회 간사, 그리고 이형문 교통실 비서 4명이 상경하여 을지로 태화호텔 뒷편에 있는 을림장 여관에 여장을 풀고, 총무부장과 교의회 간사가 승인 신청용 보강 서류를 작성하기로 했다. 하여, 회의록 등 관계 보강 서류는 총무부장이 작성하기로 하고, 원종석 간사는 다음을 대비하기 위하여 부인 용재와 기타 준비사항 등을 챙기기로 했다. 오후에 정의진 재단 사무국장도 나와 내일 중 문화부에 제출할 보충 서류를 만들었다.

다음날 6일 아침 9시 일찍이 교통과 총무부장, 교통 비서 등이 문화부 청사 옆에 위치한 '이마' 다방에서 만나기로 약속하고 같이 나갔다. 그리고 서류를 다시 검토한 후 총무부장과 재단 사무국장이 4층 종무 1과에 들어가 최계장과 담당자를 만나 정식으로 문서를 제출하였다. 거기에서 담당과장과 전부터 알고 지냈던 이상연 전 종무과장도 만났다. 문서는 정확히 1993년 2월 6일 오전 10시경에 접수시켰다. 그리고 우리는 다시 교통이 기다리는 다방으로 돌아와 문서가 접수되었음을 보고하였다.

〈참고〉 우리들은 문화부에 문서를 접수시키고 그 결과를 교통에게 보고하고 각자 헤어졌다. 그러나 총무부장은 다음 단계를 위하여 따라 나오는 정의진 재단 사무국장을 돌려보내고 혼자 약속장소인 코리아나 호텔로 갔다. 호텔 2층 커피숍으로 들어서니, 전날 약속한 대로 벌써 심장섭 씨와 원종석 간사가 미리 와서 한쪽에 자리를 잡고 기다리고 있었다.

이제부터는 교단본부를 점령하여 정상근무를 해야 했다. 그러자면 힘의 대결만 남았다고 생각하니 결단을 내려야만 했다. 더 미룰 수 없어 세부계획을 논의했다. 당초 나의 주장은 불상사를 최대한 줄여야 한다는 뜻에서 정예 몇 사람이면 된다고 생각했지만, 심장섭 등의 의견은 달랐다. 젊은이들과 맞닥뜨리면 충돌을 피할 수 없으니 그에 대한 충분한 대책을 세워야 한다는 심장섭의 의견을 받아들여 그의 요구조건을 수락했다. 하여, 이때 소요되는 비용을 지불하기로 약속하고 우선 계약금 조로 일부 돈을 건네주고 만반의 준비를 시켰다. 그리고 필요시에는 다시 의논하기로 했다. 교단 접수 D-데이는 추후 알리기로 하고, 수시 연락을 취하기로 했다. 밖으로 나와 함께 점심을 먹고 심장섭과 헤어졌으나, 나와 원종석은 다시 교단 접수 세부계획을 세부 논의한 후, 비밀리에 그를 부산으로 내려 보내면서 김종권 양보회장을 만나 상의하라고 지시를 하고 헤어졌다.

〈참고〉 총무부장은 혜성교회 2대회장 김웅선 등이 교단을 종속파 쪽으로 끌고 갈 우려가 있음을 감지하고 자주교단을 사수할 동지를 오래전부터 비밀리에 규합하고 있었다. 그래서 이재석을 상대할

만한 젊은이가 필요했고, 그리고 주정식과 교통실의 이승남 등, 각 1명씩을 맡아 상대할 만한 자만 있으면 된다고 생각을 했다. 그러자면 힘보다 용기 있고 기백이 있는 영리한 용재가 필요했다. 그 외의 행정적 처리는 총무부장이 하고 기타 제반문제는 정당한 절차와 교정기구의 결의에 따르면 된다고 생각했다.

총무부장은 평소 천리교의 교의와 제도 문제로 자주 토론도 하며 알게 된 '둘하나교회'의 교회장 원종석(元鍾石) 씨를 그 중의 한 사람으로 오래 전부터 점찍고 있었다. 또 신당동 시절부터 알고 있던 선일(鮮一)포교소장 이형문(李馨汶) 씨도 나름대로 한 몫을 해낼 것이라고 믿고 계속 교류하면서 이 두 사람에게 그 취지를 알리고, 행동을 같이 해 줄 것을 설득했었다. 이들은 이러한 취지에 공감한다고 응해 주었고, 서로가 의기투합하면서 보다 심도 있는 문제까지도 논의를 했다.

한편, 혜성교회 측(김웅선 측)에서는 그 본색을 서서히 드러내고 급기야 불법 부당한 교령을 발포했다. 그러자 사태는 급히 돌아가면서 교단은 '혜성'과 '비혜성'으로 양분되면서 더욱 악화되어 갔다.

그러한 갈등 속에 늦여름으로 접어드는 8월이 되면서 우리들은 하루도 쉬지 않고 만나 그들의 동태와 대책에 대하여 논의를 하였다. 총무부장은 일과를 마치면 그들과 만나기 위해 서울 서부역 건너편(중구 만리동)에 있는 청자다방으로 갔다. 무슨 일이 있거나 또 정보를 나눌 때는 거기서 만나기로 약속해 놓고, 수시로 원종석과 이형문 등을 만나 현황과 대책을 논의하였다. 그리고 가까운 식당으로 가서 저녁을 들면서 비분강개했던 일이 한두 번이 아니었다.

한편, 두 사람만 더 합세하게 되면 1단계의 계획은 이루게 되는데 마땅한 자가 없어 고민하던 중, 화곡동에서 가게를 하면서 평신앙생활을 하고 있던 김석구(金錫龜) 씨를 만나게 되었다. 그도 만만한 사람이 아니라는 것을 듣고 있었다. 그는 처음에는 거부하다가 계속 설득하였더니 우리의 취지를 이해하고, 합세하기로 했다. 이제 한명만 더 있으면 나는 내 직권을 최대한 활용하여 김웅선 측의 불법 부당한 횡포를 막을 수 있다고 생각했다. 나는 교단의 교정기구를 최대한 이용, 합법적인 교정을 통하여 교통을 해임하거나 그의 직권에 대한 정지나 그 효력을 무효화시킬 계획이었다. 그리고 만일 이것이 안 될 경우 제2단계로 물리력으로 교단을 접수한다는 방침도 세웠다. 나는 더 이상 주저할 수 없었다.

2) 교정 정상화는 교단의 강제 접수뿐이다

전술한 바 있지만, 우리교단에서는 계속해서 혜성교회(김웅선 측) 측과 원만하게 사태를 해결하려고 시도했다. 그러나 그들은 우리의 뜻을 외면한 채 일방적으로 종속파인 한국천리교연합회 측과 통합키로 결정하였다. 그래서 그들과의 화해는 불가하다고 결론 짓고 조수현 교통과 수뇌부는 이에 대한 대책으로 먼저 합법성을 갖는 조치(새로운 교통의 선출과 문체부의 승인 및 그 대책)를 강구하고, 다음은 그 이후에 있을 교단본부의 접수를(교단본부의 접수를 위한 힘의 대결과 만일을 위한 사법적인 대응 등) 준비하기로 했다.

이를 위해 조수현 교통 및 김영제 교의회 의장과 집행부는 수시로 상의를 하였다. 총무부에서는 세부계획을 세워 극비리에 진행을 하면서 정보 누설을 방지하기 위하여 최선을 다했다. 그래서 분야별로 주어진 업무만 해당자에게 알리고 그 외는 총무부장이 철저히 통제하면서 일체 비밀로 했다. 그전까지만 해도 대체로 주요 교정관계자들과 일일이 상의하면서 세부계획까지 공개적으로 알려 진행했었으나 대부분 사전에 기밀이 누설되어, 될 일도 안됐던 적이 자주 있었다. 그래서 총무부장은 이후부터 큰 계획만 교통과 상의하였고, 세부계획은 직접 기획하고 작성하여 집행하면서 해당자 이외는 아무도 모르게 진행했다. 그래서 이 날도 광화문 앞 태평로 소재 코리아나 호텔 커피숍으로 혼자 갔고, 여기에서 마지막 한 명에 대한 절충으로써 일성교회장의 사촌이 되는 심장섭(沈長燮) 씨를 만나 최후의 결단을 내렸던 것이다.

심장섭 씨는 처음에 "나 혼자만의 가담은 할 수 없다."는 말로 거부를 했다. "이러한 일을 그렇게 쉽게 생각해서는 안 된다."는 것이다. 그는 '우리 4명이 쳐들어가 하나씩 맡아 그들을 내쫓고 그 자리를 차고 앉는다고 해서 그들이 쉽게 포기하고 물러서겠느냐? 물론 이들이 당황하여 잠시 동안은 물러설지 몰라도, 그들은 다시 혜성교회 젊은 청년회를 동원할 것이며, 그것이 실패할 경우는 또다시 시내 건달들을 동원할 것'이라고 했다. 나도 그 말에 공감했다. 젊은 혈기에 충돌하고 또 폭력을 쓰게 되면 더 큰 불상사가 발생하여 수습하기가 더욱 더 복잡해진다고 생각되어 계획을 바꾸기로 했다. 심장섭 씨는 '내가 알기에도 그쪽의 누구는 광주와 영등포의 건달들과 자주 교류하고 있는 줄 알고 있다.'고 하면서, 자기 하나만의 참여는 실효성이 없으니 응하지 않겠다고 분명히 하였다. 그리고 덧붙여 "부산과 지방의 교인들도 많이 동원하고 이곳의 여자 용재들도 동시에 동원한다면, 동생들을 동원하여 기꺼이 교단을 접수하여 안전하게 인계하겠습니다."라고 하는 것이다.

사실 그의 말은 모두 맞는 말이었다. 그렇지만, 총무부장은 이 문제를 시끄럽지 않게 최소한으로 줄여 소기의 목적을 이루고 싶었다. 그리고 여의치 못하면 법적대응으로 시간을 끌면서, 한편으로 행정 조치를 취하려 했었다. 그러나 이를 포기하기로 했다. 훗날 생각하니 잘했던 것 같다.

(1) 교단본부를 기습하여 점거

심장섭 등에게 약속대로 원종석 과장과 상의하여 젊은 용재들을 동원할 준비를 철저히 할 것을 지시하고, 그 즉시 서울과 지방의 교인들, 특히 여성 용재들을 최대한 동원하도록 했다. 그때 이미 혜성교회와 한국천리교연합회의 동태가 심상치 않았다. 교단 통합 운운한 자들이 2월 14일 교단본부 월차제에 교단에 모여 통합봉고제를 한다는 소문이 있었다. 그 쪽에서 많은 젊은 청년과 용재들을 동원하면 충돌하여 큰 불상사가 발생할 것 같아 이에 대한 대책으로, 첫째 청파동 교단본부에 이재석 일동이 없거나 소수여야 하고, 둘째는 새벽 출근 전에 기습하며, 셋째 사람이 많이 모이는 날을 피하기로 하였다. 이렇게 세부 계획을 정리하면서 청파동 교단 내의 동태를 주의 깊게 살폈다.

〈참고〉 교단을 강제 접수하고 또 유지 관리하기 위해서는 많은 경비가 필요할 것으로 예상되었다. 교단 수뇌부에서도 금전 문제에 대하여서는 누구하나 책임지고 지원한다고 확실한 언약을 하는 사람이 없었다. 기껏해야 교단 주요 임원들이 그때 그때 모금하여 지원한다는 것이 계획의 전부였다. 그래서 수천만 원, 아니, 그 이상이 소요될지 모르는 자금에 대하여 총무부장은 걱정하지 않을 수 없었다. 양정남 교무원장은 소요자금이 최소한 1억 이상 소요될 것이라 하였다. 그러면서 교세가 있는 원남성교회에서 주축이 되어 많은 지원이 있어야 한다고 누누이 강조하고 자신도 책임을 다하겠다고 하였다. 교의회 의장 역시 교통이 소속한 원남성교회의 전적인 지원이 있어야 하겠지만, 그렇지 못할 경우 다같이 성금을 내어 충당하자고 했다.

총무부장은 김종권 양보교회장에게 이번 교단접수(점령) 계획은 부산에서 많은 신자들의 동원과, 자금을 충당해 주어야 한다고 말했다. 그랬더니 그는 선뜻 "그런 걱정은 하지 말고 당초 계획대로 진행하시오! 그리고 일차 필요한 자금은 내가 책임지겠소."라고 했다. 총무부장은 오래 전부터 김종권 양보교회장을 신뢰하고 있었기에 용기를 갖고 착착 점령계획을 진행했다. 그리고 그 다음은 그때 그때 교정기구에서 논의하기로 했다. 양보교회장은 요구한 돈을 즉시 보내주겠다고 말하고 전화를 끊었다. 나는 교단 점령 계획을 본격적으로 세우고, 그 다음날 부산으로 원종석을 보냈다.

자금은 물론 인원을 동원하는 문제였다. 그렇게 극비리에 교단 접수 계획을 세우고 그 가닥을 잡게 되었다.

교단 기습점거의 D-데이를 혜성교회 월차제일인 7일로 하는 안과, 지방 교회장이 14일 월례제에 올라오기 직전인 12일이나 13일

쯤 실행하자는 안이 있었으나, 총무부장은 가부간을 말하지 않고 그저 묵묵히 듣기만 했다. 교단본부의 동태를 누구보다도 잘 알고 있었기에 예상치 못하는 순간을 이용하여 기습할 생각이었다.

그러면서 한편으로는 부인 용재들로 하여금 며칠날에 쳐들어간다는 헛소문을 퍼뜨리게 하여 그들을 긴장을 시키기도 했다. 그러다가 그날이 지나도 아무 일이 없으면, "그러면 그렇지, 감히 쳐들어올 수 없지!" 하거나, "해봤자 별 수 있나! 곧 물러나고 말 걸!"하고 안심하게 하거나 혼란스럽게 만들었다.

한편, 이 작전을 총 지휘하고 있던 총무부장은 D-데이를 예상외의 날인 11일로 정하여 극소수에게만 알렸다. 그리고 11일 아침 9시 30분경 총무부장이 선두에 서고 원종석, 이형문, 심장섭, 김석구, 그리고 건장한 청년들과 부산에서 동원된 언양교회장 김동학 등 10여명의 남자 용재들이 뒤따라 들어와 순식간에 청파동 교단본부를 급습하여 접수해 버렸다.

그 날 상황을 간기하면, 수위실에 앉아 있던 서종식 기사가 눈이 둥그레지면서 급히 뛰어나와 놀라면서 어쩔 줄을 몰라 했다. 경비원 권씨도 있었다. 총무부장과 청년들이 먼저 교무원에 들어서니 아무도 없었다. 손가락으로 윗층을 가리키자, 건장한 용재 몇 사람과 이형문 씨 등이 3층 숙소로 올라갔다. 그리고 그때까지 자고 있던 이재석에게 즉시 나가라고 고함치자, 술에 취해 아직도 술 냄새를 풍기던 그는 깜짝 놀라 반항을 하려 했다. 그러나 곧바로 대문 밖으로 쫓겨났다. 얼마 후 조부장이 놀란 눈으로 급히 2층 복도를 따라 들어오다가 총무부장을 발견하고는 이럴 수 있느냐고 항의를 했다. 그러나 그도 1층 재단 사무실에 멋모르고 와 있던 이송원 중동교회장과 함께 끌려 나갔다. 그리고 총무부장은 교단 내에 혜성교회 사람들이 없는 것을 확인한 후, 대문을 걸어 잠그게 하고 출입을 통제하였다.

그 후 교의강습소 수양과 교무실로 들어가 임순홍 선생 등, 강사들을 모이게 하여 이번 거사를 간단히 알리고, 수강생들에게 이러한 상황을 보이는 것은 좋지 않으니 당분간 수업을 중단할 것을 요청했다. 또 모두들 연락이 있을 때까지 등교하지 말 것을 통지케 하고 강사들도 지금 즉시 집으로 돌아갈 것을 지시했다. 2층 교무원으로 돌아와 전화로 교통과 교무원장에게 무혈입성 성공을 알리고, 교단본부에 들어오시라고 통고를 하였다.

한편 원과장에게 부인 용재들에게도 교단 입성을 알려 모두들 집합토록 지시했다. 좀 늦게 교의회 의장도 들어와 합류를 했다. 또, 전화로 원남성교회와 각 교구 교회에 연락하여 교단본부를 큰 사고 없이 점거했으나 앞으로 교단을 지키기 위해서는 젊은 용재들이 필요하니 많이 보내 줄 것을 요청하였다. 그랬더니 그 날 밤부터 많은 용재들이 올라 왔다. 한편, 사태가 쉽게 종결될 것 같지 않아 2월 13일 심장섭 과장에게 14일까지 경비를 연장하도록 조치하라고 했다. 13일 밤이 되자 대부분의 주요 교직자들이 모여들었다.

총무부장은 원종석 과장을 경비 책임자로 지명하고 수위실 책임자는 김석구 씨로 하여 철저히 근무토록 지시했다. 총무부장은 모든 교무행정 실무를 기획하고 관장하였다. 특히, 관련 정부기관과 신문사 등 언론기관과의 대외 접촉 및 홍보를 전담하면서 만일의 사태를 대비하느라고 점거 다음날부터 교단 교무원 한쪽에 군용 침대를 설치하여 기거했다. 그리고 매일 교정 현황을 점검하느라 동분서주했다.

그간 원종석 과장이 자주 비상경계령을 내렸다. 물론 경비를 철저히 하기 위한 조치였지만, 한편 생각하면 경비 용역을 붙잡아 두고자 하는 원종석의 의도일 수도 있다고 생각을 했다.

2월 17일, 혜성교회(김웅선) 측 이재석(전 재무부장), 주정식(전 교화과장), 최석훈(임시 직원) 부인 등이 연락을 해왔다. 그 내용은 그들의 사물과 짐을 챙겨 가겠다고는 것이었다. 그렇게 하라고 했더니 낮에 찾아 왔다. 우리는 순순히 그들의 사물을 챙겨가도록 해 주었다.

이런 속에서 전 사감 고학송이 혜성교회에서 이재석 일당에게 구타당하여 입원을 했다는 소식을 듣고, 교단에서 병문안을 했다.

3월 19일 오후 6시경, 혜성교회 측 한애자(전 경리과장)와 교무원에서 근무했던 이양 등이 결산서를 찾으러 총무부장에게로 왔다. 그래서 필요한 물건은 모두 가져가라고 했다. 그녀는 자기가 쓰던 책상에서 통장 2개와 장부와 도장 그리고 약간의 사물을 챙겨 돌아갔다.

이후 총무부장은 중요 문제는 그때 그때 교통과 교무원장 등과 상의하며 운영하였고, 내부 경비를 통제 관리했다. 이형문 비서는 교통 곁에서 대외관계와 연락업무를 맡아 하면서 특히 수사 사건에 대한 연락을 취했다.

다음날은 교단본부 2월 월차제라 교통 및 집행부는 제전에 대한 논의를 하였는데, 혜성교회와 한국천리교연합회 측에서 청파동에 와서 통합 봉고제를 한다고 했다.

당분간을 비상사태로 보고, 14일 아침 3시 15분에 주요 교직자와 교회장 신도들이 모여 월차제를 거행했는데, 제주에는 교통 조수현, 전례는 교무원장 양정남, 1호자에는 서울 교구장, 2호자에는 부산교구장, 찬자에는 김종권 교의회 부의장이 했는데, 신악가와 신무는 좌근과 팔수만 집행했다.

〈참고〉, 교단 점거 상황을 다시 한 번 상세히 정리한다.

총무부장은 8일부터 주요 기관의 종교 관계자와 신문사 종교담당 기자들을 만나 교단의 실상을 알리고 협조를 구하면서 10일까지 눈코 뜰 사이 없이 바삐 돌아다녔다. 그리하여 극비로 2월 11일을 D-데이로 정하였다.

2월 11일은 새벽부터 조금씩 진눈깨비가 내리고 있었다. 아침 출근을 앞두고 시내의 모든 도로가 눈으로 덮여 길들이 얼룩져 있어 미끄러웠다. 그래서 모든 차들이 엉금엉금 기어다닐 정도로 교통상황이 좋지 않았다. 그 전날 남영동 레인보우 호텔에서 밤늦게까지 교통과 정명수 총무부장, 정의진 국장, 원종석 과장 등, 여럿이 모여 교단 문제에 대해 논의하다 새벽 1시에 헤어져 나왔다. 나올 때 총무부장은 교통에게 비밀리에 내일 아침에 교단을 점거할 예정이니 그리 아시고, 다시 연락을 하겠다는 의미 있는 말만 하였다. 정 국장에게는 내일 긴급히 만날 일이 있으며 아침 8시경에 전화를 할 테니 기다리라고 전했다. 그리고 총무부장은 원종석 과장을 별도로 불러 단둘이 나오면서 “내일이 D-데이로 가장 좋은 날이다. 그래서 결정하였으니 차질 없도록 하라!”고 하면서, 지방에서 올라

온 신도들의 여관비와 내일 그들을 수송하는데 필요한 택시비 등의 자금을 주면서 행동지침을 내렸다. 다음날 아침 8시 30분까지 태양 다방에서 모든 행동대원들이 만나 일거에 교단을 접수하기로 했다. 부산 등에서 미리 올라와 몰래 대기하고 있는 용재들도 모두 동원하도록 했다. 심과장은 총무부장이 직접 지시를 내리기로 하고 헤어졌다.

다음날 아침, 총무부장은 8시경에 태양다방으로 나갔다. 건장한 자들 6, 7명이 미리 와서 차를 마시고 있었고, 연이어 한두 사람씩 모여들기 시작했다. 총무부장이 모른 척 한쪽에 앉아 있으니 심장섭이 몇 사람의 젊은이를 데리고 들어왔다. 그런데 9시가 되어도 원종석 과장과 그 일행이 나타나지 않았다. 총무부장은 무슨 일이 있나 하고 걱정하며 이곳저곳 전화를 걸며 그들을 찾고 있는데, 9시 20분경이 되었을까, 원종석 과장이 급히 들어오고 뒤이어 언양 교회장 등 몇 사람이 뒤따라 들어온다. 왜 늦었느냐고 묻기도 전에 원과장이 숨을 헐떡거리며 먼저 말을 했다. 새벽에 내린 진눈깨비로 인하여 길이 미끄러워 자동차를 잡을 수 없었고, 또 잡아도 빨리 움직이는데 힘들었다고 하면서 시내 교통이 거의 마비되어 좀 늦었다는 것이었다. 총무부장은 "알았다. 출근 전에 들어가야 한다. 빨리 서둘러라." 지시하고, 그들을 재촉하여 앞장서서 교단으로 향하였다.

정문 앞은 고요했다. 정문으로 들어가니 서(徐)기사와 권(權)모 경비 외는 아무도 없었다. 총무부장과 그 뒤를 따르던 청년들이 연이어 교단으로 들어섰다. 총무부장과 교무과장 등은 먼저 교무원으로 들어갔다. 교무원은 열려 있었으나 아무도 없었다. 3층에는 간밤에 마신 술로 혼자서 취해 잠자고 있던 이재석이 있었다. 이어 사정없이 그를 깨우고, 가방을 챙겨 사물과 짐을 싸고 당장 나가라! 고 하면서 쫓아버렸다. 또 교무원으로 들어오던 조용수(교화부장으로서 근무하고 있었다) 씨도 몰아냈다. 우리들은 교단을 신속하게 점령하고 수강 중이던 수강생들을 모두 조퇴시키고 즉시 교단 경내를 장악하여 경계 태세로 들어갔다. 혜성교회와 한국천리교연합회 측에서 침입하지 못하도록 뒷문과 옆문도 철조망을 치며 철저히 봉쇄하였고 정문은 굳게 잠그고 출입을 통제하였다.

〈참고〉 3월 1일에 교단에서는 교통과 임원진이 용역 인원 감축과 그에 따른 계산문제로 심장섭과 대화를 나누었다. 그런데 다음날 다시 용역 문제로 심과장과 원과장 사이에 결과는 약간의 트러블이 생겼고 원과장이 그들에게 봉변을 당하였다. 이유는 용역비에 대한 책임공방이었다. 결과, 심과장과 그들 용역원 일행이 교무원으로 올라와 이실장과 다시 언쟁이 있었다. 공교롭게도 이날 박원일 동산교회장과 김영제 대구교회장도 있었다. 나도 참지 못하여 원과장에게 그의 무책임성에 대해 한 마디 나무랐다. 어쩐지 한심하게 생각되어 모든 것을 다 버리고 떠나고 싶은 심정이었다. -이하 생략-

3월 3일, 교통과 이 실장이 심장섭에게 많은 경비 사례비를 넘겨줬다. 상세한 것은 생략하고 주요 내용만을 간추려보면, '당초 15일부터는 1인당 책정한 금액에 24명을 더하면 얼마 줄 것이 없다. 그런데 당신들의 요구대로라면 배 가까이가 되는데, 그렇게 계산하다 보니 그 차액이 엄청났다. 당초보다 지불 금액이 무려 6,500만 원이나 초과되는 셈이다. 말이 아니었다.

총무부장은 그들의 말을 듣고 무척 놀라 즉시 '내가 결정할 문제가 아니다. 이렇게 무책임한 말을 함부로 한 자들이 책임을 져야 할 것이다. 나는 당초의 약속을 지킬 뿐이다. 그리고 오늘부터 5명 내지 6명으로 줄여 주기 바란다.' -이하 생략-

3월 6일, 심장섭과 그들 중간 관리자와 대화를 했으나 결론이 안 나자 총무부장은 서로가 조금씩 양보하자고 했다. 그러나 뾰족한 결론을 보지 못하고 헤어졌고, 밤 10시경에 다시 만나 8일에는 어쨌든 결론을 보자고 하면서 각서를 썼다.

그런데 이들의 요구가 얼마나 강경했던지, 교통이 불안하여 박원일을 시켜 교통의 동생 조회장을 찾아가 해결을 부탁한 모양이었다. 총무부장은 빼고, 교의회 의장 김영제, 원종석, 박원일, 이형문 등이 모여 해결을 모색했던 것이다.

3월 7일, 총무부장은 심장섭 씨를 별도로 만나 그의 의견을 솔직히 말해 보라 했다. 심장섭 씨는 '원래 창구는 나 하나였는데 어쩌다가 조직내 위계질서가 무너져 내가 그들을 통제하기 힘들어 졌다.'고 원망하는 것이었다.

총무부장이 적정한 금액을 제시하라고 요구하자, 심장섭 씨는 당초 총무부장이 약속한 금액만을 주면 된다고 했다. -이하 생략-

오후에 박원일 회장이 나타나자 그에게 심장섭의 뜻을 전했다. 그는 '화살은 이미 떠났다. 이 계통의 대부인 정모 씨에게 부탁하여 해결토록 부탁했다. 이미 정모 씨와의 약속이 진행되어, 내일의 예정은 돌이킬 수 없다.'고 했다. 총무부장은 더 이상 관여 안 하겠다고 하면서, "박회장, 내 얘기 들어보시오. 100톤의 무게를 밀어

내려면 100톤 이상의 무게를 요구될 것이오! 그 힘의 대가는 어떻게 할 것이오? 왜 일을 그런 식으로 하오? 어쨌든 해결된다면 나야 좋소."라고 하면서 나왔다. 그도 그대로 나갔다.

3월 8일 낮 12시에 심과장과 그 일행을 만나 그간의 용역비 문제를 놓고 담판하기로 했었는데 그들은 12시가 넘어 1시경이 되어서야 나타났다.

그러기 전 이 날 11시가 지나자 근사한 세단차 3대에 체격이 좋은 자 몇 명이 타고 왔다. 그러자 이형문 비서와 원종석 등이 마중하며 1층 재단사무실에 데리고 들어갔다. 알고 보니 앞서 말한 그 업계의 대부격인 유명한 정모 씨와 그의 수하들이었다. 나는 상황을 모르고 그 방에 들어갔다가 곧 나왔다. 뒤에 들어보니 ○○○만원을 주고 해결했다는 것이었다. 나는 너무나 어이가 없었다. -이하 생략-

결국 돈은 돈대로 더 들고, 교단은 교단대로 신용을 잃었으며, 또 배신자라는 누명까지 쓰면서 이 후 심장섭 씨에게 오랫동안 시달렸으니 그 피해가 너무 많았다.

(2) 혜성교회(김웅선 주도) 측의 대응

한편, 쫓겨난 혜성교회 신임 교회장 김웅선 일당들은 자체 청년회와 외부인을 동원하여 교단 탈환을 위해 온갖 방법으로 원상회복을 시도하였다. 그러나 그들은 번번이 실패하였다.

한편, 교단에서는 언제, 어떻게, 그들이 기습해 올지 몰라 각 교회에 수시로 지시하여 교직자와 신도들을 차출, 교대로 교단 경비에 임하게 했다. 이렇게 경비를 철저히 하다보니 그 비용이 꽤 많이 들었다. 또 그들의 저항이 생각 외로 끈질기게 나옴으로써 비상 교정기간도 오랫동안 계속되었다.

혜성교회 측은 교단을 힘없이 빼앗기게 됨으로써 낙망을 하면서도, 권토중래(捲土重來)를 위해 나름대로 애썼지만 별 효과를 보지 못했다.

그 한 예로 4월 4일 오후 1시경에 갑자기 혜성교회에서 부인 용재들을 앞세워 약 70여 명이 교단으로 쳐들어 왔다. 마침 이날은 정문을 막을 인원도 없었는데, 혜성교회 청년들과 남자 용재들이 지게차로 후문을 부수고 들어왔다. 나는 그들 중 호남교구장 및 알 만한 임원들과 대화를 요구했지만 이쪽이 중과부족이라 그들은 나의 요구를 들으려고 하지 않았다.

이 날 교통, 교무원장, 서울교구장, 교의장 등도 사무실에 있었는데, 그들 젊은이와 부인들이 조수현 교통을 붙들고 욕을 하며 밖으로 끌어내려고 했다. 또 다른 임원들도 똑같이 붙들고 밀치며 폭행을 가했다. 또 사무실에 들어와 교단의 열쇠뭉치를 빼앗고 책상을 점거했다. 교통 조수현은 많은 시달림을 당했으나 조금도 굽힘없이 침착하게 대응을 하면서 교무원장실에서 조금도 물러서지 않았다. 우리 교무원 직원들도 가능한 한 비폭력으로 버티었다.

오후에는 우리 쪽 부인 용재들이 대거 나타나면서 서서히 분위기가 바뀌어 갔고, 지방에서 계속 응원군이 올라오자 밤이 가까워질 무렵에는 분위기가 반전되었다. 그러자 서로 책상 주위에 모여 앉아 신경전을 펼쳤으나 대체적으로 원만하게 해결하자는 방향으로 진행되었다. 그래서 원칙을 정한 바, 첫째, 교단을 수습한 후 통합문제를 교단차원에서 논하기로 하고, 둘째, 양쪽 교무원 임원을 잠정적으로 인정하기로 했다. 그리고 또 한두 가지 더 원칙을 설정했으나 별 중요한 것은 아니었다.

이 쪽 대표는 교통, 교무원장 및 서울교구장, 교의회 의장이었고, 혜성 쪽은 허두, 김영, 임순홍, 김성환 등이었다. 실제 실력자 김웅선은 없었고, 총무부장은 물러나 있었다. 이 날의 협상은 해결로 향한 문을 열어 놓았다는데 만족했다.

밤이 되자 이쪽 용재들은 책상 위, 또는 신전에 누워 잠을 잤지만 그들은 밤이 늦어지면서 한사람씩 집으로 돌아갔다.

4월 5일은 연휴였는데 부산 쪽에서 응원차 상경하니 자연히 그들은 기세가 꺾여 완전히 철수하고 말았다. 그런데 이런 와중에 철저한 종속파 인사인 진해의 진태평교회 서태진 회장도 다녀갔다고 전해 왔다.

4월 6일, 우리 쪽에서 원종석 과장 등 일부가 폭행을 당했지만, 별 큰 사고 없이 약간의 몸싸움으로 끝났고 곧 평온을 되찾았다.

양측에서 두 사람씩 나와 서로의 주장을 놓고 시비를 가리는 토론을 하기도 했다. 그런데 종합적으로 분석해 보면 혜성교회 측의 논조는 논리 전개 자체가 미숙했고, 그들의 주장은 맹목적이며, 현실을 모르는 유치한 수준이었다.

그 후 혜성교회에서는 문체부와 경찰청을 찾아다니며 알 만한 사람을 동원하며 온갖 방법을 강구하여 원상회복을 하려 했지만 별 뾰족한 수가 없었다고 한다.

또한 용산경찰서에 고소장을 내고 또 경찰청에 고발성의 탄원서도 내었다. 여기에 그때의 고소장과 탄원서를 옮긴다.

〈문서〉

고 소 장

고소인 : 대한천리교 교단본부 교통겸 재단 이사장 김기수

피고소인 : 1. 조수현

주소 : 부산광역시 영도구 동삼 1동 219-1

전화번호 : (053)23-8086

2. 정명수

주소 : 서울시 마포구 공덕동 11-42

전화번호 : 718-4080

3. 원종석

주소 : 불상

전화번호 : 642-3166

4. 이형문

주소 : 불상

전화번호 :

고소 내용 : 피고소인인 조수현은 대한천리교 교단본부 교통 김기수가 현직에 있음에도 불구하고 자신이 교통이라 사칭하면서 피고소인 정명수, 원종석, 이형문 외 30여 명을 사주하여 1993년 2월 11일 8시 30분경 서울 용산구 청파동 1가 121-3 소재 대한천리교 교단본부에 무단 침입하여 피고소인 정명수가 복제하여 소지한 각 사무실(검정강습회, 수강원, 교무원) 열쇠로 문을 열고 무단 점거

하였음. 또 본 교단과 무관한 협상궂은 청년들을 동원하여 임직원들을 강제로 내쫓고, 이에 항의하는 서종식 씨(본 교단 운전기사)의 목을 성명 미상자가 조이고 폭행하여 손등에 타박상을 입혔음.

피고소인 원종석은 성명 미상자에게 지시하여 수강원 기숙사 사감이 거주하는 사택에 강제 침입하여 전화기를 철거하고, 이에 항의하는 부인 장옥자 씨에게 폭언을 하고, 오전 11시 10분경 교무원 사무실에서 성명 미상자 수명을 대동하여 현 교화부장으로 재직중인 조용수를 구타하였음. 또, 일행인 정근화에게 지시하여 본 건물에 걸려있는 플래카드를 강제 철거하고, 본 교단 교통실에서 근무하는 한애자 씨를 위협하여 문을 열게 하였으나 이에 불응하자 강제로 열려고 하다 문을 파손하였으며, 12시 10분경 본 교단의 운전기사 서종식 씨로부터 본 교단 승합자동차(베스타)의 열쇠를 빼앗았음.

피고소인 이형문은 교무원 사무실을 강제 점거하여 수강원에 근무하는 문윤숙 양에게 불법 공문을 타이핑, 발송토록 하였음. 정명수, 원종석, 이형문 외 30명은 본 교단을 강제 점거하여 공포 분위기를 조성, 수강원에 수강하러 온 수강생들에게 강의를 못 듣게 하고, 수강원 선생들을 위협, 수업을 단축케 하는 등 불법 행위를 한 자들이기에 고소합니다. 끝

1993년 2월 일

대한천리교 교통 겸 이사장 김기수

수신 용 산 경 찰 서 장 귀하

그리고 또 경찰청에도 탄원서를 냈다.

〈문서〉

탄 원 서

공사다망하신 가운데 나라의 안녕과 공공질서의 확립을 위하여 불철주야로 수고하시는 귀청의 노고에 대하여 충심으로 경의를 표합니다.

본인은 재단법인 대한천리교 교통 겸 재단 이사장으로서 본교의 교세 확장과 교리를 확립하고 신앙상의 질서를 유지해 나가야 할 막중한 책임을 갖고 있습니다.

그러나 일부 몰지각한 임원들이 신앙인 본연의 자세를 떠나 자기 자신만의 입지를 위하여 사적인 불만을 표출하여 교단정상화추진위원회라는 임의, 불법단체를 결성하여 선량한 신도들에게 갖은 유언비어를 퍼트려 혼란을 조장시켰습니다.

이에 교단의 올바른 교정 활동을 펴기 위한 조치로 지난 1992년 8월 5일자로 교령을 발포, 만부득이 교의회의 활동을 중단할 것을 명령한 바 있습니다, 그랬더니 설상가상으로 교단정상화추진위원회 위원장 김정강과 교의회 의장 김영제 등이 최고 권한자인 교통의 뜻에 따르기는커녕 오히려 불복하여 서울민사지방법원에 교령효력정지 가처분신청을 내 법적소송을 제기하였으나 사법부로부터 각하 판결(별첨1)을 받았습니다. 이에 조수현(교단정상화추진위원회 부위원장), 원종석, 이형문, 김영제, 김정강 등과, 얼마 전 면직(93. 1. 8)당한 정명수가 인사 조치에 앙심을 품고 이들과 함께 야합하여 대구교회(교회장 김영제)에서 불법 교의회를 개최, 조수현을 교통으로 임의 선출한 후 교단에서 취임식을 거행하려고 수차례에 걸쳐 시도하였으나 좌절되자, 급기야는 본 교단을 강제 점거할 것을 사전 모의하여 폭력배 30여 명을 동원,

1. 1993년 2월 11일 08:30분경, 서울 용산구 청파동 1가 121의 3에 소재한 대한천리교 교단본부에 무단 진입하여 임직원들을 위협하면서 강제로 내 쫓고 본 교단 수위실에 근무하는 권진수 씨로부터 수위실에 보관되어 있는 각 사무실의 보조열쇠를 강취하고 그것도 모자라서 본 교단의 자동차 열쇠마저 탈취함에 따라 이에 항의하는 차량 기사 서종식 씨의 목을 성명 미상자가 조이고 폭행하여 손등에 타박상을 입히고(별첨2), 성명 미상자에게 지시하여 수강원 기숙사 사감이 거주하는 사택에 강제 침입하여 전화기를 무단 철거해 가자, 이에 항의하는 부인 장옥자 씨에게 입에 담지못할 폭언으로 공포감을 조성했으며, 본 교단의 기물을 마구 파괴하는가 하면 심지어는 본 교단 교통실의 금고와 신전에 설치되어 있는 헌금함을 털어 유용하고,

2. 본 교단의 교육기관인 교의강습소 원생들과 강사들을 위협하여 강의를 중단시켰으며,

3. 강제 점거를 유지하기 위하여 93년 2월 11일부터 현재에 이르기까지 모든 출입구를 봉쇄하고 철조망을 설치하여 본 교단 내 기숙사에 기숙하는 기숙생들을 강제 동원 농성케 하는 등 불법적 처사를 자행(별지3,4)하던 중 많은 신도들로부터 비난과 항의를 받게 되자 우려한 나머지 각목에 낫을 연결한 흉기와 낫자루를 10~15자루를 만들어 공포감을 조성하고 가스총과 5연발 공기총 4~5자루를 은닉하고 알루미늄 야구방망이 10여 자루를 준비 휴대하고 경비견

셰퍼트 2마리를 풀어 놓고 폭력배 10여 명이 순번제로 철야 경비를 서는 등 갖은 악랄한 방법을 총동원해 가면서 조직적인 폭력행위를 자행하고 있어 선량한 신도들이 교단의 자유로운 참배 및 신앙의 자율성마저 침해당하고 있고 초신자들을 위한 교의강습을 할 수 없는 실정이오니, 청장께서는 본 교단을 강점하고 있는 폭력배와 폭력을 교사시키고 있는 무리들을 해산시켜 엄히 다스려 줄 것을 당부드리며 본 교단이 신성한 종교 고유의 업무를 조속히 수행해 나갈 수 있도록 하여 주시기를 간곡히 탄원합니다.

별첨 1. 92 카합 2682 교령효력정지가처분

1) 상해진단서

2) 김형록 씨 진술서

3) 권진수 진술서

4) 이화석 씨 진술서 (각 사본 1부). 끝

1993년 3월 ○일

탄원인 : 재단법인 대한천리교 교통 겸 재단이사장　김기수

〈참고〉 당초 혜성교회(김웅선 주도) 측은 경찰청 고위층에 지인이 있어 접수시키려고 했었으나, 여의치 못하자 관할인 용산경찰서 민원봉사실에 가서 접수시키게 되었다고 하는데 그 접수증을 보면, '접수번호 193호'로서 1993년 2월 13일자였다.

그리고 이어 3월초에 다시 탄원서(모두 생략함)라고 하여 경찰청에 보내는 등 계속 반발을 했지만 별 효과를 보지 못했다.

이후 교단에서는 교통, 총무부장, 이형문 실장, 원종석 과장 등이 용산경찰서 수사과 피고소인으로 소환되어 갔다. 그 날은 1993년 5월 6일 오전이었다.

이때 총무부장은 용산경찰서 수사과에 소환되어 불법 난입건 등으로 조사를 받으면서, '그들(혜성 측)의 주장은 허위이며 기만이다. 그간 그들은 전 교통 김기수 씨가 노환으로 치매 현상이 심해지자, 사위(詐僞)로 교통 이름을 도용하여, 마치 교통이 행한 것처럼 만들고 있지만, 모두가 거짓이며 이 고소장도 그들이 조작한 것이다. 그 고소장 내용이 사실이라면 지금 당장 김기수 씨를 불러 조사를 하라, 그러면 모든 것의 진위는 쉽게 알 수 있을 것이다.' 라고 진술하였다. 또 그들의 주장은 거짓이니 보호해 줄 일고(一考)의 가치가 없으며, 그간 그들이 저지른 불법 부당한 월권행위를 하나하나 폭로하고 또 그 증거를 제시하였다.

아울러 새로 선출한 교통 조수현은 교단의 교헌 및 규정에 의하여 합법적으로 교정기구를 거쳐 정당한 절차를 밟아 선출되었다고 진술하여 더 이상의 문제가 없었다. 그 후 이 사건에 대하여 무혐의 처분을 받은 바 있다.

그리고 또 이런 일도 있었다. 당시 혜성교회 후계자 김웅선이 총무부장을 상대로 〈출판물에 의한 명예훼손〉으로 고소(사건번호 93년 제32783호)한 일도 있었는데, 이 역시 1993년 7월 30일자로 서울지방검찰청(검사 김기정)에서 "혐의 없음" 이라는 결정을 내린 통지서를 1993년 8월 10일자로 받은 바 있다.

한편, 조수현 교통 앞으로 두 차례 〈교단 사무실 철수 명령〉이라 하여 내용증명서를 보내 왔다. 그 내용을 보면,

〈문서〉

내용증명

수신 : 조수현
주소 : 서울특별시 용산구 청파동 1가 121의 3호
내용 : 교단 사무실 철수명령
1. 지난 2월 11일 오전 9시경에 폭력배를 동원하여 교단을 무단으로 점거 교단 행정업무를 마비시키고 강제로 수강원을 휴강케 하므로 종교인 본연의 자세로 돌아가 교단에서 1993년 2월 26일까지 철수할 것을 명령한다. 끝
발신인 주소 : 서울시 성동구 상왕십리동 25번지

1993년 2월 22일

재단법인 대 한 천 리 교
교통 겸 재단이사장 김 기 수

그리고 동년 3월 9일자로 제2차로 〈교단 사무실 철수 2차 명령〉이라고 해서 내용증명을 보내 왔는데, 동대문 우체국 소인이 찍혀 있었다.

그 내용을 여기에 옮긴다.

1. 지난 93년 2월 22일자 내용증명으로 교단 사무실에서 철수할

것을 명령하였음에도 불구하고 철수하지 아니하고,

2. 지각이 있다고 여겨지는 중견 교직자가 이기와 허영과 개인 욕심에만 집착하는 일부 몰지각한 자들과 부화뇌동하여 신성한 교단 내에 폭력배를 동원, 현재까지 상주하고 있으면서 신도들의 출입을 막고 스스로 교통이라 칭하는 몰염치한 행동은 교역자로서의 품위를 손상하는 행위가 명백하며.

3. 이제부터라도 잘못을 반성하고 진실한 교역자로서의 본분으로 돌아가 1993년 3월 12일 오전 12시까지 교단 사무실에서 철수할 것을 2차 명령한다. 끝.

이상과 같은 내용이다.

이에 대하여 교단 지도부에서는 그들(김웅선 측)은 불법 부당한 처사를 그럴듯하게 기만하여 교단을 이 지경으로 어질러 놓았다. 또 교단의 존립 목적과 진로 등에 대한 정체성을 이상한 방향으로 오도하여 혼란을 야기했다. 그런 그가 지금에 와서 무슨 잠꼬대 같은 짓을 하고 있느냐고 하면서, 그들의 비굴하고 몰염치한 행위에 대하여 모두들 대응할 가치가 없다고 일체 묵살해 버렸다.

나. 신임 교통 체제 정비와 새 집행부 구성

새로운 교통이 선출되면서 교무원장에는 양정남, 총무부장에는 정명수가 이미 근무를 하고 있었으나, 교무원장의 제청 형식을 취하면서 교무원 부장 이하는 다시 발령하고 임명장을 수여했다.

교무원 총무부장 : 효창교회장 정명수 1993년 1월 20일자

제93-2호
교통 비서실장 ; 선일포교소장 이형문 1993년 1월 20일자
제93-3호
총무부 총무과장 ; 둘하나교회장 원종석 1993년 1월 20일자
제93-4호

그리고 2월 9일자로 교무원 직원(김기수 측에서 피명된 자)을 일괄 면직 조치 정리하고 다음과 같이 추가 발령을 했다.
총무부 기획과장 ; 둘하나 교회 김석구 1993년 2월 9일자
제93-5호
교화부 문화과장 ; 일성교회 심장섭 1993년 2월 9일자
제93-6호

재단 사무국장 정의진은 김기수 이사장이 임명한대로 당시 이사회에서 유효함을 인정, 계속 재단 업무를 맡아 일을 했다.

그리고 뒤늦게 다시 합류하게 되는 전 교화부장 조용수(당시까지 혜성교회 김웅선 측에 있었다)를 그해 9월 18일자로 종전처럼 다시 교화부장으로 발령하여 원상태로 돌아왔다.

1994년 2월 22일에 새 교의회를 구성하고 의장에 김영제 대구교회장, 부의장에 왕광준(천성교회장), 김희규(신평교회장)가 되면서 교정은 정상을 찾았다.

그리고 전술한 바 있지만 재단 이사회에서는 1994년 12월 5일자로, 최명진 이사를 상무이사로 선출하여 새 이사장이 확정될 시까

지 재단 업무를 대행하게 했다.

그러나 종속파로 전환한 혜성교회(김웅선 측)에서 또 언제 강제로 난입해 들어올지 몰라, 교단은 항상 삼엄한 경비를 하면서 교정을 집행하고 있었다. 그러자니 순환제로 각 지방에서 올라오는 젊은 교직자와 신도들이 교대로 교단을 주야로 경비하면서 정문의 출입을 철저히 통제했다.

새 집행부에서는 규정된 업무에 전념하기보다는 비상 교정을 펴면서, 행정과 법적인 쟁송에 대처하는 한편 대외적인 홍보와 교섭 등에 대하여 총무부장이 직접 맡아 처리했다. 문체부와의 관계, 즉 신임 이사장의 승인 문제에 대하여 재단 사무국장과 함께 동분서주하고 있었다. 원종석 교무과장은 부인 용재의 선무와 함께 경내의 경비에 임하도록 했고, 경비실은 김석구 문화과장이 상주하면서 맡아 관리토록 했다. 이형문 교통 비서실장은 교통의 경호와 개인적인 연락관계를 맡았다.

〈참고〉 교단 입성을 할 때, 심장섭 씨가 건장한 체격의 용재들을 이끌고 들어와 계속하여 경비를 맡아 왔다. 교무원에서는 그를 교화과장으로 정식 임명하여, 경비 총책임을 맡게 했다. 그 후 어느 정도 안정을 찾으면서 1993년 3월 14일부터 별도로 그의 보조원으로 직원 3명을 수하에 배치했다. 이때 작성한 별도의 용역 약정서를 보면, 교통의 지시를 받은 교통 비서실장 이형문 명의로 심장섭과 그들 3명이 계약을 했다. (그 약정서는 생략한다.)

그 후 무려 3년 동안이라는 긴 세월 동안 교단의 경비를 맡았던 그들은 1995년 2월 27일부로 모두 철수를 했다.

한편, 이러한 어려움 속에서도 교정 정상화를 위해 노력하여 어느 정도 교정 질서가 잡히고 업무가 차츰차츰 정상을 되찾게 되면서 교단의 얼굴이며 입인 교단 PR지를 만들어 교정 활성화를 기하려고 교무원에서는 잠정적으로 월간「교단 소식지」를 발간하였다. 발행인으로 교무원장, 편집자는 기획과장(김석구)으로 하여 1993년 8월에 월간「교단소식」 제1호를 발간했다. 이때부터 시작하여 매월 정기적으로 1995년 3월호(20호)까지 계속 발행하였다. 이후부터는 원래의 교단지인 월간「대한천리교」를 복간하게 되면서「교단소식」지는 없어졌다.

교단지 월간「대한천리교」의 복간을 위해 1995년 3월 15일자로 재단에서 발간 업무를 관장하기로 하여 발행인으로 최명진 이사, 편집인에는 양영호, 편집장에 김석구 과장을 위촉하여 복간을 서둘렀다. 그리하여 1995년 8월호(통권71호)부터 다시 출판하여 1996년 12월호까지 발행하여 오다가 중단되었다.

이후 1996년 7월 1일 정기간행물에 관한 법률(95. 12. 31. 법률 제5145호)에 의거 본교의 교단지는 무가지이므로 허가 및 규제 대상에서 제외된다는 법률개정으로 교단에서는 발행을 일시 중단하고 그 후에는 교의편찬위원회가 구성되어 교양지로서 책명을「교의강좌」(부정기 간행)라 하여 1998년 10월 14일자로 창간을 하였는데, 현재 5호까지 발간(2000. 1. 14일자) 되어 배포를 하였다.

그리고 비상 교정시부터 임시직으로 근무하던 자를 일단 정리한다.

당시 서무보로 근무하던 문윤숙 양과 경리주임으로 보근 중인 정근화 씨를 퇴임시키고, 1995년 4월 28일 부로 경리과장에 대길포교소 황도순, 교무주임에 남심교회 이형재 씨를 발령했다.

〈참고〉 교단이 어느 정도 안정될 무렵인 1월 25일, 이번에는 왕광준(천성교회장), 이순훈(혜정교회장), 민향기(영진교회장), 박순자(남대전교회), 김대환(신명정교회장), 김연임(연성교회장) 등이 서울교구 청사 건축에 부정이 있다고 하면서 임의대로 서울 교구 수습위원회를 구성하면서 서울교구 분쟁이 시작되어 다시 한번 혼란에 휩쓸렸다. 상세한 것은 후술한다.

3. 교의 복원과 교의편찬위원회 구성 및 활동

교단 정체성 복원의 일환으로 교단 교의편찬위원회를 다시 구성하여 자주 자립하는 범세계성을 갖는 교의 연구와 그에 따르는 편찬사업을 위하여 본격적인 활동을 시작했다.

가. 교의편찬위원회의 활동상

1) 교의편찬위원회 구성 및 신악가 개정

교단 정체성 복원의 일환으로, 먼저 올바른 교리의 정립과 그 보급을 위해 종전의 교의복원편찬위원회를 해체하고, 1998년 2월 2일자 대천교 제98-14호로서 새로이 교의편찬위원회를 구성하여 위원을 임명하고 즉시 인사발령을 했다.

그 인사 내용을 보면,

교의편찬위원회 위원장 이강택(경신교회장), 위원 정명수(총무부장), 위원 정의진(재단사무국장), 위원 배태수(성광교회장), 위원 양영호(대선교회)를 위촉하고, 서기는 강혜영(교통실), 김연수(전산실), 윤성원(교통실 보근 근무)을 같이 발령하였다.

그리하여 1998년 2월 13일 15시에 교무원 회의실에서 98년도 제1차 회의를 개최하였다. 이날 교통과 이강택 위원장, 정명수, 배태수, 양영호 위원과 서기 강혜영, 김연수, 윤성원 등이 참석하였다.

이 날 주요 결의 사항은

(가) 신악가 개정은 93년 3월 중에 완료.

(나) 교의편찬위원회 운영세칙 제정 등.

이 날 교통은 인사말을 통해 정통성 유지를 강조했다.

"-전략- 오늘 이렇게 교의편찬위원회를 구성하게 된 것은 새로운 종교를 만든다는 것이 아니고 이념과 교의 정립에 대한 생각 때문에 구성된 것입니다. -중략- 제가 꼭 부탁하고 싶은 것은 신악가 만큼은 천리라는 원칙을 두고 편찬했으면 좋겠습니다. -이하생략-"

이어 위원장의 인사말이 있었다.

"-전략- 우리 교단에서는 가장 중요한 교헌이 개정된 후 지금까지 교헌에 없었던 새로운 여러 기구가 생기게 되었습니다. 그 중에 교의편찬위원회가 생기고 임원이 선정되어 오늘 첫 모임을 갖게 되었습니다. -중략- 우리가 시급히 해결해야 할 문제는 천리교의 교의편찬입니다. 그 중에서 특히 신악가 중 잘못된 번역문제를 비롯하여, 오래 전부터 지적해 오던 교의상의 문제점들을 가지고 다 같이 연구하여 시정할 것은 시정하거나 개정 작업을 통하여 수정하는 계기를 마련하게 되어 기쁘게 생각합니다. -이하 생략-"

그리고 경과보고를 총무부장이 했다.

그 내용을 보면,

"-전략-, 2명을 더 보강해야 하는데 여러분께서 추천해 주실 분 있으시면 추천해 주시기 바랍니다. 간사와 서기를 보충도 해야 하는데, -중략- 교의편찬사업에 시급한 것은 어디서부터 시작해 나가야 하느냐, 당장 필요한 것부터 시작하여 조금씩 반영해 나가야 합니다. -중략- 앞으로 이 문제를 어떤 식으로 어떻게 다루어 나가야 할 것인가 하는 원칙도 있어야 할 것입니다. 문제 해결에 따른 방법론도 필요합니다. 그래서 문제 제기가 되면 그에 대한 자료조사는 간사나 서기들이 조사를 하고 그리고 나서 여러 위원들의 토의를 거쳐 결론을 이끌어 내는 체계적인 방법을 거쳐야 할 것입니다. 그리하여 문제를 하나씩 매듭짓도록 되어야 합니다. 문제를 제시만 하는 것으로 끝나는 것은 지양되어야 합니다. -중략- 또한 숨은 인재들도 많다고 생각합니다. 여러분들이 발굴해 내어 동참시켜야 한다고 생각합니다. 이상입니다."

그런데 위원장이 회의 중에 "-전략- 신악가와 친필, 교전 등을 한권으로 해서 편찬위원회에서 하나의 교의서로 출간한다는 것을 기본 목표로 삼고 있습니다."하고 앞으로의 방침을 발표했다.

이하 회의 사항은 모두 생략하고 이 날 중요 토의 내용을 발췌해

보면,

본 위원회 간사에는 대선교회 양영호 위원이 지명되어 위원회의 만장일치로 선출되어 겸직하게 되었고, 서기는 3인이 모두 비준이 되었다.

그리고 교단 잡지의 발행도 편찬위원회가 관장하게 되었다. 그리고 본 위원회 운영세칙 제정 위원 3인이 선임되었다.

또 위원장이 미리 준비해 온 팸플릿 3부씩을 배포하였다. 그 내용은 (1) 신악가 해설 개역 초안 (2) 신악가 원문 번역 해설 개역 초안 (3) 신악가 중 검토안 참고집. 이상 3부였다.

그리고, 98년 제2차 회의를 3월 14일 교무원에서 개최하였는데, 이강택 위원장 이하 전 위원과 서기 등이 참석했다.

이 날 주요 토의사항

(1) 교의편찬에 대한 내부 시행 지침을 확정.

(2) 신악가 2절(잠깐 이야기) 연구(차기 회의에서 확정키로 함)

여기에서 〈교의편찬에 대한 내부 시행지침〉의 주요 부분을 발췌하여 옮겨본다.

(1) 근거 : 생략

(2) 목적 : 이 시행지침은 천리교 입교의 본 뜻과 교조 모본을 수행하는 것을 근본으로 하는 범세계적 종교로서 교의를 정립하고 이 나라의 올바른 천리문화 창달을 위한 교의연구, 교의해석을 위한 자료수집 및 편찬·발행·배포를 하는데 있음.

(3) 시행 요령

(가) 시행계획 수립 : 생략.

(나) 편찬 기본원칙

① 본 편찬사업은 본교의 교의가 되는 원전(친필, 지도서, 신악가)에 근거한다.

② 원전이 위작이라는 명백한 증거가 없는 한, 천리교회본부(일본)에서 원어(일어)로 발행(제공)된 것을 기본으로 한다.

③ 신악가의 경우 음률에 맞고, 또 화가(和歌)형식으로 된 친필의 경우 가능한 한 음절에 맞도록 단어(어구)를 취한다.

④ 교리의 한 단어, 한 구절의 수정이나 변경에 있어서도 충분한 조사와 검토가 있어야 한다.

〈참고〉 조사란 교의학 전반에 대한 조사로서 이미 출판된 관련 책자나 자료(예, 천리대학 도우사 간행 등)와 종교학, 인류사회학 등 관련 서적이나 타종교와의 비교 조사 등을 말한다.

검토란 본교의 교의 검토로서 교조님의 사상과 이 길의 근본 가르침 및 범세계적으로 전파되는 지역의 특수성 및 전통과 관습, 그리고 현대종교의 요건, 여부 등을 말한다.

⑤직역을 원칙으로 하고 부득이한 경우에는 의역을 한다.

⑥번역하는 문장은 현재 우리 나라에서 사용하고 있는 한글 표준어로 한다.

(4) 행정사항 : 가. 나. 생략함.

다. 교단지 발간 : 본 위원회에서는 기존 교단지를

발간하여 연구, 또는 심의한 편찬물을 발표하고 또 계몽한다. 끝

이 날 회의 중에 오고 간 주요 내용은,

편찬위원회 내에 편찬실을 둔 것은 장차 자료를 컴퓨터에 저장해서 자료 관리 및 열람의 효율을 도모하기 위한 것이었다. 그리고 내부 시행규정이 아닌 내부 시행지침을 놓고 논의가 있었는데, 그 중에 편찬위원회에서 확정된 것을 교통에게 보고한다고 했는데, 그 확정과 보고 시행의 절차에 대하여 교통이 바로 공포하느냐, 교의회에 상정해서 하느냐로 시비가 있었는데 이는 행정상 절차 문제로 차후에 논하기로 하고 지침을 통과시켰다. 그리고 신악가의 문제점인 '부부를 점지하여 왔었으므로'를 놓고 논의를 했다.

그간의 편찬위원회에서 논의된 주요토의 및 결의사항을 옮긴다.

· 98년도 제3차 회의

(가) 천신의 표기에 대한 개정; 신악가 중 천신을 친신으로 개정

(나) 신악가 2절(잠깐 이야기) 중 '부부를 점지하여 왔었으므로' 연구, '부부를 이루어 왔었으니' 등 네 가지 개혁안을 도출, 추후 회의에서 결의

(다) 팔수 4행 '이곳이야 으뜸의 터전의 성전이라고' 연구. '으뜸의 터전'을 원문의 일본지명을 배제하여 원뜻을 대표할 수 있는 용어 도출을 위한 개별적인 추가 연구를 제시

(라) 회의 중 건의

신악가 개정시 연구 되어진 각 용어 선택에 대한 해설서를 첨부해야 한다 (정명수 위원).

· 98년도 제7차 회의

(가) 천신을 친신으로 개정하는 것에 대한 재론. 기존의 '천신'을 그대로 사용 결의

(나) '으뜸의 터전'을 개정함에 대한 재론. 차기 회의에서 재검토 연구

(다) 간행물 발간에 대한 보고. 대한천리교 교의학 연구(가칭) 창간호 발간에 대한 경과 보고

· 98년도 제8차 회의

(가) 신악가 제3장 하나에 '으뜸의 이 터전에서'의 개정에 관한 재론. '으뜸의 이 터전에서'를 '이 길이 열린 곳에서'로 개정함을 결정.

(나) 천리교학연구(가제) 창간호 발간에 관한 논의.

(다) 간행물의 제목을 〈교의강좌〉. 창간호의 발행은 1998년 10월 14일 이전으로 하고, 발행부수는 500부 이상. 간행물의 규격은 국판으로 하고 한글을 주로 표기하되 한자를 부기하도록 하며, 표지, 재질, 글자체 등 이외의 업무는 간행물 발간을 담당하는 실무자들에게 일임하기로 결정.

· 98년도 제10차 회의

(가) '교의강좌' 제2호 발간에 있어 게재 원고에 관한 논의. 세미나 발제 논문 2편, 기타 원고(회의 내용 참고) 게재를 결정.

(나) '제1회 천리교사상 학술세미나' 개최에 있어 진행상 드러난 문제점에 관한 논의.

(다) 편찬위원회 편찬실 편집장 발령. '편집장으로 명광교회 소속인 주용학 박사(행정학)를 추천하여 발령키로 결정

(라) 편집 장비 구입에 관한 논의. 매킨토시 컴퓨터 및 주변 장비 구입에 있어 경비절감 내역서를 검토하기로 함.

· 99년도 5월 7일 제2차 회의(5월 7일 장소 직지사에서)

(가) 인쇄물(개정된 내용)을 제작해서 1999년 6월부터 금년말까지 연성회 및 각 교구의 교육을 통하여 개정된 신악가에 대하여 계몽, 홍보, 보급한다. 단 개정 신악가가 효력을 발생할 시, 구 신악가에 대해서는 우선 '스티커'를 제작 배포하여 활용할 수 있도록 한다.

(나) 천리교 입교 3대인연설에 대한 교육 및 인쇄물 게재 등은 보류한다. 단, 개정 교재가 확정될 때까지는 이에 대한 구체적 교안을 교의편찬위원회에서 준비, 교의편찬위원장이 교의연수원 수양과 강사에 대한 교육을 먼저 실시해서 교육에 차질이 발생하지 않도록 한다.

(다) 일반 신자를 위한 '신앙 교양지 제작(비정기)에 대하여 검토하기로 한다.

(라) '교의강좌' 4호는 99년 7월에 발행할 수 있도록 준비한다.

(마) 교의학과 교과서 편찬을 위해 관련 자료를 수집한다.

· 99년도 제3차 회의(7월 14일)

(가) 김현술 대원교회장 교의편찬위원회 특별위원으로 초빙.

(나) 교조님의 존재에 대한 용어를 성전으로 통일.

· 99년 제14차 회의(12월 13일)

가. 개정 신악가 공표에 관한 시기 결정에 대한 논의.

나. 개정 신악가에 대하여 공문을 발송하여 여론 수렴의 과정을 거친 후에 공표하기로 결의.

· 2001년 10월 13일 2001년도 제2차 임시회의(10월 13일)

(가) 교의학과 개설에 대한 토의. 결의 사항 없음. 다음 회의에서 재개키로 함

(나) 월간지 발간에 대한 토의. 결의 사항 없음. 다음 회의에서 재개키로 함

· 2001년도 제3차 임시회의(11월 13일)

(가) 교의학과 개설에 대한 논의. 교의학과 과목 중 하나로 '교의학 개설'을 결정하고 이에 대한 교재는 '교의학 서설'을 기본서로 하여 이를 번역, 수정, 보완하여 정식 교재를 완성할 것을 결의

(나) 전도용 소책자 제작에 대한 논의

교화부에서 전도용 소책자에 대한 몇 가지 초안을 제시하고 편찬위원회에서 그 중 좋은 것을 채택하여 검토하여 소책자를 제작할 것을 결의.

〈참고〉 현재 교헌 및 제 규정에 의하면 교의연수원에 수양과 이외에 교의학과를 두게 되어 있었지만, 일본 본부의 눈치를 보느라 여지껏 실행치 못하고 있었는데, 이 기회에 교의학과 신설을 위한 준비로서 교의학과의 정규 교과서를 편성하는데 본 위원회에서 책

임지고 연구하여 편찬할 것을 결의했지만, 결국 시행치 못하고 흐지부지된 것은 참으로 유감이 아닐 수 없다.

〈신악가의 일부 개정에 대하여〉

교의편찬위원회에서는 전술한 바와 같이 시정해야 할 우선 과제로서 가장 많이 사용하는 원전 중의 하나인 신악가를 먼저 검토하여 개정키로 하였다.

당초 신악가는 교단사(二권)에서 기술한 바 있지만, 광복 후 김진조 초대 교통을 중심한 영남지역의 선각자와, 김기수 전 교통을 중심한 혜성교회계 교우들이 우여곡절 끝에 우리 말로 각각 번역하여 나름대로 사용해 왔다.

그 후 일본 천리교회본부에서 이 나라에 한국전도청을 두고 해외전도부 번역과에서 그들이 주동하여 통일안 운운하면서 개정한 것을 오늘까지 싫던 좋던 사용해 왔다. 그 내용을 살펴보면, 이것은 일본 전래의 민족 신앙의 범주 속에서 해석하고 번역하였기에, 오늘날 세계화, 지구화라는 흐름과 현실에는 맞지 않는다. 그래서 잘못된 교의 해석을 이번 개정에서 재해석하여 단어나 어구의 선택을 알기 쉽게 개정하는 것이 그 목적이었다.

지금까지의 언어나 표현은 일본이 세계 중심이라는 지론을 갖고 자의적으로 만들어낸 것을 이번에 몇 가지 중요 부분만 발췌하여 이를 엄밀히 분석, 범 세계성을 갖는 교의로서 시정하였다고 볼 수 있다.

이상과 같이 교의편찬위원회가 1998년 2월 13일 제1차 회의를 시작으로 그 후 여러 번 논의를 거듭하여, 1998년 9월 13일 제8차 회의에서 제3장 하나에 '으뜸의 이 터전에서'를 '이 길이 열린 곳에서'로 개정하는 것을 끝으로 신악가 개정 논의는 모두 완료되었다.

개정된 내용을 교의편찬위원장 명의로 교통에게 일일이 서면으로 보고하였고, 드디어 신악가 개정안이 1998년 5월 25일이 되면서 대체로 완성을 보게 되자, 1998년 6월 11일자로 〈신악가 개정안 결과 보고〉라 하여 교의편찬위원장 명의로 교통에게 보고를 하였다. 교단에서는 이를 접수하여 즉시 교통 명의로 교의회 의장에게 〈신악가 개정에 대한 결의 요청〉을 1998년 7월 5일자 대천교 제98-46호로 송부하였다.

그러나 교의회에서는 이는 학술적인 문제라 교의회에서 심의 결의 운운함은 적절하지 않다는 회신을 보냈다.

교단에서는 이 개정안을 팸플릿으로 만들어 전국에 배포하고 계몽을 하였다. 그리하여 각 교구 및 주요 교회의 여론을 수렴하여 별 이의가 없이 대체로 찬성함으로, 2000년 5월 1일부터 개정된 신악가를 사용할 것을 각 교구 및 교회, 포교소에 통보하는 문서를 대천교 제00-29(2000. 4. 26일자)호로 시달하였다.

당시 신악가 개정안(제3차 확정안)은 생략한다.

그리고 그 과정을 「교의강좌」 창간호에서 쓰고 있다.

〈신악가 개정 과정 및 결과〉라는 편찬위원회의 기고문(발췌)을 옮긴다.

-전략- 그래서 본 편찬위원회에서는 편찬 기본원칙으로

그리고 이번 신악가 개정에 있어서는 다른 원전과는 달리 신악가는 늘 부르던 노래이므로 지나치게 본래의 뜻에 어긋나지 않는 한 그 부분은 되도록이면 개정하지 않음을 원칙으로 했다.

이번 신악가 개정 작업에 제출된 자료는,

첫째, 신악가 해설 개역 초안.

둘째, 신악가 중 검토안 참고집.

셋째, 신악가 원문 번역 해설 개역 초안.

넷째, ① 일본의 신화와 한국과의 관계. ② 일본의 역사. ③ 일본의 근세사. ④ 일본 경쟁력의 근원. ⑤ 일본의 산업화. ⑥ 국가신도 체제 하에 견디어 낸 천리교. ⑦ 시다신기관령 인가 등 원문으로 된 많은 자료를 참고하였다.

그리고 본론에서 개정된 주요부분의 내용의 대강을 살펴보면, 제2절 가미(神)를 '천신'으로 고친 부분과 '점지하여 왔었으므로'를 '이루어 왔었으므로', 그리고 '야마또(大和)'라는 지명의 이름과, '으뜸의 터전'이라 되어 있는 것을 '구제의 성전' 등으로 표현을 해야 한다는 등 격론이 있었다. 또 '야마또'가 '온 세상'으로 되어 있는 등 문제가 있었고, 원어에 모반(謀反)으로 되어 있는 액운을 '상쟁'으로, '히노끼싱'을 '신의봉상(神意奉上)', '건지고 싶다'를 '돕고 싶다',로 오류를 범하고 있다. 그리고 '따라 가리라', '인자로운 터전' 등 여러 가지 문제점을 하나하나 되짚어 가며 수차례의 회의를 거쳐 제1차 개정안을 만들고, 다시 수정하여 제2차, 3차 개정안을 보완 심의하여 마지막 안을 확정하였다.

한편 교단에서는 교단본부 신전에서 월례제가 끝나면 그간의 신악가 개정 작업과 그 내용 등을 알리고 개정의 필요성 등을 누누이 계몽했다. 그리고 각 교구나 주요 교회에는 개정된 내용을 담은 팸플릿을 만들어 배포하면서 개정된 신악가에 대한 공감대 형성에 최선을 다하였다. 그러나 이 개정안을 두고 부정적인 반응을 보이는가 하면, 한편에서는 조속한 실시를 요구하기도 했다.

〈계몽 및 여론의 수집〉

이에 교단에서는 팸플릿 등을 만들어 배포하고 또 전국 교구를 순회하면서 계몽을 했다. 그리고 대천교 제99-77호(1999. 12. 21)로 〈개정 신악가 공표시기 결정에 관한 건〉 이라는 문서를 관하 교구에 보내 그간의 여론을 수렴하여 결과 보고할 것을 지시했다.

그 내용을 여기에 옮긴다.

관련 근거(1999. 12. 13) 교의편찬위원회 회의에서 개정 신악가에 대하여 공문을 발송하여 최종 여론 수렴의 과정을 거친 후에 공표하기로 결의함에 따라 각 교구에서는 그 기간 동안 홍보 효과 및 문제점, 보완되어야 할 사항에 대한 결과를 2000년 1월 31일까지 아래와 같이 작성하여 교무원에 보고 바랍니다. 끝

아래 사항의 요점은 〈계몽 및 홍보 일시〉, 〈개정 신악가 홍보 효과〉, 〈문제점 및 보완되어야 할 점〉, 〈건의사항 및 기타〉, 〈비고〉 등을 구분하여 보고할 것을 요청했다.

이 지시에 의하여 각 교구에서 다시 계몽을 실시하여 개정 신악가에 대한 반응과 여론이 올라 왔다.

그 주요 내용을 교구별로 대충 살펴본다.

경남교구 : 전체 개정은 반대함, 히노기싱 부분만 개정.

경북교구 : 매월 월례제(5회) 때 계몽하였더니 모두 찬성함.

충청교구 : 제1장 '세살 때 마음'을 '산재의 마음'으로, 9장 '둘에 고생이 없도록 하여 줄테니.'는 '부자유가 없도록 하여 줄테니.'로 개정 요망. 그리고 건의사항 및 기타에, 서둘지 말고 충분한 의견 수렴과 검토한 후에 책자의 모양과 크기, 활자체까지도 깊이 연구하여 책이 발간되기를 희망함.

부산교구 : 이의 없음.

서울교구 : 1월 24일부터 29일까지 계몽, 개정 신악가에 대하여 긍정적이다. 시일을 요한다. 그리고 교의편찬위원회의 결정에 따름.

호남, 제주교구에서는 별 이의 없이 대체로 환영.

이상을 종합해 볼 때 본 개정안은 큰 문제점이 없는 것으로 나타났다. 그리하여 교단에서는 2000년 5월 1일부터 개정 신악가를 사용할 것을 지시하여 오늘에 이르고 있다.

〈참고〉 일부 용재 중에서는 내용이 대동소이한 것을 구태여 이 시기에 개정해야 할 이유가 어디 있느냐? 그리고 이 신악가 개정만으로 자주 교단이니, 범세계화를 지향하는 교단이니 하는데 그게, 무슨 실리가 있느냐? 는 불평도 있었다. 교조 사상을 펴는 진정한 개혁을 지향한다면 무엇보다도 제도와 조직의 개편이 우선해야 한다는 주장도 있었다.

2) 부정기(不定期) 교단지 「교의강좌」 발간

대한천리교에서는 교의편찬위원회를 만들어 올바른 교의의 진작과 보급을 위하여 교의편찬위원회 98년 8월 14일 제7차 회의에서 정명수 위원이 고산포교를 위한 차원 높은 교단 학술지로서 〈교리의 연구와 해설〉을 간행할 것을 요구하면서, 「천리교학 연구(가제)」창간호 발간 계획서를 제출하여 이에 대한 논의를 했다.

그리하여 9월 13일 제8차 회의에서 부정기 교단지로서 간행물의 제목을 〈교의강좌〉라 정하고 창간(비매품)하기로 하였다. 그리하여 교조탄생 200주년을 기리는 뜻에서 창간호 발행일을 1998년 10월 14일자 이전으로 하고 발행부수를 500부 이상, 규격은 국판. 한글을 주로 표기하되 한자를 부기하기로 하고, 표지, 재질, 글자체 등을 논의했다.

그 후「교의강좌」제2집 발간을 준비하는 과정에서 편찬위원회 편찬실 편집장에 명광교회 소속 용재인 주용학(행정학 박사) 씨를 발령하기로 했다. 주용학 박사는 명광교회장의 장남이며, 부인은 교통실 서기로 근무하는 강혜영으로서, 신앙심이 두터운 용재였다. 이렇게 하여「교의강좌」를 5회까지 순조롭게 발행하여 교내는 물론 각 종교계와 학계에 배포하였다.

편집 내용을 보면 크게 논문, 원전 연구, 교단사, 인생 상담 등으로 나누어 편집하였다.

그 발간 현황은 아래와 같다.

창간호 ; 1998년 10월 14일 발간.

제2호 ; 1999년 1월 14일 발간.

제3호 ; 1999년 4월 14일 발간.

제4호 ; 1999년 8월 14일 발간.

제5호 ; 2000년 1월 14일 발간.

5호 이후는 발간치 못하고 있다.

3) 천리교 사상 학술세미나 개최

본 교단에서는 일본 문화 개방을 앞두고 일본에서 발생한 본교, 천리교의 현실과 내일을 전망하면서 종교계와 종교학회의 석학을 불러 천리사상 학술세미나를 열기로 하였다. 그리하여 1998년 11월 16일자 대천교 제98-91호로 천리교 사상 학술세미나의 건이라 하여 문서를 전국 주요 교직자 및 외부 초빙자에게 발송하였다. 일시는 1998년 12월 4일 오전 10:00부터 오후 16:30분까지 교단본부 3층 회의실에서 거행한다는 요지였다.

그리하여 예정대로 1998년 12월 4일 대한천리교본부 3층 강의실에서 학술세미나를 개최하였다.

주제 : 일본 문화 개방화 시대에 있어 천리교의 역할

그 목적을 보면, '일본 문화 개방을 맞이하게 된 현 시점에 있어 온 국민의 관심이 매우 민감하게 받아들이고 있는 시순에 모든 문화계는 물론 종교계에서도 관심이 높아 있다. 일본에서 발생한 종교인 본 천리교에서도 이에 대한 올바른 대책과 방안을 제시하여 국민에게 조금이나마 도움이 되고자 일본 문화 개방화 시대를 맞이함에 있어 천리교의 역할에 대하여 논의하고자 한다.'고 했다.

주관은 대한 천리교본부와 한국새종교연구원이 했고,

세미나 사회는 이경우(한국새종교연구원) 원장과 정명수(대한천리교 총무부) 부장이 맡고, 조수현 교통은 개최 인사를 했다. 이어서 기조연설로 총무부장이 천리교의 대강과 대한천리교의 창립과 연혁을 발표하였다.

주제 발표자는 이원범 교수(당시 초당대학 교수)가 〈광복 전 천리교 운동의 사회학적 고찰〉을 발표하고 토론자로서는 교단에서 김대환(당시 교의회) 의장과 양영호(교의편찬위원) 위원이 했다.

그리고, 이강택(교단 교의편찬위원회) 위원장이 〈일본 문화 개방을 맞은 천리교 교조사상〉을 발표하였고 토론자는 김탁(승가대학 교수) 박사와 김석현(시사 종교신문사) 편집국장이 했다. 마지막에는 전체 토론 및 간담회가 있었는데 많은 타 종교인과 학자들의 진지한 질의와 논쟁이 있었다.

이 날, 본 교단에서는 교통, 교무원장 등 임원과 교직자와 타 종교 관계인 및 저명한 종교학 교수 등 약 80여 명이 참석하는 등 대성황을 이루었다.

나. 사무 관리의 현대화와 전산 시스템의 구축

1) 사무 및 교정관리의 전산화

1998년을 맞으며 교단에서는 신년도 교정 방침을 발표하면서, 교단 행정의 현대화와 전산관리 시스템을 구축 운영한다고 발표하였다.

현대 과학의 발단은 급속도로 사무관리의 현대화를 가져와 사무관리의 자동화 · 기계화 · 전산화로 신속 정확하게 처리되면서 모든 면에서 간소화되어 갔다. 이런 시대에 맞추어 우리 교단도 하루 속히 사무관리의 현대화와 함께 모든 것이 전산화되어야 함을 인식, 신년도 교정방침에 명시하여 이를 강력하게 시행토록 하였다.

특히 교의편찬사업 및 자체 교의서적을 출판하는데 이러한 전산화 시스템이 절대 필요했다. 그래서 교의편찬위원회의 주요 실무요원은 모두 전산실 요원으로 육성하고 이들을 1인 2역의 역할을 하도록 추진했었다.

여기에서 모든 편찬자료를 일괄 통합하여 자체 출판까지 모두 전산실에서 취급하려고 했던 것이다. 그래서 서둘러 사무 자동화와 함께 전산화 시스템을 구축하게 되었던 것이다. 우리 교단에서도 전산실을 꾸미고, 교통실, 교무원, 수강원과 직원 각자에게 개인용 컴퓨터(PC)를 보급하였고, 이에 맞추어 전산 시스템을 조금씩 보충하여 구성해 나갔다.

전술하였지만, 교의편찬위원회를 1998년 9월 13일 열어 처음으로 교의편찬 및 교단지 발행에 대한 논의를 하면서, 전산실에서 이를 뒷받침하였고 그리고 관련 자료와 함께 그에 부수하는 팜플렛 책자를 모두 자체에서 만들어 보급하게 되었다.

2) 인터넷 홈페이지 개설

그리고 1개월 여의 작업 끝에 1998년 4월 14일 월례제 직후에 3층 회의실에서 '인터넷 홈페이지'를 만들어 교단 주요 교직자들의 앞에서 대한천리교 전용의 홈페이지를 처음으로 발표했다. 그리고 이에 관련된 기구와 장비를 보완하고 인터넷 전용회선 설치를 했다. 이

때 개통에 소요된 비용을 4월 30일에 한국무역협회에 처음으로 납부했다.

이 모든 작업은 교무원 총무부에서 지원하고, 교의편찬위원회 양영호 간사가 앞장서고 교의강습소 양영수 강사, 전산실 김연수, 교통실 강혜영 그리고 교무원 직원들이 힘을 모아 외주를 하지 않고, 스스로 연구하고 개발해 가면서 만들어 냈던 것이다.

3) 교단본부에 네트워크(LAN) 구축

교무원 총무부 옆 사무실에 서브 컴퓨터와 관련 장비 일체를 갖추어 1998년 5월 25일부로 대한천리교본부 네트워크(LAN : Social Area Network)망을 구축하였다.

다. 기타 활동

1) 최초로 교단에서 위령제 봉행

대한천리교가 자주·자립 교단이라는 창립 이념과 기치 하에 창설되어 왔었으나, 반세기가 넘도록 교헌에 명시한 춘추위령제를 교단본부에서는 한번도 실시하지 못하고 있었다.

그러나 5대 교통으로 취임하여 7대까지 연임하면서 많은 업적을 남기신 전 교통 김기수 선생께서 1996년 2월 27일 노환으로 출직하셨다는 비보를 듣고, 교단에서는 교통 조수현 이하 주요 간부 40여 명이 모여 3월 1일 오전 12시에 교단본부 조령전 앞에 가설된 영상에 고 김기수 선생님의 위패를 모시고 위령제를 지냈다. 그리고 3월 7일 교단의 주요 간부들이 모여 교단 신전에서 10일제를 엄숙히 봉행했다.

그 후, 교단의 교정기구를 거쳐 고 김기수 선생의 50일제를 기하여 먼저 가신 초대 교통 고 김진조 선생, 2대 교통 고 최재한 선생과 함께 교단본부 조령전에 고인들의 영령을 합사 봉안하고 봉고제를 하기로 결정하여 이날 100여 명의 교직자가 참집한 가운데 교통의 집전으로 제전을 집행했다.

이후 교단에서는 춘추를 기하여 교단본부 춘추위령제를 전국의 교신도들이 참집한 가운데 봉행하게 되었던 것이다.

그리하여 그해 가을인 1996년 9월 14일 월례제를 마치고 교단본부 조령전에서 교단 창단 이후 처음으로 교단본부 추계 위령제를 봉행하였다. 이때부터 교단에서는 정례적으로 춘추위령제를 모시게 되었다.

2) 두 차례의 교헌 변경

1996년 11월 26일 오랜만에 재단이 정상화되면서 재단 이사진이 개편되었다. 해성교회계 이사로 있던 안광용, 김영창, 김웅선, 오의상 등이 물러나고 최명진, 조수현, 배을란, 정연창, 양정남, 그리고 최정자가 새로 취임하면서 오랫동안 분규 상태였던 재단이 정비된 것이다. 이에 현 교헌의 모순점 등이 몇 군데 있었다. 이로 인한 후유증이 너무나 컸던 점을 뼈저리게 느끼고 있던 차에 교단 교정기구에서 교헌 변경에 대하여 논의하게 되었다.

1차 개헌 : 처음에는 1997년 5월 15일자 대천교 제97-33호로 교헌변경추진위원회를 구성했다.

이때 교헌변경위원장은 김현술(교정위원), 위원에는 김동근(교의회 의장), 이강택(교구장), 임봉두(교구장), 정명수(총무부장), 정의진(재단 사무국장), 양영호(교의회 간사)를 위촉했다.

그리하여 4차(1차 97. 5. 30, 2차 97. 6. 13, 3차 97. 6. 19, 4차 97. 8. 6)에 걸쳐 회합을 갖고 개정안을 작성했다.

1997. 10. 13일, 교정위원회(교구장 합동)에서 개정안을 심의,

1997. 10. 13일, 교의회에 결의요청을 하자 교의회에서는 교헌변경 전문소위원회를 구성하여 2차례(1차 1997. 10. 29~30, 2차 97. 11. 7~8)의 심의를 거쳐 수정안을 제출함으로,

1997. 11. 27일, 교헌변경위원회를 개최하여 수정안에 대하여 토의하고,

1997. 12. 13일, 교정위원회에서 수정안에 대하여 재심하여,

1997. 12. 14일, 교의회에서 결의 확정하면서,

1998년 1월 2일, 교통 명의로 공포했다.

개정된 교헌에 의거하여 새로 설치된 기구(위원회)를 활용하고 운영키 위하여 1998년 2월 2일자 대천교제98-14호로서 일괄 인사조치를 했다. 이때 교정위원회 및 예전심의원회, 교의편찬위원회, 심사조정위원회를 새로 구성했다.

그러나, 일부 변경한 교헌 내용으로는 문제점이 많다는 여론이 비등해지면서, 무엇보다도 교통의 장기 집권을 막는 장치가 필요하다고 하는 여론이 강력히 부상되면서 다시 교헌을 개정했다.

2차 개헌 : 1999년 11월 16일자 대천교 제99-68호로 교헌변경준비 위원회를 구성했다. 위원장에는 최명진(재단 상무이사), 위원 김대환 (교의회 의장), 김현술(교정위원), 정명수(총무부장), 이강택(경북교구장)을 위촉하고 1999년 11월 20일에 소집했다.

그리하여 3차(1차 2000. 1. 13, 2차 2000. 2. 13, 3차 2000. 6. 5)에 걸쳐 회합을 하여 아래와 같이 심의 결정했다.

심의 결정사항

①교헌 12조 교통의 임기는 4년으로 한다. 단, 2선 이상 할 수 없다. (단서 조항을 추가)

②교헌 제13조 (1)항의 교통은 교정위원회에서 추천한 후보자 2명 중 교의회에서 선출하되 재적 구성원 2/3 이상의 의결에 의한다. 단, '추천된 후보는 사퇴할 수 없다.'란 단서 조항을 삭제한다.

③교헌 제14조 (3)항의 불가피한 사정으로 교통을 선출 못했을 경우 전임 교통 및 대행자는 후임 교통이 선출될 때까지 교무원장이 그 직무를 대행한다라는 부분을 그대로 두기로 한다.

④교헌 제18조의 교통은 필요가 생겼을 때 또는 유고시에는 그 직무를 대행하는 자는 아래와 같다. 1. 교무원장. 2 교의회 의장. 이 중에서 2항은 삭제한다.

⑤교헌 제24조 (3)항의 교정위원회는 필요에 따라 교통이 소집하고 그 의장이 된다. 이것은 그대로 두기로 한다.

⑥교의회 규정 제1조 교의회는 각 교구에서 추천된 교의원 21명으로 구성한다. 여기에서 단, '교정기구를 통하여 인원을 조정할 수 있다.' 라고 변경한다.

⑦교의회 규정 제2조는 (1)교의원은 교의원 추천규정에 의하여 선출된 자를 교구장이 교통에게 보고하고 교통이 이를 공시해야 한다. (2)교의원의 임기는 3년으로 한다. 로 임기와 문구를 변경한다.

⑧교헌 부칙란에 (5)항을 신설하여 '교의회 규정 제2조 (2)항 임기의 규정은 현 교의회에는 적용하지 아니한다.'로 명시한다.

⑨교통실의 설치에 관한 것은 현행 규정에 교통의 비서를 둘 수 있으므로 비서를 두는 것으로 대신한다. 끝

이상 심의 결정된 안을 2000년 7월 13일자 교의회 제2차 임시회의에서 교헌 및 규정의 일부 개정안이 통과되었다.

그리하여 2000년 7월 19일자 대천교 제00-56호로 〈교헌 일부개정에 따른 공고의 건〉이라 하여 관하에 공고, 현재 사용 중에 있다.

두 번의 교헌 개정은 그 주요 골자가 교통은 2회 이상을 할 수 없다는 것이었다. 김기수 전 교통의 장기 집권의 전철을 두 번 다시 밟지 않기 위한 조치였다. 교헌을 재차까지 개정했던 것은 이러한 폐단을 미리 막자는 데 목적이 있었다.

제3장 새 체제 정비와 그 후유증들

1. 교무과장 원종석의 모반과 전국 부인회 간부 등의 동조

가. 원종석과 박순자의 모반

1) 교무과장 원종석의 공과

원종석(元鐘碩)에 대한 신상을 자세히 알 수 없으나, 그는 1953년 8월 19일생으로, 1986년 11월 1일 사정으로 이 길에 들어왔다. 다시 말해서 그는 대한천리교 화곡교회에 입신하여 얼마 후 천리교 서울 제2교의강습소 수양과에 들어가 1987년 1월 27일에 수료했다고 되어 있다. 원적은 경기도 여주시 ○○동이라고 전한다.

그가 1990년 9월 13일 교회 인허 당시 제출한 교회 기록카드를 보면, 본적은 서울시 서대문구 연희 2동이고, 주소는 서울시 양천구 목동 ○○○-○○○번지로 되어 있다. 그 후 1992년 9월 15일 '둘하나 교회'로 인허 받을 당시의 주소는 서울시 양천구 신정 2동

○○○-○○로 되어 있다. 가족으로 노모 노○○(당시 65세), 부인 홍○○(당시 41세), 그리고 아들과 딸이 있었는데 당시 모두 학생이었다.

대한천리교단에서 일부 교회와 교직자들이 이탈하여, 종속교단 한국천리교를 만들었을 때, 그가 소속했던 화곡교회장 등, 대부분 신도들이 그들과 행동을 같이 하게 되자, 그는 자주·자립 교단을 부르짖으면서 대한천리교에 남았다. 그리하여 화곡교회에서 이탈한 일부 역원들과 신자들을 모아 그들끼리 연합하여 둘하나교회를 설립하고, 그가 교회장이 되었다.

그는 신들린 사람처럼 격정적인 성품이고, 자기 주장을 쉽게 굽히지 않는 강한 면이 있었다. 또 문제가 있으면 상대에게 끈질기게 붙어 쉽게 떨어지지 않는 근성도 있었다. 말도 잘 할 뿐 아니라 때로는 비위도 잘 맞출 줄도 알아 웬만한 사람들은 그의 화술과 끈질긴 설득에 쉽게 넘어갔다. 한편으로는 퍽 냉정한 듯 보이지만, 쉽게 홍분도 잘하고, 무서울 정도의 집착력을 가졌다는 평을 들었다. 어떤 일을 이루고자 하면 수단 방법을 가리지 않는 기질도 있었다. 특히 성정(性情)이 약한 여성 신자들은 그의 감언에 마치 최면 걸리듯 쉽게 넘어갔다. 그는 올바른 교리를 제대로 배우지 못한 반면에 여러 가지 종교의 이설을 혼합하여 신도들에게 그럴 듯하게 교설을 잘 폈다. 이러한 방면에 뛰어나 천리교의 가르침을 적당히 변형하고 엮어 교설을 펴면 아무 것도 모르는 초심자들은 처음에는 현혹을 당하지만, 교화를 할 때마다 말이 틀려지니, 결국 그의 허구성을 알아차렸다.

당시, 교단본부 총무부장은 그의 자주·자립정신을 높이 평가하여 올바른 교리만 주입하면 훌륭한 용재가 될 수 있다고 판단하여 둘하나 교회의 매월 월례제에 참석하여 틈만 있으면 천리교의 기본이 되는 교리를 지도하였다.

원종석 씨 또한 총무부장의 확고한 자주·자립 교단을 지향하는 모습을 보고, 스스로 총무부장을 따르게 되었다면서 고백한 바 있었고, 실제로 그는 스스로 자주·자립 교단을 위한 활동에 적극적인 가담과 협조를 하여 왔다.

1992년도 김기수 교통의 손자 김웅선이 교단을 장악하여, 종속교단과 통합하려고 할 때, 자주교단파에 서서 1993년 2월 11일 총무부장 등과 함께 청파동 본부를 되찾는데 큰 역할을 했었다. 특히 총무부장은 교단 내의 여성 용재들의 향배가 중요하다고 판단, 원종석에게 책임지고 여성 용재들을 선무하는 업무를 극비리에 맡겼다. 당시 유력한 여성 용재들을 전담케 했는데, 그 중의 하나가 남대전교회장의 딸인 박순자였다. 그녀는 포섭되자마자 열렬히 활약을 하면서 직접 자금을 갹출하는 한편, 같은 여성 용재들을 설득, 독자적인 모금 운동을 벌여 크게 공헌했다.

본부건물 입성 후 교단을 사수할 때 교단에서는 원종석 과장에게 경내 경비를 맡겼던 바, 박순자 씨는 교단 운영 자금을 모금하면서 원종석 과장의 지시에 따라 변칙적인 지출을 하여 문제를 야기하기도 하였다.

그런 과정에서 박순자 씨가 원종석 과장에게 크게 힘이 되면서 이것이 화근이 되었다. 원과장은 박순자 씨의 예상 외의 큰 활약과 협조에 오히려 이용되다시피 되었고, 급기야는 원과장도 이러한 박순자 씨의 활약과 자금력을 역으로 이용하여 교권에 탐을 냈던 것 같다.

얼마 후부터는 전국부인회의 총무(당시)인 박순자 씨가 부인회장 왕광준씨까지 포섭, 교단을 완전히 장악하려고 시도했다. 그래서 한 때 교단이 이들의 장난에 휩쓸리게 되었다. 그러나 그것이 뜻대로 되지 못하자 교단에 반하는 온갖 모략과 모함을 하면서 교정질서를 문란케 하였다.

당시 검정강습회 회장 백말순 회장과 몇몇 간부들에 의하면 부인회에서 거둬들인 많은 성금을 당시 부인회 총무였던 박순자 씨가 장부에 제대로 기재도 하지 않고 원종석 씨가 시키는 대로 멋대로 사용한다고 했다. 감독기관도 없이 무질서하게 돈을 거둬들이고 임의대로 집행함으로써 부인 신도는 물론 모든 교우들 간에 불신을 받게 되자, 박순자 씨는 전국부인회 총무라는 직위를 이용하여 급히 왕광준 부인회장을 찾아가 영입한 후, 마치 부인회가 기획하여 주관이 되어 모금하는 양 울타리를 쳤다. 그리고는 도리어 이 사실을 폭로한 신자들과, 그들의 주장을 방관하는 교단에 대하여 불만을 갖고, 교단마저 음해하고 온갖 유언비어를 퍼트리며 선동을 시작하였다.

그들은 자신들의 죄과를 은폐하려고 교단 총무부장 등 임원들을 모함하고 비방하여 교정 질서마저 문란케 하였다. 더 나아가서는 사사건건 교정에 반기를 들고 혼란을 조성하더니 급기야 교단까지 장악하려는 공작도 했다. 교단에서는 총무부장이 원종석 과장을 수차례 불러 월권을 하거나 질서를 문란하게 하는 등의 경거망동을 삼가토록 종용했다. 그러나 오히려 모함을 하므로 부득이 몇 차례 불러 설득과 경고를 했으나 듣지 않고, 1993년 10월 26일에 그 자신이 스스로 사임서를 내버렸다. 이후 멋대로 검정강습동기회(부인회) 사무실을 점거하고 부인 용재들을 선동, 분열을 조장하였다.

이에 교단에서는 더 이상 방관할 수 없어 11월 30일에 사표를 수리하였다. 그리고 이 일로 이들과 부화뇌동한 전국부인회 등을 해산시키고, 또 이들을 뒤에서 조종했던 원종석과 그를 따르던 일당들을 교단에서 제적하기에 이르렀다.

〈참고〉 이런 일이 있었다. 한참 교단본부를 접수하여 사수할 당시 원종석 과장은 안하무인격으로 설쳐대면서 박순자 씨와 함께 교단의 일을 하나같이 불평불만으로 몰며 음해했다. 그 당시 총무과장의 일기를 보면 그 내역이 소상하게 기록되어 있다.

- 1993년 5월 15일, 아침 내가 동부지청에 고소건으로 가기 직전에 원과장에게 전화를 했더니 매우 기분 나쁜 말로 대꾸해 왔다. 그러나 나는 참으면서 "몸 건강을 위해 화를 참아라."하고 전화를 끊었다. - 중략 - 일을 마치고 교무원에 돌아오니 교통 혼자 계셨다. 갔다 온 내용을 보고하고 있는데 김석구 과장이 중대한 첩보라면서 알린다. 내용인 즉, 원과장과 이재석이 만나 이쪽에서 60명과 혜성교회 쪽에서 40명을 모아 도합 100명을 새로이 구성해서 김기수 교통을 그대로 옹립하고, 교단에 있는 조수현, 양정남, 정부장 등을 제거하기로 모의하고 있다고 전해주었다. 교통은 깜짝 놀라면서, - 이하 생략 -

거짓이든 참이든 나는 그의 말에 개의치 않고, 마음 속으로 그렇게 되지 못 할 것이다. 오늘의 거사를 위해 주요 언론과 관련 기관을 다니며 내가 얼마나 사전준비를 했는데…….

그리고 1993년 11월 14일 일기에는,

- 오늘 교단본부 월차제일이다. 출근하여 교무원으로 들어갔으나 아직까지 참배하러 온 교역자는 없었다. 오전 10시가 좀 지나자, 교의회 의장인 대구교회 김영제 회장과 속선교회 이영곤 회장이 같이 들어오고, 얼마 후, 원종석 과장이 들어온다. 원종석 과장은 들어와 앉지도 않고 이리저리 왔다갔다하며 약간 상기된 얼굴을 하며 설치고 있다.

얼마 후, 대방교회 김진옥 회장이 들어와서 원종석의 뒷등을 가볍게 치며, 농담조로 "왜 이래?" 하니까 원종석 과장이 눈을 부라리며, "뭣이 어째?"하면서 싸우려 든다.

그러다가, 원종석 과장이 김진옥 회장에게 "당신이 나보고 신앙이 없다고 했다면서?"하고 시비를 걸며 덤벼들어 싸움이 본격적으로 진행될 뻔했다.

나는 가벼운 마음으로 "내가 보기에 네가 신앙이 없네! 장난으로 한 말을 그렇게 무안하게 받을 수 있나?" 그러면서, 나는 원 과장에게 "오히려 네가 함부로 거짓말을 하고 다니고 있다는데 사실인가? 내가 언제 너하고 박순자하고 여관에서 같이 나오는 것을, 내가 검은 안경을 쓰고 미행하면서 봤다고 했어? 왜, 무슨 근거로 그런 쓸데없는 말을 퍼트리고 다녀? 나는 바쁜 몸으로 교단 문제만 가지고도 눈코 뜰 사이도 없다. 그런데 너희들이 무어길래, 대단한 존재도 아닌 너희들을 미행을 해! 너희들이 무슨 짓을 하던 나는 상관치 않아! 또 그렇게 한가한 자도 아니야! 그리고 성양교회(동대문구 홍능동 소재) 월차제(10월 11일)에 참석하여 리금 30만 원을 받아 입금한 것을 두고, 거짓으로 100만 원을 받아 70만

원은 몰래 착복하고 30만 원만 냈다고 퍼트리고 다녔다는데 사실인가?"라고 다그치며 따졌더니, 그는 "사실이다."라고 하면서 증인이 있다고 덤벼든다. 나는 어이가 없어 "거짓일 경우 너는 어떻게 책임을 질 것인가?"라고 했더니 원 과장이 "내가 책임진다."고 마치 직접 본 것처럼 주저함도 없이 뻣뻣하게 말을 한다. 내가, "그럼 어떤 책임을 질래?"라고 다시 다그쳤더니 우물쭈물 한다.

그런데 갑자기 심장섭 과장이 들어와 "이 나쁜 놈 새끼, 거짓말을 함부로 하기야?"하면서 원종석의 목을 잡고 밖으로 끌고 가려고 한다. 나는 폭력은 지양하자면서 말리려다가 몸이 밀려 벽에 부딪쳐 걸려 있던 액자가 내 머리에 떨어지는 바람에 작은 상처가 났다.

이 날 이런 싸움으로 근행 인원도 적었다. 그래서 감화도 없이 대신 내가 간단히 인사를 하고 나오는데 왁자지껄해서 밖을 내다보니 교단 마당에서 꽤 큰 싸움이 벌어지고 있었다. 심과장이 원종석을 붙들고 욕을 하며 치고받고 있었다. 한편 신명정 김대환 회장은 김영제 교의회 의장을 보고 "네가 시켰지? 나쁜 놈의 새끼야!"라고 욕설을 퍼붓고 있었다. 이 날 혜성교회 쪽 사람들도 많이 보고 있어 몹시 창피했다. -이하 생략-

후에 확인했더니, 성양교회 리금 관계를 놓고 말을 꾸민 자는 성양교회 산하, 당시 월계포교소장이었음이 밝혀졌고, 성양교회장이 많은 사람 앞에서 진실을 고백하면서 허위임이 증명되었다. 원종석, 박순자 미행 운운은 당시 원종석 패들이 교단의 중요업무를 관장하고 있는 나를 쫓아내려고 꾸민 음모의 하나였음이 밝혀졌다.

2) 발생 원인과 배경

그간의 과정을 옮기면 원종석은 부인회 총무 박순자와 야합하고 부인 용재들로부터 모금한 돈을 멋대로 사용했다. 그는 당시 교단을 지키기 위하여 임시 경비로 고용했던 젊은 청년들에게 자신이 교단의 실세 운운하면서 경비 총책임자라고 허세를 부리고 다녔다. 그리고 그들을 개별적으로 만나 고용 조건과 대우를 올려주겠노라고 자기 멋대로 약속을 남발했다. 또 그들에게 생활 용품과 불필요한 장비(무기가 될 위험한 것마저)까지 사주면서 모금한 금전을 무책임하게 낭비했다.

이런 사실이 알려지자 부인 용재들 사이에서 경리의 공개관리와 경리 감사를 해야 한다는 비난이 일었다. 이 때문에 부인 용재들 간에 반목도 생겨 교무원에서 감사를 해서 적절한 조치를 해 주기를 바라는 측과, 근거 없는 모함이니 교단에서 그 시비를 가려 차단해 주기를 바라는 측으로 양분되었다.

그러나 교무원에서는 비정상적인 교정상황에서 부인 용재들이 자발적으로 모금을 하여 경비를 지원하고 또 교정에도 도움을 주고 있는 실정이라 일체의 간섭을 자제했다. 그래서 부인회의 문제는 어디까지나 부인 용재들 스스로가 해결해주기를 바라고 있었다.

한편 원종석과 부인회 총무 박순자 등은 교단에서 적극 변명을 해주고 보호해 줄 것을 은근히 기대했다. 그러나 교단에서 중립을 지키자 이에 불만을 품고 특히, 교단 임원 중에 총무부장이 교정을 실질적으로 관장하여 마음대로 집행하고 있다고 판단하고 먼저 그를 거세하려고 공작을 했다. 해서, 터무니없는 흑색선전과 함께 부인회장 왕광준 명의로 총무부장이 교정을 독단한다고 교단의 간부와 교의회 지도자들에게 모함을 했다. 그러나 먹혀들지 않자 이번에는 아무 것도 모르는 부인 용재들을 상대로 유언비어를 퍼뜨리다가 그마저 안되니까 전국부인회를 동원하고, 또 양기합창단 등, 자기 손이 미치는 곳은 모두 최대한 이용하면서 제거음모를 꾸몄다.

원종석은 교단을 점거할 때 마치 자신이 쿠데타의 수괴라도 된 듯 과대망상에 빠져있었다. 또한 박순자 총무도 원종석이 교단내의 모든 일을 기획하고 주도하는 실세인 줄 착각하면서 둘이 철저히 묶어졌던 것이다. 그래서 두 사람이 손만 잡으면 교단을 완전히 자기들 뜻대로 끌고 갈 수 있다고 생각하게 된 것이다.

사실 원종석 또한 당시 금전 동원력이 좋고, 또 부인 용재들 간에 다소 신망이 있는 박순자를 철저히 믿고 있었다. 그래서 박순자를 잘 이용하면 자신의 야망을 쉽게 펼 수 있다고 착각하고 있었다. 여기에 왕광준 부인회장의 적극적인 참여는 그의 야심을 더욱 부채질하였다. 교단 점거의 모든 기획과 작전, 그리고 행정 실무 등을 관장하고 있는 총무부장을 제거하는 것이 그에게는 최우선 과제였으므로 모함과 함께 교단을 혼란에 빠뜨렸다.

3) 모반의 과정과 양태

이제 모반의 과정과 그 양태를 상세히 기술하겠다.

1993년 9월 19일자로 전국부인회 일동이라는 명의로 교통에게 '건의문'이 올라왔다. 그 내용을 간기하면 총무부에서 모든 사안을 총괄케 하는 것은 과다한 업무이며 자칫 교정의 실정이 우려되니 조속히 각 부장을 임명하고 활성화하는 것이 타당하다는 요지였다.

또 같은 날, 전국 양기합창단 일동이라 하여 음악 조기교육 운운하면서 역시 그와 비슷한 내용으로 '건의문'이 왔다.

그런데 별 효과가 없자 얼마 후 대한천리교 자주교단수호협의회(약칭 대자협)라는 유령단체를 그들 몇몇이 만들어 반 교단행위를 하면서 본격적으로 흑색선전을 시작했다. 그들의 주장을 보면 너무나 유치하고 허위 모략이며, 근거 없는 유언비어들이었다. 주요한 몇 가지를 살펴보면,

1993년 10월 3일자로 대자협 '선언문'을 발표했다.

1993년 10월 6일 대자협 제93-1호로 대자협 '선언문'에 대한 향후 실천방향 5개항을 지적하고 향후 사업계획을 수립한다고 하여 전국에 불온전단을 다시 보냈다.

이에 대하여 교단에서는 교통 명의로 (1993년 10월 8일자 대천교 제93-58호) '천리교 교신자의 의식개혁에 즈음하여'라고 하여 그들이 요구한 5개항에 대하여 반박문을 보냈다. 그러자 1993년 10월 23일, 대자협 회장 김선기(옥수교회장) 명의로 '교통님의 실언을 접하면서'라고 하여, 1993년 10월 8일자 대천교제93-58호 문서에 대하여 반박문이 올라왔다.

이 모든 행위는 원종석이 주도했고 박순자 그리고 부인회장 왕광준이 앞장서 선동하였다. 문서 작성 등은 원종석 교무과장이 책임지고 작성하여 조종하고 있었다.

교단에서는 그들의 무모한 모략과 장난을 더 이상 보고 있을 수 없어 부득이 1993년 10월 26일자로 원종석을 불러 교무과장직에서

물러날 것을 종용하여 사직서를 쓰게 했지만, 그가 교단 입성 시의 행동대원으로서 보인 공로를 인정하여 반 교단 행위를 하지 말 것을 총무부장이 수차에 걸쳐 설득했다. 그러나 그는 반성은커녕 그 행위가 날로 악의적인 행동으로 나오기 때문에 할 수 없이 그 다음 달 11월 30일자로 그의 사표를 수리했다. 그리고 교단에서 영영 제명하고 축출해 버렸다.

그랬더니 1993년 11월 8일, 불법단체인 소위 대자협에서 유언비어 진상조사위원을 선출한답시고 작은 모임이 있었다.

이것은 주로 부인회의 성금 유용에 대한 유언비어에 대한 교의회와 교통의 지시에 대한 반발이었다.

이에 대하여 1993년 12월 9일, 교통 명의로 성금에 대한 갖가지 오해의 해소를 촉구하는 문서를 보냈다.

이후 1994년 2월 21일, 대자협은 더 이상 존재할 필요성이 없어지면서 스스로 해산을 하였다.

그리하여 원종석과 그 일당들이 행한 반 교단행위는 실효를 거두지 못하고 무위로 끝났다. 그러나 그간의 후유증은 실로 컸다.

결국, 원종석과 박순자 등, 그 일당은 남대전교회(은평구 신사동 소재)로 물러나 개혁 운운하면서 간판도 바꾸고 천리교도 아닌 이상한 교단을 만들어, 이단의 길을 가면서 독자 행동을 하기 시작하였다.

〈참고〉 이 외에도 그들이 얼마나 어리석고 무모한 돈키호테 같은 짓들을 했는지 알 수 있는 예로서 이런 일도 있었다.

총무부장이 신임 교통의 이사장 승인 문제를 두고 문공부나 기타 관련 기관에 각종 자료를 첨부하여 문서를 만들어 제출하면서 그 타당성을 주장할 때였다. 총무부장은 신임 이사장에는 조수현 새 교통이 당연히 겸임 승인을 받아야 한다고 법규를 하나하나 찾아 그 타당성을 놓고 논박도 하였고 결국 행정 심판까지 청구하면서 온갖 노력을 다하고 있었다.

그런데 하루는 원종석 교무과장이 총무부장에게 와서 하는 말이 "내가 잘 아는 사람(후에 알아보니 수강 중인 약간 사기성이 있는 자였음이 밝혀짐)이 청와대 모 비서관을 잘 알고 있으니 그 자를 이용하면 즉시 해결될 것이요. 그가 자신이 있다고 하니 그를 시켜 돈 100만 원을 주고 해결합시다."고 하면서 돈을 요구했다.

총무부장은 하도 어이가 없어 "지금 무슨 소리를 하는 거냐? 나도 주요 요직에 많은 사람을 알고 있지만 이 일은 그렇게 되는 것이 아니야. 만사 그렇게 일을 처리하려는 너희들은 참 어리석구나! 그렇게 살아가면 모든 것이 실패만 있을 뿐이니 우매한 짓 하지 말아라. 나는 그런 돈은 일전도 댈 수 없다."고 거절했다.

그랬더니 이번에는 부인회장 왕광준과 교단 임원들에게 자기가 큰 빽을 갖고 있는 자를 알고 있어 도와준다고 해도 정부장이 응하지 않는 것은 무슨 꿍꿍이가 있다면서 구체적 내용을 모르는 교신도들에게 선동과 비난을 퍼부었다.

총무부장은 너무나 어이가 없었지만 눌러 참고 원종석 과장을 불러, "오늘 저녁 접대 값을 줄 테니 그 청와대의 비서관을 잘 안다는 자를 불러내어 저녁을 먹으면서 나를 불러다오. 그러면 내가 가서 그 자를 만나 대화도 하고 그리고 그의 정체를 확인한 후 네 말이 맞다면 그가 요구한 대로 돈을 줄 테니 그렇게 하라."고 하면서 접대비로 넉넉히 돈을 건네주었다. 물론 그 자를 믿어서 준 것이 아니다. 하도 억지를 부리기에 그 자의 정체를 알게 해주고 싶어 주었던 것이다.

나는 그가 사기성이 농후한 자임을 첫눈에 직감적으로 알 수 있었다. 그래서 나는 안 될 줄 알면서 다시는 허무맹랑한 모함을 하지 못하게 그의 입을 막고자 했던 것이었다. 아니나 다를까 그 자들은 나를 부르지도 않았고, 그 후 내 앞에서 두 번 다시 그런 말을 꺼내지 않았다.

이 일만 두고 봐도 평소 그가 만사를 얼마나 무모하게 처리해 왔는지 알 수 있었다. 이러한 것이 그들의 허상과 실체라는 것을 늦게나마 알아야 한다.

〈참고〉 원종석 등이 1994년 6월 30일자로 〈감로대 정신과 우리의 갈 길〉이라는 전단을 만들어 대한천리교 '한우리교회' 명의로 보내왔는데, 그 내용은 상투적으로 선동을 하는 것이었다.

그 내용은 간단히 요약하면 '신각을 감로대로 바꾸는 것이 복원의 전부가 아니다. 우리가 복원을 주장하는 것은 신도 천리교의 모습을 타파하고 교조의 모본을 좇아 감로대 정신을 살려 서로 상부상조하며 즐거운 삶을 하자는 것이다. 이것이 올바른 인류구제다. 그런데, 아직도 상급 교회장을 신(神)처럼 받들고, 또 이친(理親)이라 하여 신자는 무조건 따라야 한다니 이것은 절대 불변의 이(理)라고 잘못되어 있는 교리를 개선치 않고 그대로 강요하는 폐단에서 오는 것이다. 그래서 우리는 아직도 사이비 종교, 왜색 종교라는 손가락질만 받게 된다.'는 것이었다. 고로 우리들은 계속하여 복원 및 개혁을 해야 한다는 요지였다.

출발 명분은 그럴 듯 하였다.

당시 부인 용재들의 교단 사수를 위한 헌신은 참으로 놀라웠다. 교단을 사수하기 위하여 몸소 교단을 지키며, 또 자금으로 수백, 수천만 원을 스스로 헌금하기도 했다. 그것은 상상 외로 많은 금액이었다. 처음에는 부인 용재들이 순수한 뜻에서 모아 왔으나 당시 경리를 맡고 있던 박순자가 증빙서류나 영수증도 없이 즉흥적으로 집행하자 경리에 부정이 있는 것이 아니냐고 문제가 제기되고 말썽이 났다.

그러면서 감사 운운 하자, 그녀는 재빨리 전국 부인회장 왕광준에게 찾아가 부인회에서 모든 것을 기획을 하고 관리한 것처럼 할 터이니, 부인회장이 앞장서서 '내가 박순자에게 지시하여 경리를 맡아 처리하라고 했으니 나의 승인 없이 함부로 감사 운운 하지 말라'고 막아달라고 청탁을 했다.

왕광준 부인회장은 사실 조수현 교통 선출시 교의회 부의장직에 있으면서 불참했고 또 교단본부 입성 초기에는 참석도 하지 않았다. 이에 이의를 제기한 것은 검정동기회 회장단과 임원들이었다. 그런데 부인 용재 대부분 임원은 양쪽 단체에서 겸임 활동을 하고 있는 상태였다. 이런 내용을 잘 알고 있고, 또 원종석의 사주를 받고 있던 박순자 등은 그들의 부정을 은폐하고 보호를 받기 위하여 평소 친분이 두텁던 왕광준 회장을 활용했던 것이다. 물론 그는 부인회 총무이기도 했다.

그들은 이 위기를 역으로 이용하여 교단 개혁을 요구한다는 명분을 들고 나와 자신들에게 부정 운운한 자들을 모략으로 몰아치면서 허위로 선동을 하는가 하면, 임원 간에 이간을 시키려 했다.

뾰족한 대안도 비전도 없이 자기들에게 맞지 않으면 무조건 친일파, 왜색 추종자들이라고 몰아치고 모함을 했다.

또, "몰아내자 신도천리교 매국자들! 철폐하자 신도천리교!"라는 허황된 전단을 뿌리는 등, 구체적인 사항을 적시도 하지 않고 무조건 선동, 분열, 모함하며 이간을 조장했다. 왕광준 회장이 몇몇 부인회 간부들을 선동하자 일부는 이에 동조하면서 그들은 하나의 세력을 형성해서 교단을 불안하게 몰고 갔다.

이때까지도 교단에서는 교단을 이탈한 혜성 측과 한국천리교 측과 대립이 극히 첨예하게 되었을 뿐 아니라 문체부로부터 이사장(교통 겸임) 승인도 없었기에 경거망동을 삼가고 있었다. 그러나 더 이상 전국부인회의 반 교단적인 행위를 방치할 수 없어 해산조치를 취하였던 것이다.

2. 대한천리교 전국부인회의 창립과 해산

가. 전국부인회의 창립과 그 과정

전국부인회의 창립에 대해서 기술하고자 한다.

전국부인회의 창립은 1991년 3월 31일 13시에 본부 대회의실(3층)에서 참석 대의원으로 6개 교구의 대의원 60명 중 44명이 참석하여 창립했다.

이때 선출된 임원은 아래와 같다.

회장 ; 왕광준(천성교회장)
부회장 ; 박정자(대성교회장)
장연임(혜광교회장)
중앙위원 겸 총무 ; 김춘옥(울산교회)
김정숙(경기교구)
왕정자(경남교구)
최두선(부산교구)
양태식(경북교구)
정한주(서울교구)
노재순(호남교구)
감사 ; 백말순(경기교구)
이명옥(부산교구)

다음은 이 날 대한천리교본부 부인회 결성에 대한 경과보고이다.

1. 1952년 대한천리교라는 이름으로 이 나라에 자주적으로 처음 창단된 교단이 40년 가까운 세월을 보내고 그간 많은 성장을 하여 이 나라 10개 종단의 하나로 되었음에도 아직까지 전국적인 부인회를 결성치 못하고 있음은 부끄러운 일이 아닐 수 없습니다.

여기에 부인 교직자의 여망과 함께 교단본부에서는 1989년 10월 처음으로 교구장회의에서 논의하여 1990년도의 최우선 사업으로 결성하기 위하여 수차에 걸쳐 회의 및 문서를 하달하였습니다.

그리고 보다 민주적으로 구성키 위해 상향식으로 조직하려 했으나, 8개 교구 중 4개 교구(서울, 경기, 호남, 경남)만이 결성되고 그 이상의 진전이 없어 이미 결성된 교구 부인회만이라도 발기하기로 결정되어 지난 1990년 10월 31일, 계획서를 시달 하였습니다.

2. 1990년 11월 14일 교단 회의실에서 1차 참여 교구 대의원 5명과 미결성된 교구 대의원 1명씩을 추천하여 총계 24명을 발기인으로 하여 그들 전원을 대의원으로 공고하여 대한천리교 본부 부인회 결성 준비대회를 가졌던 것입니다.

3. 여기에서 창립준비위원회를 구성, 준비위원장에는 왕광준, 그리고 위원으로 한금수, 김정순, 임순규, 장연임, 노재순, 왕정자, 김춘옥이 피선되고 총무에는 임순규가 지명되었습니다.

4. 1990. 12. 1일, 제2차 창립준비위원회를 개최하여 서울·경기지구에서 준비위원 4명을 더 보강(이순훈, 김선기, 박순자, 박명자) 심도 있는 준비를 하고자 하였습니다. 첫째, 전국부인회 회칙(시안)을 배포 검토키로 하고, 둘째, 창립 취지문을 작성 통과키로 한 바 있습니다.

5. 1990. 12. 14일, 제3차 회의와 제2차 회의에서 보강키로 한 4명에 대하여 정식으로 회의에 부쳐 만장일치로 통과시키고 각 교구 대의원을 5명에서 10명으로 늘려 부회장에 김춘옥, 총무에 박순자가 피선되었습니다.

6. 1991. 2. 4일, 제5차 회의시 김춘옥 부회장의 발의로 부산교구 및 경북교구 부인회 결성에 찬성하여 2월 26일 부산교구에 회장단이 참석, 좋은 성과를 얻었습니다. 이때 창립준비를 위한 기금으로 위원 1인당 10만 원씩을 할당하고 다음 회의를 3월 13일로 결정, 총회 개최준비를 완료키로 하고 창립총회를 4월 1일로 하기로 결정하였습니다.

7. 교단에서는 1991. 2. 5일, 대천교 제91-14호로서 대한천리교 전

국부인회 미결성 교구에 대하여 빨리 결성하라고 참여를 독려한 바 있습니다.

8. 지난 3월 13일, 제6차 회의시 창립총회 마무리 작업으로 재차 회칙 보강 및 창립 취지문을 정리하고 총회준비를 완료하였으나, 창립총회 일자가 교단본부 연성회 관계로 3월 31일자로 재 조정되어

9. 오늘 역사적인 대한천리교본부 부인회의 창립총회를 하게 된 것입니다. 오늘의 창립으로 대한천리교의 무궁한 발전을 기할 수 있다는 자부심을 갖고 일치 단합해서 역사에 남을 뜻있는 일을 이룩합시다.

대한천리교 창립준비위원회

다음은 창립 취지문이다.

〈문서〉

창립 취지문

우리는 어버이신님의 가르침과 교조모본의 실천을 보다 효과적으로 실시하기 위하여 부인 용재들이 하나가 되어, 아래의 목적달성을 위해 대한천리교 부인회를 창립한다.

아 래

1. 천리교 입교의 참뜻과 교조모본을 따르는 부인 용재로서 긍지

를 갖고 이 길을 널리 펴는데 앞장선다.

2. 대한천리교의 창립이념을 따르며 교헌 제 규정 및 정관을 준수한다.

3. 부인 용재 상호간의 친목을 도모하며 상부상조하는데 힘쓴다.

4. 회원의 자질향상과 신앙심을 고취하는데 부단히 노력한다.

5. 인간구제 뿐 아니라 사회구제, 세계구제에 앞장선다.

1991년 3월 31일

대한천리교 전국부인회 발기대의원

(발기인의 연명과 인장을 찍음)

이리하여 전국부인회가 활발하게 활동을 시작하고 친목도모, 사업전개, 기금조성, 복지사업을 위한 부지 매입 등에 성의를 보였다. 그러나 그것도 잠깐, 아집과 야욕, 그리고 운영미숙 등으로 곧바로 난맥상을 드러냈다. 그 실태를 보면 이러했다.

첫째, 전국부인회 회칙 자체도 임의대로 개정하여 회장의 교단장 승인, 중요사업의 보고 의무, 연말 결산보고, 회칙 변경에 대한 비준, 등에 대한 조항을 삭제하였다. 이렇게 회칙을 임의로 조작하여 스스로 교단의 공식기구에서 이탈하므로 수차 올바른 활동을 해줄 것을 촉구했으나,

둘째, 오히려 교단에 대한 압력 단체처럼 행동을 하는가 하면, 원종석, 박순자 등과 공모하여 적극적으로 반교단행위를 하였고,

셋째, 복지사업을 한다면서 교단과 사전 협의도 없이 몇 사람이 멋대로 작당하여 대전지방법원 공주지원 등기소에 가서 공매 입찰에 참여하여 부인회의 기금으로 임야를 낙찰(매입) 받으면서 자격

요건도 갖추지 못한 자가 허위문서를 만들어 명의 이전도 못하게 만드는 등, 시행착오를 일으켜 손실을 초래하였고,

넷째, 회장이 자기 세력구축에 혈안이 되어 많은 독선과 시행착오를 거듭하면서 신뢰를 상실하였다.

다섯째, 부인회장 왕광준은 교단 지시를 무시하여 반교단 행위자로 제명된 원종석과 박순자 등을 사주하여 1995년에 서울교구를 불법 점거하게 하는 등, 모반 행위를 했고, 전국부인회를 마치 그의 사설단체처럼 이용하는가 하면, 교단산하 공식기구로 책임을 다하지 못하고, 오히려 반 교단적인 행위를 했기 때문에 해산조치를 취하게 되었다.

나. 전국부인회의 해산

교단에서는 1995년 6월 15일자로 대한천리교 전국부인회를 해산시켰다. 이유는 전술한 바와 같이 왕광준 부인회 회장 및 박순자 총무가 주동이 되어 몇몇 추종자들과 함께 교단의 뜻에 반하는 불법 부당한 행위를 하여 교정을 문란케 할 뿐 아니라, 온갖 모략과 유언비어를 퍼트리는 등, 신자 간에 오해와 불화를 조장함으로써, 당초 부인회의 설립 목적과 다른 행위를 했기 때문이다. 즉 부인회의 기구를 그들 몇몇이 장악하면서 사설 기구화하여 당초의 창립 취지에 어긋나는 단체로 변질시켰으니 교단에서는 부득이 다음과 같이 대한천리교 전국부인회를 해산 조치했다. 그 내용은 아래와 같다.

〈문서〉

대한천리교

대천교 제95-28호 1995년 6월 15일

수신 : 수신처 참조

제목 : 대한천리교 전국부인회 해산공고

아래와 같이 대한천리교 전국부인회를 해산 공고하오니 전국 교신도들께서는 참고하시기 바랍니다.

아 래

1. 대한천리교 전국부인회 창설은 대천교 제90-59호(1990. 10. 31)에 의거 창립계획서를 수립하여 실시하면서 발기문과 회칙을 제정하여 교단 산하의 건전한 부인회로 육성하려 했다.

2. 당초 부인 용재들의 친목과 아울러 건전한 복지문화사업을 통한 활동 등으로 본 교단의 복지사업의 일익을 맡아 자주교단에 활기를 불어 넣으려 했으나,

3. 당초의 창립 목적과 취지와는 달리 교정 행정에 반하는 일련의 사태를 야기 시키는 임의단체로 전락하고 있는 실정임.

4. 당초 승인 당시의 취지문(특히 상호간의 친목과 교헌 제 규정의 준수 등 참조)을 완전히 위배하고 있으며,

5. 승인된 회칙에 의하면, 회장은

가. 교통의 승인을 받아 취임하게 되어 있고,

나. 자체 회계감사 결과를 교단(본부회계감사 위원회)에 보고하게 되어 있음에도 한번도 실시(보고 등)한 바 없고 ,

다. 본회의 연간 사업계획 및 결산보고서 대한 것도 교통에게 제출하게 되어 있는데도 불구하고 제출한 바 없으며 ,

라. 무엇보다도 교신도 간의 상호 불신감을 조성하는 등 교헌 및 제규정과 교단 지시사항을 위반하고, 또 위반한 자를 요직에 선출하며,

마. 교단과는 하등의 연관이 없는 단체로 전락하였으므로 이에 본 교단에서는 본 단체를 산하단체로 인정할 수 없어 해산 조치함.

교단 정상화가 된 후 교우 상호간 불신을 없애고 참으로 상부상조하는 기틀이 조성되었을 때 새로이 부인회를 구성한다. 끝

이상을 전국 교회, 포교소에 보냈다.

이렇게 하여 교단에서 훌륭한 모임체가 될 것을 바라면서, 정성들여 결성했던 전국부인회는 교령으로 해산되었다. 그러나 아직도 일부 부인회원들이 순수하게 친목을 도모한다면서 계속 모여 부인회 활동을 하고 있다. 교단에서는 근본적인 개선을 하지 않는 한 공식 기구로서 부인회를 인정치 않고 있다.

3. 서울교구 청사 신축에 대한 후유증과 불법 점거사건

가. 서울교구 청사 신축역사와 후유증

1) 서울교구 재산에 대한 전망

(1) 교단 기본재산이다

대한천리교 서울교구 사무소로 사용하고 있는 장소는 이미 본 대한천리교사 2권에서 기술한 바 있듯이 오래 전부터 대한천리교 교단본부로 사용해 온 곳이다. 그리고 여기에서 1963년 10월 14일에 재단법인 대한천리교단 설립인가를 받아, 재단사무소로 오랫동안 사용해 온 기념비적인 유서 깊은 장소다.

당시 주소는 서울특별시 성동구 신당동 107번지 1로서 지상에는 식민지 시대에 건립된 낡은 기와집 2채(109㎡와 62㎡)로 되어 있었는데, 1963년 12월 16일부로 재단 기본재산으로 편입하고 승인을 공보부에서 받았다. 제법 큰 건물은 신전으로 사용했었고 작은 건물은 사무실 겸 일부 숙소로 사용하여 왔었다. 그러나 대지는 공유지분에다 서울시 구획정비지구로 묶여 있어 교단 명의로 분할 변경하지 못해 건물과 함께 기본재산으로 편입하려 했으나 승인 받지 못하고 당시 건물만 기본 재산으로 승인 받아 사용해 왔다.

그런데 1986년 3월경 서울시에서 그 주변을 구획정비하면서 공유자 간에 분할을 할 수 있게 되면서 당시 대한천리교 서울교구에서 사용 관리 중이라 서울교구 이름으로 1990년 1월 16일부로 분할 등기 이전하고 그 결과를 교단에 보고를 했었다. 이때까지 서울교구에서는 이 비좁고 낡은 기와집을 그때그때 수리해 가면서 아쉬운 대로 사용해 오지 않을 수 없었다.

당시 교구의 재산에 대한 등기부를 토대로 그 중 한 건의 가옥 등기를 여기에 옮겨보면,

〈등기〉

등기번호 105135호.
표제부를 보면, 접수는 1950년 5월 26일.
서울특별시 중구 신당동 106번지의 8. 위 지상 제15호.
목조와즙평가건 주택 건평 33평 - 생략 -
갑구(소유권)를 보면, 소유권 이전 접수 1963년 12월 16일 제 43320호
원인 : 1963년 7월 2일 매매
소유자 : 재단법인 대한천리교단
서울 성동구 신당동 107번지의 1. - 생략 -
라고 되어 있다.

〈참고〉 원래 이 지역은 귀속재산으로서 허문(許汶) 씨가 이 일대(서울특별시 성동구 신당동 106번지 8호 동소, 동번지 소재) 부동산〈목조와즙평가건 주택 겸 공장 1동, 건평 114평 5합 6작. 목조와즙평가건 창고 1동, 건평 15평7홉5작, 목조와즙평가건 변소 건평 1

평〉에 대하여 일괄 불하를 받았는데 그 계약서를 보면,

〈귀속재산 부동산(주택, 점포, 대지, 기타) 매매계약서〉를 단기 4287년(서기 1952) 10월 30일 체결하면서,

매도인(갑) : 대한민국정부 서울특별시 관재국장 황환승.

매수인(을) : 서울특별시 성동구 신당동 107번지 1 허문, 이라 되어 있다.

이를 근거하여 대한천리교에서는 이 중 환지 면적 69평을 매입하여 교단 사무소로 사용해 왔던 것이다.

그 후, 그 일대인 신당동 106-8번지에 대하여 〈환지예정지정증명원〉을 받아보니 소유권이 '국외 108인' 이라고 기재되어 있을 정도로 복잡했다.

그 후 최재한 회장이 재단법인 대한천리교단 이사장이 되면서, 이 재산에 대하여 후일 분쟁이 없도록 하기 위해 다시 1974년 4월 1일에 허문과 재단 이사장 간에 증여계약서를 작성하였다. 그 내용은 이러하다.

〈문서〉

증여계약서

부동산의 표시 : 서울특별시 성동구 신당동 106번지의 8
대 3400 분지 중 57.53 평

위 부동산은 공유인 바, 증여자 허문(許汶)은 금번 대한천리교단에 증여할 것을 확약하고 수증자는 이를 승낙하였으므로 후일을

위하여 이 증서를 작성하고 각각 기명 날인한다.

그리고 당시 성동구 황학동 711번지 사법서사 최문오를 대리인으로 하여 등기 신청에 대한 업무를 위임한 바 있었다.

이상과 같이 이 일대가 도시계획 정리구역으로 지정되면서 지적 등이 세분되어 여러 필지로 미 정리되어 있고 또 여러 사람이 공유하고 있는 형태라서 서울시의 구획정리 확정 후에야 각자 소유권자별 지분정리를 할 수 있었다.

그러나 그간에 소방도로와 정비사업으로 인하여 일부 땅이 떨어져 나가고 사무실 건물도 철거되고, 신전 건물마저도 한쪽 기와지붕의 처마가 날아가는 등 점점 좁아지면서 쓸모없게 되자 신도들 간에 자연스레 건축역사를 하자고 하는 여론이 팽배해 갔다. 그러나 구획정리가 안 된 상태라서 일부만을 수리하여 사용해 오고 있었다.

(2) 구획 정리 후 서울교구로 보존등기

그 후 1986년 6월 5일자로 서울특별시에서 그 일대에 대하여 환지확정 작업을 완료하고 '청산금 청구 통보(신당, 청량리 지구)'가 허문(許汶) 씨와 이해관계인에게 왔다. 내용인즉 1986년 3월 5일자 환지 확정 처분하여 감평 환지 처분된 청산금을 준다는 것이었다. 서울시에서 구획정리가 확정되어 각 소유자에 대한 지분으로 분할되면서 당시 서울교구(교구장 정연창(鄭然昌))에서는 이때 지분정리를 했다. 그런데 이미 허문 씨는 고인이었고, 그 분의 장남인 허권(許權) 씨가 대신하여 1986년 8월 중순경에 환지 확정에 따른 통지문을 서울교구에 보내 왔다. 그 내용은 이러했다.

'-전략- 그러므로 허문 씨와 천리교 간의 증감은 총괄적으로 허문 씨와 천리교 간에 정리함이 좋다고 사료됨. 그리고 현 등기 소유분과 확정된 내용은,

허문 등기분 188.95평. 확정분 180.10평(596.40 평방미터)

천리교 등기분 38.00평. 확정분 63.64평(210.40 평방미터)

상기 확정에 의거 하기(下記)와 같이 증감사항이 발생하였음.

허문 감 8.85평

천리교 증 25.64평

그리고 청산금 내용과 납기 및 고시가(告示價)라고 하여 하기와 같이 납부 및 지급 발행서가 왔는 바, 공문대로 이행되어야 청산이 완료되는 것임.

납부발행서 : 48,381,000원

지급발행서 : 27,480,000원

차액 : 20,901,000원

납기는 1986년 12월 30일까지

고시가 : 600,000원(평방미터 당)

상기 산출 내용과 같이 천리교는 금번 환지 확정에 따라 25.64평이 증가되고, 허문 씨는 실제 평수 188,95평에서 8.25평이 감소된 180.10평이므로 천리교에서 증감차액에 대한 것을 보상해야 할 것임.

상기 내용과 같으므로 1986년 10월 말일까지 청산 정리하여 완전

독립된 권리를 취득함이 좋겠다는 것이 저의 생각이오니 양지하시고 최대 협조를 부탁 올립니다.'

이에 대하여 서울교구에서는 이들의 주장이 틀렸다고 반박하며 얼마 동안 허문 씨 측과 논쟁을 한 사실이 있었다. 이때 그에 관한 상세한 내용을 교단에 보고를 했는데 그 내용은 아래와 같다.

〈문서〉

대천서교 제86-51호 1986년 8월 23일

수신 : 재단 이사장

제목 : 서울교구 대지 등기 이전의 건

그간 교구 청사 및 대지가 사망한 허문 씨 앞으로 되어 있던 중, 금번 86년 3월 5일부로 환지가 확정이 되어 재단 명의로 등기 이전하고자 하는 바, 여러 가지 어려운 문제가 있으니 이사회에서 조치 방안을 시달하여 주시기 바랍니다.

유첨 : 설명서 및 관계서류 1부

이상이 서울교구장 정연창 명의로 전달되어 왔다.

거기에는 서울교구 대지관계 설명서와 문제점 등이 상세히 기재되어 있었다. 그 유첨물은 아래와 같다.

(유첨)

· 서울교구 대지 관계 설명서

현재 서울교구 대지(신당5동 141-11)는 최현덕(충북 괴산에 거주) 씨로부터 매입하여 당시 대한천리교 총본부가 종단재산으로 등록하고, 소재를 당시 서울시 성동구 신당동 107-1(1961년경)로 하였음.

또, 지상의 건물도 종단에 귀속케(1963. 12. 16일경)하였으나 대지는 이 일대가 공유지분으로 되어 있어 분할하지 못하고 있던 중 1986년 3월 5일 환지 확정이 되어 본 교구 부지가 단독 등기를 할 수 있게 되었음.(141-11) 그리하여 허문 씨로부터 등기 이전을 하기 위하여 그간 교무원장(최명진)과 교구장(정연창)이 허권 씨와 누차 협의하였으나 다음과 같은 사유로 등기 이전이 불가능하다 하오니 참고하여 주시기 바랍니다.

· 문제점

1. 소유자 허문 씨가 사망하고, 그 자녀분에게 상속 이전되어야 한다.

2. 환지 확정으로 허문 씨와 천리교간 증감 문제가 발생하였다.

3. 허문 씨 지분(141-3, 141-13)에 대하여는 권리면적에 약 30평(100.2㎡)이 증가된데 대한 대금 48,381,000원을 시에 납부해야 하고,

4. 천리교(141-14)에서 권리면적 약256.2㎡(77.6평)에서 210.4㎡(약 83평)로 약13평(45㎡)이 감소로 하여 27,480,000원을 시로부터 수령해야 하는데,

5. 허권(허문 측) 씨는 도리어 천리교 측이 38평만이 주장할 수 있다고 하여 자기 지분 증가된 금액 48,381,000원에서 교회 측 27,480,000원을 상쇄하고, 나머지 20,901,000원 마저 천리교에서 내

야 등기 이전을 해 주겠다고 함.

이상의 문제점으로 상호 타결하지 못하고 있습니다. 그간 20여 년간 주위 모든 사람들이 이 사실을 알고 있을 뿐 아니라 소방도로 관계로 많이 줄고 남은 땅은 그 상태로 있어 허권(許權 : 허문의 장남) 씨가 이의를 제기할 문제가 안 된다고 보아 법으로 해결할 길 밖에 없다고 사료되어 사실을 설명합니다.

이에 대하여 교단에서는 관계자료와 함께 업무지시를 보내 서울 교구장은 교단 재산에 대하여 원만히 처리하여 조속히 명의 이전하고 그 결과를 보고할 것을 지시했다.

〈참고〉 이에 대하여 교단에서는 교무원 총무부장이 근거자료와 보관해 두었던 여러 자료(사본) 중 1973. 12. 29일자 서울특별시 성동구 신당 제5동에서 발행한 허문 씨(주민등록번호 : 110410-104691)의 인감증명서(1부 보관용)와 당시 재단 기본재산(건물) 건으로 문공부에 제출했던 자료 일부를 교구에 보냈다. 그리하여 이에 근거한 특별조치법에 의해 명의를 이전할 수 있었다.

그 후 교구장 명의로 교무원장에게 '교구 대지 등기이전보고'가 올라왔다. 여기에 일부를 옮긴다.

〈문서〉

대천서교 제90-7호 1990년 2월 19일

제목 : 교구 대지 등기이전의 건

대천교 제87-55에 의거한 교정지시에 의한 서울교구 대지 매입 정리 건에 관하여 본 교구(신당동 141-11) 대지가 30여 년간 미등기 상태에서 1990년 1월 16일부로 등기 이전이 완료되었음을 통보함.

유첨 : 토지대장과 등기부 등본 각각 1부.

소재지 : 서울특별시 중구 신당동 141-11.

면적 : 210.4평방미터.

소유자 : 대한천리교 서울교구. 이상

〈참고〉 당시 교단 명의로 바로 이전을 하려 했으나 이 재산은 고 허문 씨의 명의로 공유재산으로 되어 있어 우리 교단의 지분으로 분리하자면 제반 이해 관계자와 함께 고 허문 상속자들이 예상 외로 많아 그 정리가 복잡했다.

그래서 만일의 경우 민사 소송까지 제기할 생각을 했을 정도로 어려웠다. 또 정리를 했다고 하더라도 즉시 교구 청사를 짓기로 되어 있었으니 미리 재단 기본재산으로 전환했다면 건축허가 등, 시공 과정에서 일일이 주무부의 승인을 받아 일을 처리해야 하기 때문에 비능률적이라 생각하여, 건축공사 완공 후에 재단 기본재산으로 전환하기로 했었다.

그런데 설상가상으로 건축 공기가 늘어났고, 또 그간 부당한 교령 사건 등으로 교단에서 혜성교회가 종속교단으로 이탈하는 등 교단의 분규가 장기화되면서 기본재산으로의 전환이 미루어졌던 것이다.

2) 교구 청사 신축

(1) 교구 청사 신축공사

교구 부지가 서울교구로 보존 등기를 하게 되면서 교구의 구 건물을 헐고 그 자리에 교구 청사 신축공사를 시작했다. 하여 서울교구청사 건축추진위원회를 결성했다.

그간의 과정은 이러했다.

1990년 7월 9일 정오 12시 제53차 긴급운영위원회를 서울교구 사무실에서 열고 '교구건축허가' 건에 대하여 논의하였다.

이 날 교구장(정연창)은 다음과 같이 개회 인사를 했다.

"제52차 회의에서 건축역사문제를 논의한 바 있었으나 건폐율 등의 문제로 인하여 잠정적으로 유보하기로 했습니다. 그런데 그해 7월 7일부로 건폐율 60%까지 건축할 수 있게 되어 현재 사용하고 있는 신전 35평 정도 이상의 건축(40평)을 지을 수도 있게 되었습니다. 또한 8월부터는 주차문제로 실제 건폐율이 줄어들 수도 있다고 하므로 7월 중에 건축허가를 득하는 것이 좋을 것이라는 설계사측의 말에 따라 오늘의 모임을 서둘러 갖게 되었습니다. 잘 상의하여 주시기 바랍니다."

이어서 운영위원장(반상열)의 발언이 있었다.

"그간 장마에 별고 없으신지요? 오늘 갑자기 회의를 소집한 동기는 교구장 말씀과 같이 어차피 해야 할 일이라면 진지한 마음으로 협조의 말씀을 해주시면 감사하겠습니다."

이에 대하여 곽태호, 김광옥 위원 등이 건폐율과 주차장 관계가 8월이 되면 불리하다고 하니 7월 중에 설계허가를 받자고 발언을 하자, 위원장은 건축허가를 받기 위한 설계를 할 것을 결의에 부쳐 만장일치로 동의 결의했다. 이날 참석자는 운영위원장(본도교회장), 운영위원인 성양교회장, 길태교회장, 미아교회장이었다. 김영준(삼명교회장)은 불참했으나 동의한다는 연락이 있었다.

1990년 9월 21일 오전 11시에 제54차 운영위원회를 교구 사무실에서 개최하고, 이 날 건축 허가 건에 대하여 논의했다.

교구 사무장이 그간의 경과보고를 했다.

'- 전략 - 7월 중에 설계 허가까지 마치도록 하였으나 설계사 측조 사장이 차일피일 하면서 상호 협의할 기회를 주지 않아 지난 8월에 들어와, - 중략 - 만부득이 약속어음 4,000,000원을 발행하여 건축 허가까지 받기로 진행하고 있었으나 정부 시책상 허가도 어려울지 모르겠다고 했습니다.

이에 대하여 참석했던 모든 위원들은 결의한 대로 진행하여 어렵지만 설계와 건축허가까지 받기로 결의를 하였습니다.

이날 의제는 운영위원 재편성 건, 봉고차 결손의 건, 기타 의제를 논의하였다. 이날 참석한 운영위원은 위원장 반상열(본도교회장), 위원 홍찬준(영홍교회장), 강상열(대영교회장), 김광옥(미아교회장), 곽태호(길태교회장), 강달분(성양교회장), 조남례(덕성교회장), 최득녀(성덕교회장), 김영준(삼명교회장) 등이었다.

1991년 3월 2일 오전 11시 제57차 긴급 운영위원회를 교구 사무실에서 열고 1990년도 결산(감사)보고를 마쳤다. 이어 교단역사를 위해 가신전 이전을 위한 건물 임차계약을 논의하고 공사 시공자 선정과 함께 청사건축추진위원회를 구성하였다.

이 날 교구장이 개회 인사를 하면서,

"-전략- 건축의 역사는 기정사실이고, 따라서 임시로 집을 구하여 가신전 설치 및 이전 등의 문제와 건축업자 선정도 불가피하게 결정하지 않으면 안 될 사항이니 진지한 의논을 해주시기 바랍니다."고 하고, 가신전에 대하여서는, "-전략- 월세는 백만 원으로 하고 보증금 오백만 원에서 월세금을 공제하기로 해서 오늘 계약할 예정입니다. 따라서 3월 15일 내로 완전히 이전하려고 합니다." 하고 보고했다. 사무장이 계약서를 낭독하고 이전계획을 설명하였다.

이에 일동은 제반사항은 집행부에 일임하기로 만장일치로 결의하였다.

이어서 사무장은 "공사 시공자는 현재 4건인데 견적서를 보고 각기 별도 양식 난에 의사를 표시해 주시면 다수 날인된 자를 엄선하여 선정하겠습니다. 따라서 오늘 불참자도 추후 의견을 물어 처리하겠습니다. 각자 의견을 다음 양식에 표시해주시기 바랍니다."

참여한 회사명과 총 공사 금액은 다음과 같다.

(1) 대림기업사 〔198,815,700원〕

(2) 현대기건사 〔190,539,000원〕

(3) 삼흥토건 〔203,540,000원〕

(4) 원풍건설 〔191,377,000원〕

이상 4개 업자 중에서 (2)번째의 현대기건사(대표 김영호)에 모든 위원들이 날인을 했다.

날인한 자의 명단은,

운영위원장 반상열. 위원 영흥교회장, 길태교회장, 대영교회장, 삼명교회장, 미아교회장, 대중교회장, 성양교회장, 덕성교회장 등이었다.

그리고 이날 역사추진위원회 구성에 대하여 논의를 하였다.

교구장은 운영위원을 포함하여 3~4명을 추가하려고 하면서 정능교회, 혜정교회, 홍능교회, 신명정교회, 구로교회, 순경교회 중에서 추천했으면 하고 제안을 했지만, 강상열 위원이 "많은 사람이 참여하는 것은 바람직하지 않습니다. 제 생각으로는 운영위원 3명 외 4명을 추가하여 7명이면 좋겠습니다."고 하자 모든 위원들이 강상열 위원의 의견에 찬성하였다.

교구장은 여러 사람의 뜻을 받아들여 다음 모임에서 추천 명단을 제시하기로 하고 이날 회의는 끝이 났다.

〈제1차 청사건축추진위원회 개최〉

일시 : 1991년 3월 11일

장소 : 서울교구

개회사(사무장)

"늦어서 대단히 죄송합니다. 오늘은 운영위원회와 청사건축추진위원회를 함께 소집하여 연석회의를 하려 했으나, 매사가 시급하게 돌아가고 있어 시간적 여유를 갖지 못하여 다음 사람을 교구장이 추천하고 즉시 지장에 참배하러 가셨습니다. 운영위원 중에서는 대중교회장, 영흥교회장, 대영교회장, 미아교회장, 길태교회장을 추천하고 외부에서는 정능교회장, 혜정교회장, 홍능교회장, 신명정교회장, 구로교회장, 순경교회장 중에서 4명을 추천하였습니다. 이상입니다만 본인의 의사를 타진하지 못했습니다. 타진 후 제2차 모임 때는 승인된 사람을 위촉하겠습니다.

오늘은 우선 교구 운영위원에 소속된 추진위원과 신명정교회장의 참석으로 모두 9명인데 그 중 대중교회장, 길태교회장, 미아교회장, 영흥교회장, 신명정교회장님의 참석으로 우선 구성했으면 합니다. 오늘 참석한 분을 추진위원으로 하여 승낙 여부를 확인하고 연석회의를 개최하겠습니다. 그리고 오늘 회의는 교구장과 운영위원장 부재로 제가 회의를 진행하겠습니다."

이에 일동이 찬성하였다.

여기에서 신명정교회장, 미아교회장, 길태교회장, 대중교회장, 영흥교회장 이상 5명은 추천을 승낙하였으므로 계속하여 연석회의를 개최했다.

위원장은 곽태호 길태교회장의 발의로 다음 회의에서 선출하기로 하고 시급한 문제를 논의했다.

그리하여 이날 첫째 의제는 공사발주, 둘째는 가신전 공사예산, 셋째는 가신전 이전, 넷째는 공사계획서의 승인이었다.

첫째는 공사업자 4명이 제시했던 견적서 등을 참조하여 다수의 결의에 의하여 2번째의 현대기건사(대표 김영호)가 선정되었음을 알리자 모두 찬성하였다. 이어 미아교회장은 모든 진행은 집행부에서 알아서 진행하도록 일임하자고 하였다. 이의가 없자 다음 문제로 넘어갔다.

사무장은 가신전 이전계획 일정을 1991년 3월 14일까지 가신전 공사를 끝내고, 아울러 신님 이전 봉고제를 올리겠으며, 1991년 3월 15일에는 모든 이삿짐을 옮긴다고 설명을 했다. 이어서 공사비 견적서를 돌리면서 결정하여 줄 것을 요청했다.

'공사비 및 수지현황'은 이러했다.

공사 계약금 : 190,510,000원
예비비 : 31,340,000원 계 240,000,000원

성금 : 132,952,800원 (92. 3. 25 현재)
백양보증금 : 70,000,000원
조은당 : 40,000,000원
차입금 : 45,000,000원 계 287,950,000원
미 불입금 : 14,000,000원 별도

임시 교구 청사 임대료 : 8,000,000원
설계료 : 4,000,000원
가신전 공사비 : 1,500,000원
이상을 설명하자 모두 찬성하여 결의하였다.

(2) 청사 신축계약과 건축 과정

이렇게 하여 청사신축계획서가 결의되자, 1991년 3월 24일자로 현대기건사 대표 김영호와 교구 청사 공사계약을 체결, 준공은 91년

7월 24일자로 하기로 했다. 그리하여 즉시 구 건물을 헐고 공사를 시작하였으나 5월에 들어서면서 공사에 하자(瑕疵 : 설계와 다른, 즉 불법건물을 지음)가 생기자 업자인 김영호는 자취를 감추고 나타나지 않았다. 그래서 교구에서는 그 자의 주소지를 찾아 추적했지만 만날 수 없었다. 겨우 연락처를 찾아 여러 번 전화로 공사를 계속할 것을 종용했지만 시공자는 이 핑계 저 핑계를 대며 지지부진(遲遲不進)하여 교구운영에 막대한 지장을 초래했다. 후에 알게 되었지만 그 자는 실력이 없는 부실 업자로서 큰 공사를 할만한 자가 아니었다. 그가 갖고 있던 영업감찰(허가)마저도 이미 무효가 된 것이었다고 했다.

교구에서는 시공자에게 구두로 수차 독촉을 했지만 공사는 진행되지 않았고, 오히려 공사대금을 미리 달라는 등으로 귀찮게 굴면서 현장 책임자만 현장에 어른거리고 그는 잘 나오지도 않았다. 할 수 없이 교구에서는 역사를 빨리 완공하기 위하여 교구 직영으로 공사를 하게 되었다. 그래서 당시 김영호 밑에서 일하던 오정규(달성포교소장) 씨와 이상용 씨를 고용, 건축공사를 계속 추진했다. 한편 김영호에게는 1991년 7월 14일자로 다음과 같이 공사를 빨리 진행해 줄 것을 독촉했다.

〈문서〉

대천서교 제91-14호

수신 : 현대기건사(등록번호 2053411274)

대표 김영호(을), 보증인 강대진(병)

제목 : 건축공사 지연에 대한 조치 및 보증인 교체의 건
- 전략 - 계약상의 보증인 강대진(병)을 퇴진시키고 새로운 보증인을 교체한다고 하니 계약상의 문제가 발생되고 있을 뿐 아니라, 이로 인한 공사가 계속 지연되고 있어 본 교구 계획에 차질이 도래, - 중략 - 아래와 같이 통보하오니 이행하는데 차질 없도록 해 주시기를 바람.

아 래

1. "을"은 합의한 보증인 교체를 7월 20일까지 체결하고 면허 및 영업감찰 사본을 함께 첨부할 것.
2. "병"은 "을"이 보증기간에 공사를 완료하지 못할 시에는 계약에 의한 책임을 감수하여야 할 것임
3. 현 계약이 해약될 경우 현재 공정(골조)을 평가하여 공사금 증감의 차액은 합의에 따라 처리할 것임.
4. 이상의 문제가 이행되지 않을 시에는 "을"은 공사를 포기한 것으로 간주하여 "갑"은 임의로 공사를 진행할 것이며 이의가 있을 경우 7월 23일까지 이의 제기를 바람. 끝

대한천리교 서울교구 청사건축추진위원장 인

이에 대하여 김영호는 다음과 같은 각서를 썼다. 그러자 신도들은 김영호가 성의가 없고 이런 각서를 접수한 측도 문제가 있다고 말이 많았다.

각 서

서울 영등포구 대림동 ○○○○-○○ 김 영 호

공사명 : 서울교구청사 신축공사

위 본인은 1991. 7. 3일 용역관계로 회의한 내용 중 8월 15일까지 별다른 변동이 없을 때는 전력을 다하여 완성키로 각서합니다.

1991년 7월 17일

상기 김 영 호 인

교 구 장 귀하.

이런 과정에 공사 기간이 연장되고, 건물도 부실하고 엉망이 되니 이로 인하여 불필요한 공사대금만 자꾸 추가되었다. 또 신도 간에 불만이 일고, 일부에서는 건축역사에 비리가 있다는 등의 유언비어가 난무했다. 이런 일들이 훗날 교구 분쟁의 원인이 되어 수사기관에 고소를 하는가 하면 이를 기화로 불순세력들이 불법으로 교구를 점령하는 사태가 발생하였다.

이후 제4차 청사신축추진위원회가 1991년 7월 3일 서울교구에서 열렸다.

의제는 1) 건축에 대한 경과 보고
2) 공사대금 지불 현황
3) 역사성금(6월말) 현황
4) 가게 임대건 등이었다.

이 날 논의된 내용 중, 중요한 것을 여기에 발췌하면,

- 전략 - 사무장이 제3차 회의록을 낭독하고 이의 없음을 확인한 후, "공사가 예정대로 진행되지 못하는 것에 대해서는 직접 김영호 사장으로부터 들으시고 역사성금은 6월말 현재 약 7천만 원이 되고, 점포임대는 1층 2개를 평당 6백만 원으로 계약할 예정입니다. 그리고 지하는 아직 미정임을 말씀드립니다. 질문 있는 분은 말씀하십시오."라고 말을 하였다.

그리하여 20여 일이나 공사가 지연된 사유를 직접 김영호 씨로부터 듣게 되었다. 김영호 사장은 "공사가 계속 지연되고 있어 대단히 죄송합니다. 7월말까지는 90%까지 진행을 하고 8월 15일까지는 완공하여 준공하도록 최선을 다하겠습니다." 그리고 최소한의 자기자금 없이 공사를 시작했음을 추궁하는 김광옥 운영위원의 질의에 그는 자인했다.

이어 사무장은 "현재 계약상 골조까지 약속한 7천만 원을 지불하고 있습니다."라고 보고를 했다.

사무장은 설계변경 등에 대하여 김 사장에게 질의를 했다. 그 내용은,

ㄱ) 주차장을 앞쪽에서 뒤쪽으로 옮기고,

ㄴ) 삼층에 기둥 추가,

ㄷ) 2차 준공 검사 중 인가에 대한 것이었다.

이에 김 사장은 "공식적으로 되어 있지 않고 자체 감리를 하기 때문에 합의된 사항으로 아시고, ㄱ)항의 설계변경은 되어 있습니다."고 했다. 그리고 "재료비 계약금이라도 지불하여 주십시오."라

고 요구했다.

그리고 이 날 성금 및 공사비 지출현황(1991. 1. 1일부터 5. 31일까지)을 발표했다.

역사성금 : 1월-355,000원, 2월-755,000원, 3월-8,640,000원,
4월-23,248,000원, 5월-17,380,000원, 합계 50,378,000원.

공사비 지출현황(1991. 3. 23부터 5. 31까지)

공사비 ; 51,000,000원, 교구지출 ; 3,533,000원, 총계 ; 54,533,000원.

어쨌든 이런 부실업자 선정으로 인하여 공사는 현장 감독도 없이 무자격자가 감독을 하면서 설계대로 건축이 안 되어, 건축법 위반으로 1992년 중순에 서울교구장이 고발당하자 서울교구 사무장이 대리출석하여 벌금형을 받았다. 그래서 일부 설계도를 변경해 재시공 끝에 간신히 92년 11월 10일자로 준공검사를 필하여 완공하였다. 그리하여 건축공사에 대한 총 결산을 하고, 자체 교구감사(1991. 3. 24일부터 92. 11. 30일까지)를 실시, 감사 보고를 하였다.

3) 부실공사로 인한 후유증 발생

이상과 같은 이유로 교구 청사 신축공사는 공사 지연으로 과도한 비용이 들면서 부정이 있다고 번졌고 급기야, 교구행정이 마비되었다. 당초 계획되었던 공사비보다 엄청나게 많은 자금이 소요됨에 따라 이에 대한 의혹이 날로 증폭되어 서로 불신하고 또 비방하면서 분규가 급속도로 확산되어 나갔다.

이에 평소 교단에 대한 불만을 갖고 있던 세력들이 교구에 부정이 많다 운운하면서 사건을 침소봉대(針小棒大)하였다. 그러면서

자체수습을 명분으로 교단본부(교무원)와 관련 교정 기구에서 관여하는 것을 배제하고 자기들 몇몇이 모여 수습위원회를 만들지만, 수습은커녕 오히려 사건을 더욱 확대시켰다. 그렇게 되니 교구는 더 혼란해져서 질서를 잡지 못하고 서로 모략, 비방 끝에 급기야 상대를 고소하는 불미한(형사 고소) 사건이 일어났다. 이에 교단에서는 더 이상 교구의 행정이 마비되는 것을 방관할 수 없어 교령을 발포, 새 교구장과 사무장을 직권으로 임명하여 교구 업무를 정상화시키기로 했다.

그러자 천성교회장 왕광준 등은 자칭 교구장 운운하면서 교단에서 반 교단행위로 축출 제명된 원종석과 박순자 등의 세력들과 함께 교구를 힘으로 접수하려고 했다.

그리하여 약 20여 일간 교구를 불법 점거하여 교구 행정의 공백을 가져오게 하였다. 이에 교단에서는 힘으로 그들을 쫓아낼 수도 있었지만, 그들 중에는 비정상적인 자와 불구자들이 많이 섞여 있어, 만일의 불상사를 방지하는 뜻에서 폭력을 지양하고 같이 합숙하는 한편, 업무방해죄로 고소하여 그들을 쫓아냈다.

(1) 발단은 서울지구 청년회의 진정에서

최초의 발단은 그 보다 앞서, 대한천리교 서울지구 청년회(교단과 상관없는 임의 단체) 회장 민향기(閔香基) 명의의 진정 사건이었다. 그가 교단본부 감사위원장 앞으로 보내온 진정서의 중요 부분을 그대로 발췌하여 옮긴다.

"감사위원장님 및 감사위원님 전에 이런 진정서를 올리게 되옴을 신앙인으로 참으로 유감이 아닐 수 없습니다만, - 중략 - 서울교구를 불신하는 많은 분들을 대신하여 감히 서면을 통해 불신하는 그 원인을 다음과 같이 밝히는 바입니다."

아 래

첫째 : 서울지구 청년회가 서울교구에 함께 있을 때 본인(민향기)이 1990년에 3대 회장으로 선임되었던 바, 당시 총무였던 미스 최(현 교구 사무원)로부터 –중략– 장부에 기재되지 않은 약 50만 원의 금액이 통장에서 지출된 점으로 미루어 현 교구 체제에서는 필요하다면 이중장부나 장부가 수정될 가능성이 많습니다.

둘째 : 교구청사 건축 건에 대하여 의문점을 살펴보면,

1. 건축위원회에서 교구 청사 건축 정성금에 대한 공문을 각 교회, 포교소에 하달한 다음 오늘에 이르기까지 건축위원회로부터 결정사항 내지는 결과 보고가 없음을 상기시키면서 구체적으로 공개 질의를 합니다. 정성금만 내면 되는 그런 교회나 포교소로 취급하는 이유가 무엇입니까?

2. 각 교회 및 포교소의 정성금은 어느 정도입니까?

3. 제가 알고 있는 바, 건축계약금이 1억 9천 8백만 원으로 김 사장(김영호)과 계약된 것으로 알고 있습니다.

4. 제가 추정하는 정성금과 가계 임차금을 합하면 약 2억 4천만 원(음덕함 및 월성금은 포함하지 않았음)에 달하는 바, 그 액수도 부족하여 사채인지, 은행 대출을 받았는지 원금에 대한 이자가 약 1백만 원 이상이라고 하니, 대출 또는 차용 원금은 얼마입니까? 은행 대출이라면 약 1억원, 사채라면 약 3천만 원 이상이 될 것으

로 추정합니다.

5. 김 사장의 부진으로 중단된 공사를 이어받아 건축을 마무리한 오 사장을 통해 앞으로 약 1천 5백만 원 정도의 인건비(일부는 오 사장 개인 돈으로 지불)가 지출되어야 한다고 합니다.

6. 김 사장이 건축을 계속하지 못하자 김 사장 부인이 교구 앞에서 소리 소리치면서 다음과 같은 말을 했음은 무엇을 의미합니까? 즉, 부인이 "커미션을 5백만 원 주었다."라고 두 번씩이나 교구 앞에서 항의했다는 사실입니다.

상기와 같이, -중략- 약 3억 원이라는 금액이 건축비용에 지출된 경위와 지출해야 할 이유가 타당한지 밝혀주시기 바라오며 이에 진정서를 제출하는 바입니다.

1992년 3월 7일

서울지구청년회 회장 민 향 기 (인)

여기에 대하여 교단에서는 그 중요성을 감안하여 별도 조사위원회가 구성되어 진상을 조사하게 되었다.

〈문서〉

진상조사내용

본건은 지난 1992. 3. 16 서울교구 비리 내용(1992. 3. 7, 민향기 씨의 진정내용에 대한) 조사위원회가 구성되어 그 진상을 조사한 내용임.

조사자 : 교의회 의장, 회계감사위원장, 교무원 총무부장

조사 일자 : 1992년 3월 31일

조사내용 : 별지1의 진정서 내용을 토대로 조사하면서 그 내용을 보다 명백히 하고자 진정인인 소위 대한천리교 서울지구 청년회장 민향기를 출석시켜 진정 내용을 보강하고 그에 근거하여 조사함.

질의 : 진정에 대한 동기 및 비위에 대한 확고한 증빙자료가 있는지, 또한 청년회장의 명의로 진정한 건에 대하여 청년회의 적법한 절차를 따른 것인지?

답변 :

① 무엇보다도 교구운영 체계가 형식적이라고 생각합니다. 제가 알기로는 운영위원들이 모든 내용을 알지 못하고 그저 교구장이나 사무장의 보고에 형식적으로 응하고 있어 이의 개선이 절대 필요하며 그러자면 현 운영위원을 개편해야 할 것입니다.

② 또 확고한 증빙서류는 없지만 여러 가지 사정으로 볼 때 충분한 의심점이 있다고 봅니다.

③ 먼저 건축 계약금이 1억 9천 6백여만 원으로 알고 있는데 약 3억 원까지 들어간 것으로 봐서도 무엇인가 잘못된 점이 있지 않는가 생각됩니다.

④ 서울교구 관하 교회, 포교소에 경리관계를 일체 공개한 바 없었고

⑤ 토지매입 정리차 2,500여만 원을 거둔 일이 있는데 그것이 옳게 사용되었는지도 알지 못하고 있고

⑥ 이번 교구 신축공사에 대하여 오래 끌고 있는 자체가 의심을 받을 만하고 또 교구 신도 간에 여론도 안 좋습니다. 그런 것을 봐서도 진정서 내용은 충분하지 않습니까? 라고 진술했다. 진술 내용에 대하여 하나하나 질문을 보강하고 이에 대한 조사 결과를 토대로 결론을 내렸다.

진정내용 :

내용에 대한 보강으로서 전 청년회장을 상대치 않고 당시 총무를 상대한 것은 경리를 총무가 맡고 있어서 직접 총무인 최양(현 서울교구 경리)에게 인수 받았던 것은 사실이며 전 회장에 대하여 경리 관계를 문의한데 대하여는 전 회장(박종수)은 전혀 모르며 모든 것은 경리가 알고 있으므로 총무에게 물은 것이고, 또 교구 청년회의 경리에 대하여는 교구장 사무장이 전혀 관여치 않고 있음을 자인했고, 이번 조사시 당시 총무였던 최양에게 문의한 바 나에게는 지금 장부도 없고, 오래된 일이라 기억할 수 없으며 결코 부당하게 처분한 일이 없다고 진술함.

결론 : 이 문제는 교구와는 상관없는 것으로, 전임 청년회장과 인수 받은 회장 간의 문제이며, 문제가 발생시는 전임 회장이 당시 경리였던 최 양에게 묻는 것이 순서이며 이의 해결책이라 생각됨.

질의 :

교구 건축에 대하여 각 교회 및 포교소에서 건축성금을 받아 갔으면 반드시 결과에 대한 조치가 있어야 할 것을 하지 않고 있음.

그리고 교구장, 사무장 등 몇 사람이 역사를 좌지우지 하는 감이 있고, 또 결과보고는 구두가 아닌 서면으로 공개해 주기를 바란다는 것임.

응답 : 이에 대하여 서울교구에서는 교구의 모든 운영은 반드시 운영위원회의 결의를 거치고, 또 모두 운영위원회에 보고하고 있으며, 그것으로 모든 것이 처리되고 있음이 관례라고 하면서 운영위원회의록을 보여줌.

조사위원이 조사한 바 건축관계에 대한 최초의 회의록은 서울교구 운영위원회 제52차 회의(1990. 7. 4)에서 건축키로 결의했음이 나타나고 있으며, 동 53차 회의에는 건축역사를 시공키로 결의, 동 54차 회의는 허가 경위보고가 있었고, 동 56차에는 교구 건축역사를 시공키로 결의했고, 동57차(1991. 3. 2)회의에는 공사 시공자 선정을 결의했고, 역사추진위원회를 7명(운영위원 4명 외 3명)으로 구성하고 있었으며, 그 후 제4차 역사추진위원회(1991. 7. 3) 등에서 공사비 지불 및 현황 보고를 한 사실이 있고, 역사성금(6월말 통계)도 보고한 바 있었음. 그리고 월차제에 총 합계를 구두로 보고한 바 있다고 말하고 있음.

결론 : 모든 시행과 결정, 그리고 중간보고를 운영위원회 및 청사신축추진위원회에 보고한 것만은 회의록에 기재되어 있었으나 월차제 등에 추후 보고했다고 한 것은 밝힐 길이 없었음. 역사 성금의 입금사항에 대한 것과 중간 중간에 공사진행의 중요한 부분은 교회장, 포교소장 회의 등을 통하여 업무에 지장이 없는 범위 내에

서 공개함이 당연하다고 생각됩니다.

질의 : 3, 4, 5항에 대하여는 계약금이 1억 9천 6백만 원이라고 하니 확인해 주시고 정성금과 임차금을 합치면 2억 4천만 원이나 되고 거기에다 매월 100만 원의 이자가 나가니 총 얼마나 지불했는지 알고 싶습니다. 월 100만 원의 이자라면 은행 이자는 1억, 사채 이자는 3천만 원쯤 되는데, 과연 어떻게 처리 했느냐는 것임.

응답 : 여기에 대하여 조사한 바, 공사계약금은 190,510,000원이고, 예비비가 31,340,000원으로 계 240,000,000원으로 되어 있었고, 수입을 볼 때

역사 성금 ; 132,952,800원(1992. 3. 25)
전세 보증금 백양사 ; 70,000,000원
조은당 ; 40,000,000원
차입금 ; 45,000,000원
계 ; 287,950,000원

미 불입금 14,000,000원을 제시하고 있었음.

결론 : 이렇게 볼 때 당초 공사 예정금에서 무려 6,000만 원 이상이 초과했고, 계약서 상으로 볼 때 8,000만 원 이상이 초과되었음은 부정이 없었다고 해도 문제가 있으며, 현재 장부정리 상태가 일기장 식으로 되어 있고 분계되어 있지 않음으로써 확실히 분석치 못하고 있으니 조속한 시일 내에 완결처리토록 해야 함.

질의 : 커미션 500만 원을 먹었다는 것에 대하여,

응답 : 그런 일 전혀 없다. 그 자를 고발해야 할 처지다.

결론 : 계약 위반이 기타 손실을 가져오게 했다면, 김 사장을 고발토록 강력히 지시함.

〈조치 사항〉

① 진정인(민향기)에 대한 조치

가. 청년회 건에 대하여는 서울교구와 직접적인 상관이 없고, 전임 청년회장 간에 해결토록 유도하며, 당시 총무 간에 명백한 결론을 얻도록 조치함이 타당함.

나. 서울교구 역사에 대한 조사결과를 알리고 미비한 점은 역사 완공(준공을 득한 후) 후에 일괄 정산함으로써 정확히 알고 난 후 다시 알리기로 함.

다. 현재 비리와 부정의 흔적은 없으나 시행착오에 의한 과다지불은 인정할 수 있음.

② 서울교구에 대한 조치

가. 모든 것을 공개 행정을 원칙으로 하고 주요 안건은 운영위원회 보고는 물론 최소한 교회장 회의시에 알려 의혹이 없도록 하고 월차제시에는 총체적인 것을 보고 하도록 하고,

나. 건축관계 경리장부가 아직도 정리되지 않고 있음은 문제의 소지가 있으니 빨리 중요내역으로 분계 정리하고 그 결과를 내 4월 20일까지 보고할 것.

다. 본 건축청사 시공자(계약자인 김영호)에 대한 손해 배상을 위해서도 고발 조치하고 그 결과를 보고할 것.

라. 본건은 당초 건축추진위원회가 구성되었다면 마땅히 위원장의 책임 하에 집행해야 함에도 교구장이 집행함으로써 문제가 야기된 것임을 명심하고 하루 속히 체제 정비를 요함.

1992년 3월 31일

(조사자) 교의회 의장 김 영 제

회계감사 위원장 김 정 강

교무원 총무부장 정 명 수

유첨 : 각종 증거 각 1부

대 한 천 리 교 교 통 귀하.

〈참고〉 당시 본 진정서는 서울청년회(교단의 공식기구가 아닌 자발적인 모임) 민향기와 허명취 등이 서울교구의 역사에 대하여 의혹 운운하면서 제출한 진정서로서 마땅히 회계감사위원회에서 조사함이 타당했다. 그러나 교의회에서까지 문제를 제기해 옴으로써 그 중대성에 비추어 별도로 조사위원회를 구성하여 조사하기로 했다. 사건의 진상을 살펴보면 시공업자를 잘못 선정해서 부실공사를 한 것이 그 큰 원인이라고 볼 수 있었다. 그는 건실한 공사업자도 아니며, 자기 자금도 거의 없고 주소도 일정하지 않았다. 그 후에 알게 되었지만, 시효가 지난 영업감찰을 이용해 교구를 속여 왔고, 건축에 문제가 생기자 도주하여 얼마 동안 자취를 감추더니 부득이 교구에서 직영하면서 완공을 하여 준공 검사를 맡을 때서야 다시 나타나 공사비를 요구하는 실로 질이 나쁜 자였다고 한다. 그런데 그런 자를 단호하게 고소하지 못한 것은 교구장과 사무장이 신앙인이기 때문인지? 궁금할 뿐이다.

후에 알았지만 선정된 업자는 신당동 지역 유지의 강력한 추천이 있었다는데, 교구 주위가 복잡한 신당동 시장이라는 특수성과 주민의 비협조와 모 교회 등의 반발 등으로 행여 건축을 하는데 그들이 귀찮게 굴지나 않을까 하는 염려 때문에, 가격도 싸고 해서 시공자와 추천자를 믿고 선택했었다고 전 교구장이 필자에게 말해준 일이 있었다.

(2) 소위 서울교구 자체 수습위원회 발족으로 혼란 가중

1994년 11월 서울교구 청사 공사를 추진하면서 신전 청사건축 추진위원회를 구성하는데, 위원장에 김정강(김대환) 신명정교회장이 선임되어 신전 공사를 1994년 12월 5일부터 12월 27일까지 완공하기로 하였다. 그렇게 공사를 실시하여 완공(종결)하면서 재차 공사에 대한 자체 감사를 실시하게 되었는데, 이 때 본 공사 등에 대한 문제를 다시 거론하면서 수습위원회가 구성되어 잔여 공사와 채무 등에 대한 잔무를 위임하고, 공사에 대한 하자(瑕疵)와 이로 인한 추가 공사비 등을 문책하게 되었다. 그러자 집행부는 도의상 책임을 지고 일괄 사임할 것을 종용받았다. 당시 수습위원은 김대환 외 10명의 교직자로서 구성되었는데 이들 수습위원들이 서울교구 경리장부 일체(88년부터 95년까지)를 일방적으로 거둬 갔다. 그리하여 조사한답시고 외부로 들고 나가 조사를 해 왔는데, 이때 조사 사항을 95년 1월 4일까지 발췌한 자료를 제시하면서 집행부를 일방적으로 공격하였다. 이때 장부에 기재하지 못한 부분 5개항 중 일부 채무 관계는 확인하지 못했던 것이다. 한편 집행부는 지적한 사항에 대해 장부를 보고 하나 하나 해명을 하겠으니 먼저 장부를 내어 놓으라고 하였다.

그 과정을 여기에 옮기면,

1995년 1월 26일 서울교구수습위원회 제95-1로 제목은 〈서울교구 수습위원회 발족 경위의 건〉이라 하는 문서가 엉뚱하게도 교단에는 오지 않고 부산교구 쪽에서 먼저 받아 보고 부산교구장이 교단 본부에 2월 2일, 팩스로 알려왔다.

수신처를 보면, 분명히 교통과 교의회의장, 교단 감사위원장, 재단감사위원회, 각 교구장, 서울교구 교회장, 포교소장으로 되어 있었다.

그러나 교단에는 송부되어 오지 않았고 부산교구에서 이상하다 하여 교무원에 문의하므로써 비로소 이 문서가 전국에 돌고 있음을 알았다. 이러한 일련의 사태로 봐서 교단장의 승인이나 보고도 없이 서울교구에서 임의로 취한 처사는 상식 밖의 일이며, 또 교단 교무원에 알리지 않았던 것은 그 어떤 음모가 있다고 본부에서는 판단했다.

그 내용을 보면(발췌),

95년(을해년) 신년을 맞이하여 희망찬 새해 첫발을 내디디면서 - 중략- 서울교구 자체 건축감사 결과를 아래와 같은 사유에 의하여 수습위원회가 발족되었고, 빠른 시일 안에 교구의 업무를 정상화 시키고자 수습위원회가 교구 업무를 관장하게 됨을 알리오니 양지 하시고 - 중략 - 아낌없는 성원과 편달을 바라옵니다.

아 래

1. 91년 3월 14일, 교구청사 공사 진행

2. 92년 11월 30일, 건축 완공

3. 92년 11월 10일, 준공 검사 필

4. 92년 3월 12일 91년도 말 교단 감사 실시 및 교구청사 건축 진정에 따른 감사 병행.

건축감사 중지 사유 : 건축 진행사항 자료가 정리되어 있지 않음으로 준공검사가 끝나면 즉시 특별감사 시행키로 결정

5. 교단 사정으로 92년 7월부터 94년 11월까지 보류(교령 사건과 혜성교회계 이탈)

6. 94년 11월 13일, 서울교구 특별감사 발동 교의회 결정

7. 94년 12월 23일, 서울교구 청사신축추진위원 위촉(교구장)

8. 94년 12월 24일, 교구 청사신축추진위원회 발족(월차제에서 공고)

9. 94년 12월 5일~12월27일, 총22일이 걸려 교구청사 완공됨

10. 94년 12월 28일, 진좌제 거행

11. 95년 1월 11일, 교구장 주재 하에 연석회의 개최.

참석자 운영위원 대표 길태교회장 곽태호, 부인회 대표 천성교회장 왕광준, 구역장 대표 명성교회장 김연임, 교회장 대표 혜정교회장 이순훈, 추진위원 대표 신명정교회장 김대환.

이때 자체 감사 시행 결의. ① 감사위원 선정은 교구장에 일임. ② 청사신축추진위원회 해산. ③ 감사일정 95년 1월 15일~20일 중 3일간으로.

12. 95년 1월 14일, 교구장으로부터 자체 감사 위촉(별지1 참조). 감사위원 운영위원회 대표 길태교회장 곽태호 등 11항 연석회의 참석자와 동일함.

13. 95년 1월 17일, 교구 자체 감사위원회에서 위원장 선출. 영성교회장 김연임 피선.

14. 95년 1월 18일, 자체 감사 실시. 장부 및 영수증, 수입 지출결의서 대조 확인.

15. 95년 1월 21일~22일, 교구에서 제출된 건축 관계 결산자료 검토.(관련자료 별지2) 건축 견적시 명시된 공사 대금과 ① 지출된 자료 85% 이상 과다 지출사항 질의, ② 교구장, 임원 도의적 책임을 통감하고 일괄 사표 제출함으로써 감사 진행 중지.

16. 교구장, 임원 사표로 대책회의는 감사위원장이 주관, 참석자는 운영위원, 구역장, 구역 총무, 부인회, 교회장, 신전 역사추진위원, 자체 감사위원회. 여기에서 수습위원 선출, 운영위원회 대표 2명 길태교회장 곽태호, 채일포교소장 이강만, 자체감사위원회 대표 1명 영성교회장 김연임, 신전 역사추진위원회 1명 신명정교회장 김대환, 부인회 대표 1명 천성교회장 왕광준, 교회장 대표 혜정교회장 이순훈, 교역자 대표 1명 월계포교소장 조귀례, 구역 총무 대표 2명 대국포교소장 박영희, 해명포교소장 정명숙, 이상 9명으로 수습위원회를 구성.

17. 95년 1월 24일, 교구 월차제. ①교구 월차제에 참석한 교무원장에게 구두로 서울교구 현재 사항 보고. ②신전 행사 후 감사 진행 보고. ③교구장 일괄 사표 발표 공포.

18. 95년 1월 25일, ① 교구수습위원회 의장단 선출. 위원장 영성

교회장 김연임. 부위원장 혜정교회장 이순훈, 위원 천성교회장 왕광준, 길태교회장 곽태호, 신명정교회장 김대환, 월계포교소장 조귀례, 채일포교소장 이강만, 대국포교소장 박영희, 혜명포교소장 정명숙 이상 9명.

상기와 같은 사유로 서울교구 수습위원회 활동 경위를 공고하오며, 이후 서울 교구 정상화에 진실된 마음으로 최선을 다하고자 하오니 아낌없는 성원과 협조 및 관련된 사항에 협력해 주실 것을 거듭 간곡히 부탁드립니다. 이에 수습위원회의 발족에 따른 인사를 지면을 통해 부족하나마 인사드리나이다.

1995년 1월 26일

서울교구 수습위원회 위원장 김연임

상기와 같이 그간의 경과를 쓰고 있다.

교구는 교단 산하 기구로서, 교단본부 없는 교구는 존재할 수 없다. 교헌이나 규정 등을 보면 교구장(교구 책임자)의 임면(任免)권을 교통이 행사하게 되어 있다. 그래서 교헌이나 규정의 테두리 내에서 그 권한과 책임이 있는 것이다. 비록 자치권을 최대한 인정한다 해도 인사나 근무, 기타 중요사항은 반드시 교단장에게 보고 하여 승인이나 지시를 받아 집행해야 함에도 불구하고 그들은 멋대로 결성하고 집행하였을 뿐 아니라 직접 관련 없는 기구에 알려 여론화함은 결코 바람직한 처사가 아니다. 옳고 그름을 떠나 이러한 일은 있을 수 없다. 교정 질서는 없고, 교구 소속 용재들은 멋

모르고 서로 선동하면서 비방하는 꼴이 되어, 온갖 유언비어가 나돌게 되었다. 그러나 교단에서는 그들이 교단의 개입 없이 자체 해결을 한다고 했지만 서울교구에 대하여 일거일동을 체크, 분석하고 그 상황을 관찰하고 있었다.

그 후, 교구 사무장 김진옥 씨가 제출한 해명서를 보면, 김진옥 사무장 자신이 95년 3월 18일에 건축 공사 중 본의 아니게 관리 부실로 인하여 많은 자금을 낭비한데 대하여 사과했다. 그리고 장부를 내어주면 그것을 보고 상세히 해명하겠다고 했으나 정작 조사하고자 할 때는 들어주지 않았다. 그리하여 할 수 없이 수습위원 김대환 외 10명이 당시 실무자인 교구장, 사무장, 경리를 참석시키고 (참석했던 사람이 전하는 바에 의하면 마치 죄인 다루듯 살벌한 분위기를 조성했다고 함) 오후 3시부터 저녁 6시까지 심문을, 아니 취조식으로 강압적인 조사를 하여 손해에 대한 변상을 하라고 결론을 지었다. 그리고 추가 공사에 대한 날인 등이 없다는 이유로 교구 임원을 공격하므로 교구장 등이 이에 대한 변명을 하자, 서로 욕설과 고성이 오고가 분위기가 험해지면서 아무 결론 없이 끝나 버렸다고 전한다.

교단에서는 4월 14일 교조탄생제 직후에 교통 주재 하에 서울 교구 건으로 임원회의를 열고 대책을 세우며, 그들의 의견을 들었다. 그리고 교통 주재 하에 서울 교구에 대하여 합동회의를 열었다.

회의 내용은 이러했다.

교통실에서 교통 주재 하에 교구수습위원 측과 교구장 등 임원을 함께 참석시켜, 서울교구 청사 역사문제에 대하여 쌍방의 의견을 듣고 고의성이 없는 한 신앙적인 차원에서 수습하려고 조정을 시도했다. 그러나 천성교회장 왕광준(부인회장)이 3억 2백만 원의 손실에 대하여, 실무를 맡아 일해 온 서울교구 사무장이 최소한 일억 정도는 변제되어야 한다고 강력히 주장함으로써 임원 간에 다시 고성이 오갔다. 이렇게 시끄럽기만 할 뿐, 이 날 회의도 별 효과를 보지 못했다. 교통은 할 수 없이 모든 것은 무로 돌아가는 길밖에 없다고 하면서 유회를 선언했다.

4월 24일 오후 서울교구 월차제를 마치고, 그 즉시 수습위원인 김대환, 이순훈 외 7명이 모여 교구청사 공사에 대하여 만든 차트를 걸어놓고 신도들 앞에서 공개적으로 건축비의 과다지출과 부정 등에 관하여 일방적으로 지적했다. 그러자 거기에 모인 200여 명의 신도들이 이구동성으로 놀라면서 비난을 했다. 이에 교구장 등 임원들의 명예를 고의적으로 훼손하려 했다고 서울 교구 사무장 김진옥 씨 등이 명예훼손으로 고발하겠다고 반발했다.

다음날인 1995년 4월 25일자로 수습위원 김연임 외 9명이 서울교구장 및 사무장과 경리를 상대로 성동경찰서에 배임, 횡령 등으로 형사 고발을 하였다.

당시 서울교구 사무장이 5,000만 원을 변제키로 했다는 근거 없는 소문이 나돌았고, 서울교구 수습위원회에서 계리사를 고용해서 장부를 철저히 조사하였다는 소리도 있었다. 심지어 교무원까지 표적으로 삼았고 또 그들을 교단에서 보호하고 있다고 모함을 하는 등, 별별 소리도 나돌았다.

좀더 차분히 조사하면서 해결하지 못하고, 명확한 증거도 없이 폭로하여 마치 부정이 있는 것처럼 부풀리다 보니 서울교구 사태는 더욱 해결이 어려워졌다. 쌍방이 서로 비방과 모함을 하면서 교구 사태는 더욱 혼탁해지고 끝내 형사 고소로까지 이어졌다.

이에 서울 교구장 정연창은 더 이상 양보할 수가 없다면서 1995년 5월 10일자로 대천서 제95-5호로서 수습위원회를 해산해 버렸다.

그 내용은 이러했다.

〈문서〉

제목 : 수습위원회 해산의 건

대천교 제95-21(95. 4. 29)호와 관련

1. 모든 교구 교역자들의 소망인 교구 청사가 완성되었으나, 여러 가지 부정이 있다는 유언비어가 난무하여 교역자 간의 불신과 갈등이 야기될 것 같아 교구장으로서 철저한 조사를 하여 하루 속히 수습토록 하였으며,

2. 자체적으로 구성된 수습위원회를 믿고 조사케 하였으나 조사와 수습은커녕 오히려 여러 가지 유언비어만 더욱 난무하고 수습은 되지 않아 아래와 같이 결정하여 통고합니다.

아 래

1. 수습위원회 해산(1995. 5. 13).

2. 인수한 제 장부를 반환.

3. 수습위원회에서 작성된 제반 보고자료 제출 요망. 끝.

이러한 일련의 사태가 계속되는데, 5월 15일 아침이었다.

총무부장이 본부에 아침 일찍 나와 보니 최명진 씨도 와 있었다. 최명진 이사와 교통, 그리고 총무부장이 함께 교단 식당에서 아침을 먹고 교무원에 들어서니 교무원장도 와 있었다. 그때 서울교구에서 김진옥 사무장이 난동을 부리고 있다고 급히 연락이 왔다. 이 소식을 듣고 교무원장과 최명진 이사, 교의회 의장 등이 급히 서울교구로 갔다. 이렇게 교단의 주요 임원 3인이 서울교구에 가서 보고, 이 사태의 수습은 서울교구장이 스스로 사표를 내는 길 뿐이라고 의견을 모았다. 그리하여 새로이 운영위원회를 구성하여 교구를 정상화해야 한다고 결론짓고 돌아왔다.

다음날인 5월 16일, 교통은 이 안을 수용하여 교의회 의장 김영제, 재단 상무이사 최명진, 교무원장 양정남, 등과 이에 대한 긴급 간부회의를 열고, 즉시 서울 교구장의 사표를 수리하기로 했다.

그리고 1995년 5월 16일, 서울교구장에게 공문을 긴급히 보냈다. 그 내용은 이러했다.

〈문서〉

제목 : 서울교구 정상화에 대한 긴급지시

서울교구 청사 건축에 의혹이 있다는 교역자 간의 여론이 비등해지자 서울교구 자체에서 조사, 수습한다고 하기에 관망하고 있었습니다. 그러나 쉽게 해결은 되지 않고 서울교구 행정이 계속 마비되어 교정 정상화를 위해 부득이 대천교 제95-21을 철회, 이미 제출한 서울교구장 사임서를 수리하니, 새로운 운영위원회를 구성하여 후임 교구장을 선출하고, 또 새로운 임원진을 구성하여 교구 정상화를 기하여 주시기 바랍니다. 끝

교단에서는 교통, 교무원장, 총무부장, 교화부장이 모여 사후 대책을 숙의했다. 먼저 김진옥에게 연락하여 5월 16일 오후 1시에 서울교구장을 세종로에 있는 '프레스센터'로 나오게 했다. 그리고 교통과 상무이사, 그리고 총무부장 등이 갔다. 이어 정 교구장을 거기에서 만나 사건의 경위와 배경 등, 사건의 전말을 상세히 들었다.

〈참고〉 총무부장은 명확히 근거를 남기기 위해서 서울교구장에게 사건의 전말을 서면으로 적어 보내줄 것을 요청했다. 그러나 그 훨씬 후 사무장 등이 수습위원을 상대로 명예훼손으로 고발할 때, 정연창 교구장이 총무부장에게 다음과 같은 서류를 주었다.

(문장이 잘못된 부분은 말이 되도록 일부 수정하였음.)

"본인은 대한천리교 서울교구장 직책을 갖고, 당시 1991년 ○월 ○일자로 교구청사건축을 시작하기(시초) 전에 교구 교역자 중에서 건축추진위원회를 구성하였음. 동년 ○월 ○일에 4개 건축업자를 선정하여 경쟁 입찰, 추진위원의 동의를 받아 낙찰자를 선정하여 계약을 체결하였음. 그러나 공사진행 중 계약자가 이유 없이 공사를 중단, 행방불명되어 공사가 중단되었음. 그래서 계약자와 동일한 장소에서 종사하고 있던 오대리 및 이삼룡이라는 자에게 현

재까지 공사내용과 진행과정을 잘 알고 있으니 이 공사를 완공시켜 줄 것을 요청, 나머지 공사를 추진하였음. 그러나 설계착오로 인한 공사 변경을 수차례 거듭하여 막대한 손실을 감수해야 했음. 이렇게 과다한 손해로 인하여 교직자로부터 의심을 받기 시작하였음. 그러던 중에 대한천리교 청년회에서 교단본부에 교구청사 신축공사에 부정이 있다고 감사를 의뢰하는 진정서를 제출하여 1차적으로 감사를 실행하였음. 감사위원으로 재단감사 김정강(김대환), 교의회 대표자로 교의장 김영제, 교단 책임자로 총무부장 정명수 등이 와서 감사했음.

92년부터 교단분규로 인해 감사를 못했는데 청사신축공사가 완료됨으로써 재감사를 요구, 감사에 응하기로 하고 1차 감사위원이었던 김정강에게 부탁, 청사 건축공사에 국한하기로 하고, 1차적으로 장부와 영수증을 지참, 교구 근처 여관에서 감사를 받았음. 그 후에는 장부 및 영수증 철을 자기 임의대로 사무실 외로 반출하여 자기 차 트렁크에 보관, 자기 마음대로 행동하였음.

그 후 4월 어느 날 밤 오전 3시경에 본인 집으로 전화하여 갖은 악의적 언행으로 '장부를 모인과 실사한 결과 어마어마한 부정과 비리가 발견되었으니 사무장을 설득하여 수습위원에게 사과하고 그 지시에 따르도록 협조를 부탁한다.'고 함. 그리고 '실은 교구장은 결재자로서만 책임지고 실제자는 실무자인 경리와 사무장이니 알아서 처리하라'는 전화를 약 1시간 정도에 걸쳐 하는데 심적으로 말할 수 없는 상처를 받았음. 그 후 김정강은 본인에게 감언이설로 '실제자는 경리, 사무장이니 만일 고발이 된다 해도 수습위원들로 하여금 교구장에게 유리한 진술을 하도록 할 터이니 아무 걱정 말고 협조하여 주시오' 라고 요구함. 그러던 중 4월 24일 교구 월례제날 여러 교직자가 운집한 신전에서 현재까지 감사 종결이 되지 않는 상태임에도 불구하고 가공한 금액을 허위 날조, 공개함으로써 교구장 15년, 신앙생활 20여 년의 업적을 하루아침에 추락시켰음.

4월 15일경에 혜명포교소 정명숙 소장이 본인에게 면담을 요청, 장소는 시청 앞 성공회 건물 내의 그릴에서 만났음. 정명숙이 요구하기를

"우선 도리가 아니나 형사고발합니다. 수습위원 전원이 인감증 첨부해서 고발하니, 교구장은 이 기회에 경리, 사무장을 고발하면 교구장은 제외됩니다."하고 요구하는 바, 나는 완강히 거절했음. 그러자 정명숙이 말하기를

"이번 사건으로 만일에 형을 받게 되면 7년간 형무소 생활을 할텐데 교구장 신병도 있고 해서 만일 잘못되면 우리가 간접 살인자가 되어 자손들에게나 가족에게 원수가 될 수 있습니다."라고 하면서 김정강이 1차 감사를 하고, 2차 감사도 1차 감사를 기본으로 해서 원만히 처리할 터이고, 그리고 나서 다시 교직자 일동의 재신임을 물어 재취임시킬테니 안심하라고 수차례의 감언이설로 속여 왔음. 그런 자가 전국을 순회하면서 가공 금액을 허위날조 유언비어를 유포하며 본인에게 물질적 정신적으로 막대한 가해를 한 자임. 감언이설로 또는 가공 허위날조로 명예를 추락시켜 스스로 자진사퇴케 함으로서, 현재 재단 이사직과 교구장 직책을 갈취할 목적으로 행한 행동으로 보임. 금번 이 기회에 배후를 철저히 조사하여 본인의 명예회복을 이룰 수 있도록 도와주시기 바랍니다."

정연창 교구장이 사표를 내고 얼마 후인 5월 22일, 대한천리교 서울교구에서 제95-7호로 〈교구장 임명 요청〉이라는 문서를 교단에 상신하여 왔다. 그 내용을 보면

"당 교구 교구장 정연창의 교구장직 사직으로 인하여 교구운영 규칙 제7조 규정에 의거 1995년 5월 17일 운영위원회에서 하기 자를 교구장으로 선출하였으므로 승인 요청하오니 임명하여 주시기 바랍니다.

성 명	생년월일	선출 일자	비 고
이순훈	1946. 1. 24	1995.5 . 17	혜정교회장

첨부 : 사직서 사본 1부

운영위원 명단 1부. 끝

대 한 천 리 교 서 울 교 구 장 (인)

첨부된 운영위원 명단은 다음과 같았다.

위원장 ; 신명정교회장 김정강

위원 ; 천성교회장 왕광준

영성교회장 김연임

대국포교소장 박영희

혜명포교소장 정명숙

홍성포교소장 김청자

송도포교소장 고화연

월계포교소장 조귀례

채이포교소장 이강만.

이상과 같이 서울교구에서 교구장 임명요청이 왔으나 교단에서는

이들의 요구가 교헌과 규정을 무시한 부당한 것으로 판단, 임명을 보류했다.

그 이유는 지난날 교단을 이탈하며 소요를 일으켰던 원종석과 박순자들과 뜻을 같이 했던 자들이 대부분 운영위원이 되어 있었고, 또한 오늘의 혼란을 초래한 자들끼리 운영위원을 만들어 거기에서 선출된 자로서는 전 교구장 및 임원 등이 쉽게 수긍치 않을 것이고, 그렇게 되면 더욱 수습이 어려울 것이라 일단 유보하기로 했다.

그들은 계속 소란과 분쟁, 그리고 고소 등으로 교구는 더욱 혼돈으로 치닫게 되어 정상적인 교구 업무를 볼 수 없었다. 그러자 교구 운영이 마비되어 더 어려워졌다. 이때를 전후하여 김대환 운영위원과 이순훈 운영위원 등이 사임하였고, 그 바람에 교구운영위원회는 흐지부지되어 버렸다.

이렇게 되자 왕광준 등, 그를 따르는 몇 명이 다시 모여 임의대로 운영위원회를 구성하였다.

(3) 서울교구 청사 공사에 대한 형사 고소

왕광준 운영위원장 등이 서울교구 청사 신축공사에 부정이 있다 하여 고소를 하였고, 이에 대항하여 교구장, 사무장 등도 명예훼손으로 그들을 맞고소하였다.

이렇게 되자 성동경찰서에서 서울교구 청사신축공사에 대한 부정 여부의 조회가 와, 교단에서는 교정기구를 통하여 자체감사를 실시하여 조사하게 되었다. 그 결과를 수사기관에 통보했는데 내용은 다음과 같다.

업무상 배임 횡령으로 서울교구장 및 사무장, 경리 등을 상대로 왕광준 등이 1995년 4월 24일자로 성동경찰서에 고소를 하였음.

고소 요지는 피고인 등은 1991년 1월에 착공하여 완공시까지 대한천리교 서울교구 청사신축 공사 중, 공사비 248,888,076원을 횡령 착복했다고 함. 참고로, 얼마 후인 1995년 6월 초순에 고소인 이순훈, 김연임, 이영자, 김성순, 조귀례 등 일부가 고소를 취하함으로 피고소인 중 한 사람인 김진옥(사무장) 씨가 김대환과 이순훈 등에게 제기했던 명예훼손 고소도 즉시 취하함.

그런데 성동경찰서에서 수사협조 공문이 1995년 6월 13일자로 성동 수사6110-5670호로 교단에 왔다. 그 내용은 자체 감사를 실시하고 그 결과를 통보해 달라는 요지였다.

이에 대하여 교단에서는 본부 회계감사위원회를 구성하여 서울교구에 대한 정밀 감사를 실시했다.

그리하여 교단에서 자체 감사를 실시한 결과를 1995년 6월 29일, 성동경찰서로 회신했다.

그 후 3개월쯤 지나서 피의사건 결과 통지서가 1995년 9월 29일자로 피고소인 앞으로 왔다.

〈문서〉

-전략-, 귀하에 대한 업무상 횡령 피의사건에 관하여 아래와 같이 처분하였으므로 통지함. 사건번호 95-100406, (1995년 9월 25일)

처분 결과 혐의 없음.

서울지방검찰청 검사 이 완 규

당시 교단에서 성동경찰서에 첨부물로 제출했던 교단 자체 감사 보고서 내용은 다음과 같다.

감사보고서

감사 일시 : 1995년 6월 23일부터 6월 26일까지 4일간

실시 장소 : 교단본부 교통실

감사 대상 : 서울교구 회계 특별감사

감사 범위 : 서울교구 경리부정 고발사건에 대하여 성동경찰서로부터 수사협조 의뢰해 온 사항에 한정함.(성동경찰서로부터 내한 공문 성동수사 6110-5670. 1995. 6. 13)

감사내용

1. 수사 협조 의뢰 공문의 고발 내용 제1항

1991년 1월부터 92년 12월까지 서울 중구 신당동 소재 서울교구 청사신축 공사비 246,888,076원 횡령건에 관하여 고발인이 주장하는 문제점을 검토해 보면,

첫째, 공사 시공자 선정 문제는 건축추진위원회 회의록을 살펴보면 회의에 회부한 4개 업체의 입찰가액 중 최저 가액에 입찰한 현대기건사 대표 김영호에 낙찰 시공하였음이 사실이고,

둘째, 총 공사비 385,537,928원의 금액 산출은 오산인 것이며 그 것은 차입금 7,200만 원을 가산한 것으로 실제 지출된 공사비는 313,537,928원 임을 확인할 수 있고,

셋째, 246,888,076원을 횡령했다는 사실은 금전 출납부를 대조한 결과 지출 항목이 불확실하고 이해할 수 없는 부분이 다수 발견되었음.

2. 고발 내용 제2항에 대하여

1994년 6월 신한은행 성동지점으로부터 1천만 원을 대출한 바 있으나 금전 출납부에는 입금 처리하지 않고 횡령하였다는 점에 대하여 살펴보면,

1994년도 금전 출납부를 대조한 결과 장부 기장에 누락한 것은 당시 사무장 김진옥 씨의 진술에서 사실임이 밝혀졌음. 그러나 그 금액을 횡령하였다는 점에 대하여는 94년도 금전출납부 15쪽 5월 20일자 지출 금액 중 사채업자인 신만수에게 1천만 원의 지불기록이 있어 이를 근거로 추적한 결과, 신한은행 성동지점으로부터 대출 받은 1천만 원이 신만수의 부채 변제조로 나간 사실을 확인하였음.

3. 고발 내용 제3항에 대하여

첫째, 1992년 6월 2일부터 1993년 1월 5일까지 4회에 걸쳐 2,000만 원을 차용하였다는 점에 대하여 92년 및 93년도 금전 출납부를 확인한 결과, 이 금액은 신만수로부터 차용한 금액으로 밝혀졌음. 신만수에 대한 원금이 1994년 5월 20일, 부채 2,000만 원 중 1,000만 원을 변제하였으므로 다음달 부터 1,000만 원에 대한 이자 지출이 되어야 함에도 장부상 원금이 1,500만 원으로 되어 있고, 그 금액

에 대한 이자가 지불되었음. 이를 확인한 또 다른 사채업자 최월남의 차용금 500만 원을 신만수가 대신 변제해 주고 그 금액을 신만수가 안기로 하였기 때문이었음. 그래서 최월남의 부채 및 이자는 해지되고 신만수의 부채금이 1,500만 원으로 되었고, 이자 지출 또한 1,500만 원에 대한 지불이었음이 밝혀졌음.

4. 고발인의 고발 내용 4항은 정연창 및 김진옥의 가불관계를 경리, 최혜존을 통해 확인한 결과 정연창은 현재 가불금 160만 원, 김진옥은 600만 원임을 확인했고, 본인도 그 사실을 인정하였음(정연창의 가불금 명세서 및 확인서 사본 별첨)

5. 1991년도 금전출납부 20쪽, 9월 29일자에 대방교회로부터 1,000만 원이 차입된 기록이 있고, 입금 전표도 있으며 그 금액을 91년 12월 31일자 금전출납부 28쪽에 변제 기록이 되어 있는데 이것을 경리 최혜존은 경찰 조사 과정에서 입금 및 지출된 사실이 없으며, 사무장의 지시에 의해 기재하였다고 하는 바, 전 사무장과 경리 최혜존과을 대질 심문을 해 본 결과 그 진부를 판단할 수 없었음. 그러나 들어오고 나간 사실이 기록되어 있는 이상 별 문제될 것이 없다고 사료됨.

6. 건축 관계 장부(91, 92년도) 44쪽 12월 31일자를 보면, 수입금액 351,758,780원 지출금액 345,537,928원 차인 잔고 6,228,852원으로 마감되어 있는 것을 45쪽에 보면, 12월 31일 차입금을 현금으로 이기 33,779,148원으로 되어 있고, 91, 92년 공사 중 결손 비용 8,260,000원 차감, 교구 계정으로 이기, 25,519,148원으로 되어 있는 점에 대하여 검토한 바, 도저히 이해가 되지 않았음. 이에 경리 및 사무장에게 질문한 바, 미 변제된 차입금을 93년도 교구 장부에 이

기하기 위한 것이었다는 궁색한 답변 있었음.

7. 고발 내용 5항

오정규에 대한 월급이 장부상 60만 원으로 되어 있는데 오정규는 40만 원 밖에 받지 않았다고 주장하는 바, 오정규의 영수증을 통해 오정규의 주장이 허위임이 밝혀졌음.

별첨 영수증 사본 중 1991년 7월 21일자 현대기건사 김영호가 영수한 180만 원의 영수증이 첨부되어 있는 것은 당시 오정규가 김영호 밑에서 일을 보고 있었고, 사실상 김영호로부터 수령하여야 할 것임에도 교구 앞으로 청구하였으므로 기왕 김영호에게 지급하여야 할 금액이 있기에 김영호의 영수증을 제출케 하여 오정규에게 지불된 것임을 확인하였음. (영수증 사본 첨부)

결 론

금번 서울교구 경리 부정 고발사건이 야기된 원인을 살펴볼 때,

첫째, 건축 추진위원회가 구성되어 결의에 의한 건축 공사이긴 하였으나, 업자 선정의 잘못 및 하자 공사와 시설 설계의 오류 및 예정 기간 내에 준공치 못한데 원인이 있었음. 여기에 공사비 중 일부를 사채를 통해 해결하려다 보니 과중한 이자 부담이 타격을 가져왔음. 다음으로 건평 137.14평의 공사 금액이 91, 92 년도에 무려 3억 1천만 원이 소요되었다고 함은 이해하기 어려운 사실로서, 그로 인하여 의혹이 제기되었다고 봄. 이는 설령 개인의 부정이 없고 피치 못할 사정이었다고는 하나 실제적으로 과중된 공사비 부담은 그만큼 재산상 손해를 가져 온 것이 분명하므로 이 공사에

관여한 책임자는 도의상 책임을 져야 할 것임.

둘째, 장부 기장상 지출 내용을 보면, 건축과 상관없는 항목이 많고, 장부 기장이 부실함. 예를 들면 1,000만 원의 은행 대출, 300만 원의 차용금 등, 그때 그때 입금으로 장부에 기장되었어야 할 것이 사무장 단독으로 처리하고 장부에서 누락시킴으로써 마치 그 금액을 횡령한 것으로 밖에 볼 수 없는 의혹을 자초하였음. 그러므로 이번 사태를 야기한 것에 대해 관계자는 사과하여야 할 것임. 구체적 사례로 은행 대출금 1,000만 원도 통장상 1994. 3. 29일자 성동지점에서 대출 받아 1994. 5. 20 신만수에게 차용금 1,000만 원을 변제하기까지 재정상 어려운 공사를 진행하고 있음을 잘 알고 있는 사무장이 약 2개월간 유용함으로써 사채 이자와 은행 이자의 차액 271,800원 상당의 금액을 손실시켰음.

셋째, 서울교구 건축 공사에 고리 사채까지 동원하는 어려운 상태임에도 불구하고 교구장 정연창, 사무장 김진옥은 도합 15,700,000원을 가불하였음. 후에 반환하였다고는 하나 정연창 160만 원, 김진옥 600만 원이 아직 반환되지 않고 잇음을 의혹을 갖게 함.

넷째, 91, 92년도 공사 금전 출납부 45쪽, 12월 31일자 결손처분금 8,260,000원은 장부상 결손 사유가 없는데도 불구하고 결손 처분한 것으로 되어 있고, 44쪽, 12. 31일자 잔고 금액 6,220,852원이 93년도 장부에 그대로 이월되었어야 하는 바 25,519,148원이 이월된 것으로 기재하는 허실을 드러내고 있음.

요컨대 감사 결과, 의혹을 야기하게 한 부분을 고발인 등에게도 이해시켜야 하며, 전 교구장 정연창, 사무장 김진옥 및 경리 최혜존은 공식 사과할 것을 촉구합니다.

위와 같이 대천교 제96-27호에 의하여 위촉받아 실시한 서울교구 회계 감사결과 보고서를 제출합니다. 끝.

1995년 6월 26일

대한천리교본부감사위원회 위원장 김현술

위원 김희규, 이응석, 이정규

대한천리교 교단본부 귀중

유첨 : 1. 부채 내역서

2. 이자 지출 명세서 등 기타 7개 증빙서류 첨부. (여기에서는 모두 생략.) 끝.

이렇게 성동경찰서에 회신을 했다. 여기에 공문을 옮긴다.

〈문서〉

대한천리교본부

대천교 제95-31호 1995년 6월 29일

수신 : 성동경찰서장

참조 : 수사과장

제목 : 수사 협조 의뢰에 대한 회신

귀 성동 수사1110-5670(1995. 6. 13) 수사협조 의뢰에 대한 회신.

1. 본 교단 자체 감사를 1995년 6월 22일부터 동년 6월 26일까지 실시하고 그 결과를 통보합니다.

2. 고발 요지

피고인 등은 공모하여,

① 1991년 1월부터 1992년 12월까지 서울시 중구 신당동 소재 대한천리교 서울교구 청사공사 중 공사비 246,888,076원을 횡령하고…….

감사 결과;

첫째, 공사 시공자 선정문제는 건축추진위원회 회의록을 살펴본 결과 4개 업체가 입찰에 참가, 그 중 최저 입찰가액을 쓴 현대기건사 대표 김영호에 낙찰 시공하였음.

둘째, 총 공사비 385,537,928원의 금액 산출은 오산임. 그것은 차입금 7,200000만 원을 가산한 것으로 실제 공사비는 313,537,928원임이 확인됨.

셋째, 246,888,076원을 횡령했다는 사실은 금전 출납부를 대조한 결과 지출 항목이 다소 부적합한 부분이 있긴 하나 개인이 착복한 흔적은 발견할 수 없음.

② 은행 대출금을 입금처리하지 않는 등, 6,240,000원의 손실을 내고…….

감사 결과;

1994년 6월 신한은행 성동지점으로부터 10,000,000원을 대출받고 이를 금전 출납부에서 누락시킨 것은 사실이나 94년도 금전 출납부 15쪽 5월 20일자 지출 금액 중 사채업자인 신만수에게 10,000,000원이 지불되어 있는 기록이 있으나, 그 부채를 변제한 자금 출처가 장부상 기록이 없음을 감안할 때, 성동지점으로부터 대부 받은 이 금액이 제시된 대출금 통장 사본을 보고 장부에만 누락되었을 뿐, 신만수의 부채 변제조로 나간 것임을 확인함.

③ 1992. 6. 2~1993. 1. 5 기간 중에 20,000,000원 차용금에 대한 이자로 40회에 걸쳐 10,920,000원을 부당 지출했음을 확인함.

감사 결과;

1992년 6월 2일부터 1993년 1월 5일까지 4회에 걸쳐 20,000,000원 차용에 대하여 92년도 및 93년도 금전출납부를 확인한 결과, 이 금액은 신만수로부터 차용한 금액임이 판명되고, 이자 지출 관계도 일일이 대조한 바 틀림이 없었음

④ 가불금 명목으로 정연창 5,726,340원, 김진옥 10,000,000원 미변제.

감사 결과;

고발인의 고발 내용 4항 정연창 및 김진옥의 가불관계를 경리 최혜존을 통해 확인한 결과, 정연창은 현재 가불 160만 원, 김진옥은 600만 원임이 확인되었음.

⑤ 오정규 월급 40만 원 지급하고, 장부에 60만 원 기재(오정규 진술 있음)하여 횡령.

감사결과;

소외인으로서 직접 확인할 수 없어 장부와 대조한 바 명백히 60만 원으로 되어 있으며, 경리 담당자와 사무장에게 확인한 결과 60만 원을 지급한 것이 사실임이 밝혀졌음.

⑥ 기타 참고사항

㉠ 종교단체에서 교회건물 건축을 할 때 자금이 확보되어 시작한 것이 아니라 뜻있는 신자들이 무일푼으로 시작하는 것이 관례인데, 본교 역시 무일푼으로 시작한데다 당초 공사 계약부터 부실업체를 지명한 것이 화근이며, 이로 인하여 공사 기간이 의외로 길어지고,

업자가 멋대로 설계 변경 등 건축법을 위반함으로써 준공을 받지 못하여, 헐고 짓고 하는 등, 관리가 불충분했고,

ⓛ전적으로 교인들의 성금에 의하여 건축을 하다 보니 준비금이 없어 사채나 은행 이자 등을 마구 끌어 사용했고, 게다가 올바른 경리장부 관리를 못하다 보니 경리장부 기재가 잘못된 곳이 더러 있었으나 배임이나 횡령 등의 혐의는 발견할 수 없음.

ⓒ자체 조사결과, 조치관리 불충분으로 교구장 및 사무장 등은 도의적 책임을 지고 사임케 하였고, 조속한 시일 내에 가불금을 회수하여 정리토록 함. 끝

첨부: 감사 보고서 1부

대한천리교교통 조수현 (관인)

그 후, 성동경찰서에서는 수사를 종결하고 그 결과를 관련자에게 보내 왔다. 그 중 서울교구 사무장 김진옥 씨에게 온 것을 보면, 서울지방검찰청 검사 이완규로부터 김진옥에 대한 업무상 횡령 피의사건(사건번호 95-100406호)에 관하여 1995년 9월 25일자로 혐의 없음으로 처리했다고 되어 있다.

(4) 교구장 등이 이번에는 명예훼손으로 고소

1995년 9월 5일, 성동경찰서에 서울교구 사무장 김진옥 씨가 왕광준 등을 상대로 고소했다.

1995년 11월 2일, 대한천리교 서울교구장, 사무장 김진옥, 경리 최혜존 등이 명예훼손으로 소위 수습위원인 왕광준, 김청자, 정명

숙, 박영희, 고화연 등을 상대로 서울경찰청장 앞으로 고소장을 제기했다.

고소 내용을 발췌하여 보면,

-전략- 고소인 "갑" 등이 서울교구에 근무 중이었던 1990년 12월 말경, 대한천리교 서울교구 대지가 오래 전부터 구획정비지구로 지정되어 있어 소유권 이전을 하지 못하고 있던 중에, 서울시에서 이를 정리해 줌으로써 대한천리교 서울교구 이름으로 보존 등기를 할 수 있어 낡은 건물을 헐고 새 청사를 신축하기로 하였다. 그리하여 교구 운영위원회에서 회의를 열어 합당한 절차를 밟아 1991년 3월 24일에 건축계약을 체결하고, 공사를 시작하여 1992년 11월 10일에 준공을 받고 결산에 착수했다. 그러나 1992년 말부터 시작된 교단 내의 분규로 공사를 전면 중단하였다가 이후 어느 정도 교단이 안정이 되면서 교구 신전공사를 위해 새로운 운영위원회가 구성되고 또 감사가 선출되어, 다시 1994년 12월 30일에 내부 공사를 했다. 그리고 종합감사를 1995년 1월 22일에 자체적으로 실시한 바 있다.

이와 같이 공사가 장기화되고 공사비가 애초 계획했던 것보다 많이 지출된데 대하여 피고소인들이 트집을 잡아 고소인들을 일방적으로 몰아붙여 허위 사실을 진실인 양 신도들에게 유포하였다. 때문에 고소인 "갑" 등은 신앙인으로서 양심에 의거, 부정은 없었으나 말썽이 난데 대한 도의적 책임을 지고 교단본부에 일괄 사표를 제출, 조속히 자체 수습되기를 바랐다. 그러나 수습은커녕 교구에 보관되어 있던 경리장부와 기타 영수증을 피고인들이 마음대로 가지고 가서 작당하여, -중략- 부정이 있다 하여 허위 사실로 고소인들의 명예를 훼손하고, 그것도 부족하여 결국 성동경찰서에 고소인들이 283,534,416원을 횡령하였다고 고발, -중략- 수사 결과 아무런 혐의 없음이 판명되었기에 이에 신앙인으로서 부끄러움을 느끼고 있었으나 피고소인들은 지금껏 한마디의 사과나 변명도 하지 않고, -중략- 조금도 반성의 빛도 보이지 않고 죄없는 사람을 마치 죄인인 것처럼, -중략- 지금까지도 수억의 공금횡령 운운하며 허위 사실을 신자에게 유포하고 있는 현실이니, -중략- 의법 조치하여 주시기 바랍니다. 끝

그리고 참고 자료 2부를 첨부하여 제출하였다.

이에 성동경찰서에서 1995년 10월 4일, 수사81110호 공문이 수신 김진옥 앞으로 민원사건 처리 결과가 통지된 바, '귀하께서 고소하신 사건을 대구 등지로 돌아다니면서 당서에서 그 동안 수사한 바 김영제 부분에 대하여는 기소 의견으로 하고 나머지 같은 피의자들은 불기소 의견으로 송치하였음을 알려드린다'고 알려왔으나 그 후 사건을 모두 취하하였다고 전한다.

4) 교령으로 교구 정상화 시도와 불법 점거사건

(1) 교구장 및 사무장을 교통이 잠정 임명

교단에서는 더 이상 서울교구를 방관할 수 없어 1995년 6월 15일자로 재단 상무이사와 교무원 임원을 차출하여, 임시 교구장과 사무장으로 임명하여 조속히 교구 업무를 정상화시키기 위해 교령을 발포하였다. 그리하여 교구의 분쟁과 수습이 끝날 때까지 관리를 하기로 하였다.

여기에 교령을 옮긴다.

〈문서〉

대한천리교

교령 제95-1호 1995년 6월 15일

수신 : 수신처 참조

제목 : 서울교구 임시관리자 임명에 대한 건

아래와 같이 교령을 발표하오니 업무수행에 착오 없으시기 바랍니다.

아 래

1. 근거 : 교헌 제16조 3항 및 제17조
2. 교령 요지 : 가) 서울교구장(직무대행) 재단 상무이사 최명진.
   나) 서울교구 사무장(직무대행) 교무원 교화부장 조용수.
3. 기간 : 서울교구가 정상화되어 후임 교구장 선출시 까지.
4. 취지 및 경위 : 가) 1995년 초부터 야기된 '서울교구 청사 건축에 비리가 있다'고 운운하여 교구행정이 완전히 마비되어 유언비어가 난무하고, 나) 이로 인하여 교구장 및 집행부와 일부 교신도 간에 상호 법정 소송이 제기되어 있어 더 이상 교구행정의 마비를 방관할 수 없으므로, 다) 이에 1995년 6월 14일 15:30에 긴급 교정위원회를 열어 이에 대한 대책을 논의한 바, 교구 재산(재단)과 교

정(교무원) 관리를 위해 상기와 같이 교령 요지대로 실시할 것을 결의함. 끝

수신처 : 각 교구장, 서울교구 교회, 포교소

대한천리교교통 조수현 (인)

이에 대하여 후술하겠지만, 전국부인회를 해산한 교단의 조치에 불만을 품고 있던 왕광준과 추종자들이 서울교구장을 변칙적으로 선출하여 스스로 교구장이 되었다고 주장하더니, 이번에는 교령 제95-1호 무효 통고와 또 서울 교구장 등 해임 통고라고 하면서 '서울교구 운영위원회' 명의의 이상한 문서들을 교단에 보내왔다. 그 내용을 보면, 임면권자(任免權者)인 교통을 무시하고 교헌이나 규정의 절차도 없이 제멋대로 운영위원을 임명하고 또 면직하는 등, 그 행위는 가관이었다. 거기에다 교헌에 규정된 교령마저 무시했다. 교단을 이탈하여 제명된 원종석과 박순자 등의 협조를 받아 다음과 같은 문서를 교단에 보내 왔지만, 일고의 가치가 없어 묵살하자, 이를 빌미로 원종석 일당과 함께 교구를 점령하는 사태를 야기시켰다.

여기에 당시 반교단행위자들의 주요 문서 2건을 옮긴다.

〈문서〉

서울교구운영위원회

서교운 : 제95-1호 1995년 7월 9일

수신 : 교통

참조 : 교의회, 교무원장, 각 교구

제목 : 교령 제95-1호 무효 통고

주요 내용을 요약하면,

1995년 6월 15일자 교령 제95-1호 교령 공문에 관하여 아래와 같이 교헌에 이의가 있어 이를 수용할 수 없음을 알려드립니다.

아 래

(공문) 1. 교령 근거

교헌 제16조 3항, (교헌 내용) 교구장의 임면(任免)

(이의) 위 규정의 법리는 교통이 교구장의 발령권을 직접 행사한다는 규정이 아니고, 하급 규칙인 교구 운영규칙(참고 제7조 교구장은 운영위원회에서 선출, 교통이 임명한다)에 의거 교구 운영위원회에서 교구장을 선출하여 교통에게 승인을 요청하고, 교통은 이를 임면한다는 것입니다.

(공문) 2. 교령요지

교헌 제17조, (교헌 내용) 교통은 교헌 및 규정의 시행상 필요한 교령을 발포하고 보상 또는 징계를 행한다.

(이의) 교통은 교정 수행의 최고권자로서 교헌 및 규정에 따라 수임된 권한을 행사하는 것입니다. 그러므로 교헌 및 규정을 벗어난 교통의 권한은 있을 수 없으며, 교헌 제17조의 교령 발포요건은 교헌 및 규정을 수호하기 위하여 부득이한 경우에만 행사할 수 있

는 것입니다. 그러나 제95-1호 교령은 교헌과 제규정을 무시하는 교령입니다.

서울교구 사건의 요지를 말씀드리면 서울교구 청사 건축공사 이후 교구장 및 사무장의 불법 비리 의혹을 일소코자 정상화 수습위원회를 구성하게 되었습니다. 수습위원회에서 조사 확인한 결과, 비리에 대한 책임을 인정하여 자의로 사직서를 제출하고 수습위원회에 업무 인수인계를 한 것입니다.

따라서 수습위원회에서는 교구 운영규칙 제7조 규정에 의거, 95년 5월 17일 운영위원회 결의로서 이순훈을 교구장으로 선출하였습니다. 그리고 교헌 16조 3항에 따라 교통에게 임명을 요청하였고, 교구 교무행정의 정상화 진행 과정에 있었는데, 정당한 이유 없이 교구업무가 완전 마비되었다는 구실로 일방적으로 교단본부에서 교구 사무실을 폐쇄하고 출입을 통제하였습니다.

또한 교구 규칙 제7조를 무시하고 교구장 사무장을 임명한 것은 교헌 규정의 법리 적용 착오나 오인으로서 적법성을 결여한 교령으로 간주되어 수용할 수 없습니다. 또한 교헌 규정에 의거 권한과 책임을 이양받은 교구의 권리를 침해한 것으로, 이는 직위를 이용한 권리 남용이므로 당연히 무효되어야 마땅한 것입니다.

(공문) 3. 취지 및 경위

가. 내용 중 건축비리가 있다 운운하여 교구행정이 완전히 마비되어 유언비어가 난무하고, -생략-

(이의) 서울교구 건축비리 의혹 규명 과정에서 교구장과 사무장 자신들이 실수를 자인하였고, 실수로 인한 손실 금액과 금액 차이로 납득하기 어려워 팽팽한 대립이 있었습니다. 공문에서도 언급하

였듯이, 천리 밑에 법이고 법은 상식이므로 가장 이상적 방법인 상식에 의거하여 조사 중(교구행정 마비라는 내용처럼), 본부의 개입으로 경찰서 조사가 중단되어 시비의 사실이 규명되지 않는 상황에서 '가' 내용은 합당하지 못한 것입니다. 따라서 '가' 항의 교령은 서울교구 운영위원회와 운영위원 모두의 명예를 손상시킨 처사가 되며 비행을 은닉케 한 것이 될 것입니다.

이에 서울 교구 운영위원회에서는 다음과 같이 요청합니다.

다 음

1. 1995. 6. 15자 교령 제95-1호를 무효로 하고 직무 남용의 과오를 1995년 7월 14일 교단 감사제일을 맞아 이 길 형제들이 모인 자리에서 공개 사과하고, 전국의 교회장, 포교소장 앞으로 교령 무효 공문을 발송하여 주십시오.

2. 현재 서울교구에 교통이 불법으로 임명하여 강제 점거한 교구장, 사무장을 즉각 철수시켜 주십시오.

3. 서울교구 금전출납부를 비롯한 모든 장부와 서류를 반환하여 주십시오.

4. 서울교구 운영위원회와 운영위원들의 손상된 명예를 회복하기 위하여 교단본부에서 중단시킨 경찰서 조사를 즉각 재개할 것을 촉구하며 이행치 않을 시는 비행이 있다는 의혹을(전임 서울교구 임원들)스스로 인정하는 것이 될 것입니다. 따라서 교단본부는 선도할 책무를 기피하고 도리어 비행을 은닉케 하였다는 것이 되므로 부득이 교령을 발포한 책임자를 신앙인으로서 상식적 판단에

의거, 조치할 예정입니다.

5. 위 요구사항이 실행되지 않으면 교헌에 따라 진실과 정의를 사랑하는 이 길의 모든 형제와 함께 적극 대응할 것입니다.

서울교구장 : 왕광준

서울교구 운영위원장 : 정명숙, 김청자, 박영희, 고화연.

〈참고〉 당시 교단에서는 이 문서를 받고, 그들이 교헌이나 규정 등을 멋대로 해석하고 인용하고 있을 뿐 아니라, 제반 문제를 자기들 편리한 대로 규정함으로써 처음부터 논리 전개가 잘못되어 일고의 가치가 없다고 판단, 묵살하였다. 그 근거로,

첫째, 서울교구 등은 교단 산하기구로서 독립된 기구가 아니다. 따라서 교단이 있어 교구가 있지, 교단 없는 교구는 존재할 수가 없다. 그래서 교구는 교헌 및 규정에 의하여 교단의 업무를 위임받아 집행하는 기구로서 일부 자치권을 인정하고 있을 뿐이다.

둘째, 교구장 또는 교구 중요 임원의 부정이나 교구 운영에 실정이 있다면 교단의 교정기구를 통하여 처리해야 한다. 교단에는 엄연히 회계감사위원회가 있고, 또 징계 등, 심사기구가 있으니 이러한 기구를 통하여 진실을 밝혀야 한다.

셋째, 교구장의 임면은 오직 교통의 권한이다. 따라서 교구장 등이 업무 수행을 잘못하고 있거나 또 부정이 있어 책임을 물어 퇴임시켰다면, 반드시 교통에게 그 사실을 문서로 진달하여, 교헌 및 규정에 의하여 처리하도록 요청을 해야 한다. 자기들 임의대로 수습위원회 등의 기구를 만들어 처리하면서 교단에서는 일체 간섭 말라는 등의 태도를 보이는 것은 명백한 교정문란 행위이다.

넷째, 교령의 법리 운운하고 있는데, 교령은 교헌 및 규정상에 명시한 것으로서 교령 내용을 광의로 해석하여야 한다. 그것은 교단에서 교정집행상 정상적인 방법으로 도저히 해결을 구하지 못할 때, 교통 직권으로 처리하는 조치다. 다만 어디까지나 단기적이고 잠정적인 조치로써 정상이 되면 다시 환원하여 본래대로 되돌아간다. 이것을 교헌에 교령이라고 규정하고 있다.

다섯째, 형사 고소 고발사건을 교단본부에서 조사 못하게 중단하도록 하였다는 등, 상식 밖의 말들을 하고 있다. 교단 본부에서 조사를 중지하게 할 권한이 없으므로 이것은 아예 터무니 없는 주장이다.

이상의 여러 가지 정황을 볼 때 그들의 짓은 도저히 용서할 수가 없어, 교단에서는 이들을 위해 계속하여 후속 조치를 강력히 취하였다.

한편, 부인회장 왕광준 등이 교구장을 사칭하여 다음과 같이 불법 부당한 해괴한 문서를 유관 단체에 띄우고 계속 선동을 했다. 그 내용은 이러했다.

〈문서〉

대한천리교 서울교구 운영위원회

대서운 : 95-2　　　　1995년 7월 9일

수신 : 서울교구, 교구장, 운영위원장, 운영위원

참조 : 교의회 의장, 교무원장, 각 교구

제목 : 서울교구 교구장, 운영위원장, 운영위원 2명 해임 통보.

서울교구장은 교구 운영규칙 제2장 제7조에 의거 교구장을 선출하였으나, 서울교구 운영위원회를 무시하고 직무유기와 권한포기를 하였으며, 아래 운영위원장과 운영위원도 교구 운영규칙 제20조와 23조 나)항에 의거, 선출하였으나 직무와 권한을 포기하였으므로, 교구 운영규칙 제21조의 성원으로 1995년 7월 8일자로 교구 운영 제2장 7조에 의거 선출된 적법한 집행부는 교구 운영규칙 제25조에 의거 유효기간 내에 아래 직위를 불신임으로 가결되어 해임을 통보합니다.

아 래

해임된 직위 및 위원의 성명

서울교구장 이순훈

서울교구 운영위원장 김정강, 김연임, 조귀례.

〈참고〉 위의 사항에 이의가 있을 경우 7일 이내로 이의를 서면 제출하여 주시기 바랍니다.

대한천리교 서울교구 교구장 왕광준

운영위원장 정명숙

운영위원 김청자, 고화연, 박영희. 끝.

이에 대하여 교단에서는 교단을 철저히 반대하는 자들인 왕광준과 정명숙, 김청자, 박영희, 고화연 등을 교통 명의로 제적하여 징계 조치를 하였다.

1995년 7월 11일, 대천교 제95-33호로 각 교구장 앞으로 <신앙의 자세 확립에 대한 협조>라는 문서를 전국에 보냈다.

그 중요 내용은 "일부 불평분자와 극단적인 개혁을 주장하는 자들이 허무맹랑한 궤변과 교설을 퍼트려 자세한 내용을 모르는 신자들을 논리도 안 맞는 괴상한 말로 그럴듯하게 현혹시키고 있는 자들, -중략-

교헌 및 교규를 무시하고 멋대로 천리교의 교의와 의식을 고쳐 독자적으로 신앙을 빙자한 종교?를 하고 있는 자, -중략-

박순자가 보낸 전단이나 교단 비방문을 교구에서 일괄 취합하여 교무원에 보내주기 바란다."는 것이었다.

그리고 교정위원회를 7월 14일 개최하면서 이러한 사태에 대하여 현황과 대책을 논의하였다.

<현황 설명 및 심의>

가. 근간 교단 이름을 제멋대로 사칭하여 전국 부인회장 박순자 이름으로 전단이 유포되고, 천성교회장이 서울 교구장이라 칭하면서 말도 안되는 전단을 송부하고 있으며, 특히, 박순자 등이 기히 대한천리교단을 이탈, 사이비 종단 <하늘가르침 실천강회>라는 단체(?)를 만들어 행사하고 있음은 엄연한 불법 부당한 처사임을 결의하면서, 이를 심의하기 위하여,

나. 본부심판(징계)위원회를 구성하고, 위원장에는 교무원장 등

5명으로 선출했다. -이하 생략-

그리고 이에 대하여 〈교의회 특별위원회〉가 구성되어 사실 조사를 하였다. 조사한 중요 내용을 발췌하면,

금번 1995년 7월 13일 제1차 교의회 회의 중 서울 남대전교회(교회장 권영원) 교회장의 딸인 박순자가 일당과 함께 교회를 점거하여 멋대로 교단의 기본 방침 및 질서를 문란하게 하는 일련의 사태 중 〈삼전 철폐(三殿撤閉) 및 교의 일체의 변경〉에 대한 논란이 있어 조사위원회를 구성하여 1995년 7월 14일 오전 10시경 현장을 확인해 본 결과,

①삼전 철폐로서 감로대(중앙) 하나만 있었고, 악기는 감로대 주변에 배치했으며,

② 신악가는 하느님이 즐거워하시는 노래라고 크게 타이틀이 붙어있고 아래에는 작은 활자체로 신악가라고 표시되었으며 하단부에는 '하늘 가르침 실천강회'라고 전면에 표시되어 있었고, 내용도 또한 상당 부분이 출처도 불명하게 임의로 변조하여 사용하고 있으며,

③간판은 옥상에 '대한천리교'라는 간판이 그대로 있고 현관 전면에는 '하늘가르침 실천강회'라는 간판이 붙어 있음을 확인하였고 건물 전면 벽에 '대한천리교'라고 붙어 있던 간판을 철거한 자국이 발견되었으며, -중략-

신악가 내용과 신전 배경, 자리, 교복 등을 볼 때 이것은 '대한천리교'가 아니고 '이단이요' '사이비'임을 확신할 수 있었음.

-이하 생략-.

당시 조사자는 교의원 김희규, 이웅석, 이정규, 교단 교화부장

조용수 등이었다

이에 근거하여, 교단에서는 1995년 7월 21자로 대천교 제95-37호로 〈신앙의 자세 확립에 대한 추가 협조의 건〉으로 각 교구장 앞으로 문서를 하달했는데, 그 내용은 "대천교 제95-33호(1995. 7. 11)와 관련하여 별첨과 같이 교의회 특별 조사(남대전교회에 대하여) 내용을 송부하오니 각 교구장께서는 이를 참고하여 차후 '자칭 부인회장 박순자' 와 관련된 모든 유언비어 등을 차단, 일반 신자들의 확고한 신앙심 고취에 최선을 다해 주기 바랍니다."라고 하여 교의회에서 조사한 내용(전술한 교의회 특별조사 위원회 보고서)을 첨부하여 보냈다. 그리고 대천교 제95-42(1995. 8. 8)에도 추가로 시달하여 그들의 허무맹랑한 요설에 현혹되지 말 것을 지시했다.

전국부인회의 탈선

전국부인회의 창설과 그 과정을 별도 항을 정해 전술하였지만, 이들 부인회가 서울교구의 청사 신축공사 부정 운운하면서 서울교구를 장악하려고 혈안이 되고 있었다. 거기에는 교단을 반대하여 배제된 원종석 일당의 대모(代母)격인 박순자가 부인회 총무로 있으면서 부인회 회장 왕광준을 적극 이용했고, 왕광준 역시 부인회장이라는 세를 업고 부인회의 창립 목적과 회칙을 멋대로 개정 이탈하여 교단을 반대하자, 교단에서는 이 단체를 해단 단체로 규정하여 해산하였다.

그러나 그들은 부인회 이름을 계속 도용하고, 그 단체를 발판 삼아 원종석 일당과 공모하여 서울교구를 접수하려고 했다. 그리하여 왕광준 부인회장이 스스로 교구장이라 칭하고, 그들끼리 부당하게 운영위원회를 만들어 취임 운운 했지만 좌절되었다.

그래서 훗날 원종석과 박순자 등이 명분도 없이 신자도 아닌 불량배들을 동원하여 서울교구를 불법 점령하는 사태를 야기했다.

〈참고〉 전국부인회 명의로 1993년 9월 19일, 〈건의문〉을 대량 만들어 전국에 뿌린 일이 있다.

그 중요 내용을 발췌하면,

'높은 하늘, 원색의 햇빛이 쏟아지는 계절을 맞이하여 교통님, 교의장님께 건강하시길 기원합니다. -중략- 뜨거운 마음과 몸이 청파동으로 청파동으로 모여들던 날이 벌써 반년이 지나버린 오늘, 차츰 차가운 비웃음을 넘어 무관심으로 하나 둘 변하여 갈 때 어느 집단을 위한 교정인가 생각하게 됩니다. -중략- 이에 전국부인회 일동은 충심으로 건의합니다. 평화로운 날 총무부, 재무부, 교화부로 나누어 하던 일을 비상교정을 운영함에 있어 총무부에서 모든 사안을 총괄케 하는 것은 과다 업무로 실정이 우려되므로 조속히 각 부서장을 임명하는 것이 마땅하다고 사료됩니다.

또한 수강원, 부인회, 합창단 등에서 문제가 발생하였을 경,우 문제의 단체장과 임원들은 의견을 수렴하여 결정되어지는 것이 민주교정의 참모습일 것입니다.

그러나 현 교정은 중상모략과 교단 발전의 저해 요소들만 행하고, -중략- 자주교단의 뿌리를 깊게 내릴 수 있도록 전국부인회 일동은 진심으로 건의합니다.'

이상을 엄밀히 분석해보면, 알맹이가 없는 막연히 교단을 비판하는 것으로, 특히 총무부장을 겨냥한 듯 하면서도 실내용이 없다. 특히 원종석과 박순자를 따르던 자 중에는 당시 수강원의 K, M씨와 합창단의 K, J, L 등 몇몇 분자, 그리고 부인회의 왕광준과 그를 따르던 몇몇들이 놀아나고 있었다.

사실 원종석과 박순자 일당은 총무부장이 교단에 있는 한 교단을 자기들 멋대로 요리하거나 조종할 수 없음을 알고 있었던 것이다. 그리하여 무려 수년간을 모략을 했는데, 그 전초전이라고 할 수 있는 것이 바로 이러한 모략과 선동 작전이었다.

같은 날, '전국 양기합창단 일동'이라 하여 건의문이 또다시 나돌았다.

'교정에 불철주야 노고를 아끼시지 않는 교통님, 교의장님께 먼저 감사드리면서 건의합니다. -중략- 다수의 뜻은 고사하고 담당자 의견도 수렴되지 않고 있습니다. 약은 약사에게 라는 고금의 평범한 상식도 무시하였습니다. 교육은 특히 일괄성을 요하며, 음악의 경우 수강 3개월간 성악 전공자들에게 음을 배워서 합창단에 입단할 경우 무리가 없지만 만에 하나 그렇지 않을 경우 발성 법칙상 3년이 걸려도 배우기 이전의 음이 되돌려지지 않는다는데 심각성이 있는 것입니다. -중략- 청컨대 문제 안건의 입안은 분열을 조장하는 사안의 중요성보다 발상에서 구태를 보는 듯한 감을 지울 수 없음으로 반드시 상응하는 조치를 1993년 10월까지 취하여 주셔서 하루바삐 커지는 분열을 수습하고 모든 사람들의 의식전환의 계기가 되기를 바랍니다.'

이 내용 역시 별 중요한 사항이 아니지만 아무 것도 모르는 부인 신자들을 선동하기 위한 수단으로 전단을 뿌렸고, 이것은 교통과 교의장 그리고 총무부장 간의 분열과 싸움을 부추기기 위한 원종석 일당의 고도의 전략 전술이었다.

이후 이들은 그간의 공작이 별로 효과 없이 끝나자 본격적으로 교단에 반하는 소위 대한천리교 자주교단수호협의회 라는 불법 부당한 유령단체를 만들고, 역시 불온한 전단을 배포하여 교정을 혼란시켰다.

(2) 서울교구 불법 집단 점거사건

① 원종석이 주동이 되어 불법점거

1995년 10월 28일 토요일 오후 2시30분경 원종석과 박순자, 김청자, 정명숙 및 성명 불상자 20여 명이 갑자기 서울교구에 쳐들어와 당시 서울교구에서 경리를 보던 김정순(당시 28세)을 몰아내고 점령했다. 이때 식당에서 일을 보고 있던 나이 많은 차순덕(당시 75세) 할머니마저 협박하여 쫓아냈다.

당시 교구장과 사무장은 교직자의 자제가 인천에서 결혼식을 갖는다기에 거기에 가 있었다. 그래서 교구에는 교구 경리 김정순과 식당에서 일하던 할머니뿐이었다.

김정순 경리는 당시 상황을 이렇게 말하고 있다. '원종석 등 그 일당이 갑자기 쳐들어와 공포분위기를 조성하고 위협하면서, 앞으로 서울교구는 우리들이 차지하여 운영 관리하니 빨리 나가라'고 협박을 했다. 이에 경리 김양은 안 나가고 그대로 있자 그들은 인상을 험하게 쓰며 욕설과 위협을 재차 가하면서 옆에 있던 늙은 차순덕 할머니에게도 욕설과 위협을 했는데 이때의 충격으로 할머니는 가슴병을 앓아 그 후 얼마 동안 병원을 다니며 치료를 받아야 했다.

② 교단의 대책 및 조치

교단본부에서는 이러한 사실을 전화로 연락받고, 또 인천에서 결혼식에 참석했던 총무부장과 교화부장 겸 서울교구 사무장(임시) 조용수 등이 급히 서울로 올라와 교무원에서 긴급 교무회의를 열어 이에 대한 대책을 논의했다.

이날 오후 6시 30분경 교무원 직원과 일부 신도들이 교단 봉고차를 타고 서울교구에 갔더니, 이미 2층으로 올라가는 계단 통로 출입문을 철끈으로 단단히 묶어 놓고, 자물통까지 걸어 잠가 놓아 들어 갈 수가 없었다. 교단 임직원들이 들어가려고 궁리하고 있을 때 교구 사무실 안에서 불법 침입자들의 소리가 들렸다. 총무부장과 교화부장 등이 빨리 문을 열라고 고함을 쳤으나 그들은 쉽게 열어주지 않다가 계속하여 열어 줄 것을 요구하더니, 10분쯤 후에 누군가 나와 문을 열어주었다.

총무부장과 일행이 사무실로 들어가니 원종석, 박순자 김청자, 정명숙 등과 전혀 알 수 없는 장정들, 그리고 환자 비슷한 자와 여자들 약 25명이 책상 주위와 의자, 소파에 앉아 있고, 기거하는 마루방에도 사람들이 가득 차 있었다.

교구장과 사무장의 책상에는 박순자의 남편되는 김국웅이라는 자도 있었다. 그 책상 위의 유리는 누군가에 의하여 파손(가로 80센티, 세로 120센티, 두께 5미리 정도)되어 있었다. 총무부장을 보자 교구 사무장 책상 곁에 있던 김청자가 큰 소리로 터무니없는 모함을 했다. 자기가 교단본부에 들어갔을 때 조용수 사무장(대리)이

자기 빰을 때리는데도 총무부장은 글만 쓰고 있으면서 말리지 않았다는 것이었다. 그러자 주위에 있던 자들이 '남자가 여자를 때려!'하면서 벌떼처럼 덤벼들었다.

총무부장은 조용수 씨가 김청자를 때린 사실이 없음을 밝히면서 폭행이 있었다면 그 즉시 법에 호소할 일이지 집단으로 쳐들어 와 난동을 부리는 것은 무슨 경우냐며 당장 물러가라 했으나 막무가내로 덤비기만 했다. 다시 총무부장이 '경고하니 빨리 물러가라. 만일 경고를 무시하면 후일 법의 제재를 받게 될 것이다.'고 하면서, 큰 소리로 계속 나가라고 했다.

그러나 그들은 오히려 원종석 등이 앞장서서 '교단본부는 일본과 야합하여 교단을 팔아먹었다.' '친일파 왜놈의 앞잡이'라는 등, 상투적이고 근거없는 말로 주위에 있는 교신자들을 선동하려 했다. 그들 옆에는 약 400여 장 쯤 되어 보이는 전단이 있었는데 대충 훑어보니 새빨간 거짓말만 잔뜩 담겨 있었다.

얼마 후 관할 성동 경찰서 경찰관이 오고, 이어 순찰차가 와서 피차간 충돌 없이 대화로 해결할 것을 종용하기에 우리는 더 이상 싸움을 하면 혼란만 조성할 뿐, 신앙인으로 할 짓이 아니었으므로 밤 9시경에 일단 철수를 하였다.

다음날 1995년 10월 29일 오후 2시경, 최명진 서울교구장(직무대행)과 함께 서울교구에 갔더니 역시 원종석 등이 다짜고짜 매국노니 일본과 야합했다느니 등, 터무니없이 비방을 했다. 이에 최명진 서울교구장(직대)이 '너는 이미 이 교단을 떠나, 멋대로 교의를 변경한 이단자이니 순순히 퇴거해 돌아가라'고 점잖게 꾸짖었으나 그는 더욱 더 욕설로 대들었다.

1995년 11월 1일 오후 2시 30분경, 교단본부에서 총무부장과 조용수 서울교구 사무장(직무대행), 그리고 교단 직원 4명과 신도 10여 명이 다시 서울교구에 갔다. 그 사이 그들은 교구 사무실 철문을 안에서 잠가 들어오지 못하게 하고, 철문 왼쪽 상단에 사방 10센티미터 가량 구멍을 뚫어 밖을 감시할 수 있도록 해 놓고 있었다. 교구 신자와 본부 교역자가 근행을 보려고 해도 들어갈 수 없게 시설을 파괴하고 신전의 음덕함(헌금함)도 철거하여 주방 구석에 방치해 놓았는데, 이미 자물쇠는 열려 안은 텅 비어 있었다.

〈참고〉 당시 멋대로 대한천리교 서울교구장이라고 자칭하던 왕광준, 운영위원장 정명숙, 운영위원 김청자, 고화연, 박영희, 김병희 등이 〈서울 교구 사태를 알립니다〉라는 전단을 뿌렸는데 여기에 그 내용을 옮긴다. 요약하면,

'서울교구 신전공사 의혹을 밝히기 위해 수습위원회가 결성되어 감사한 결과 문제가 있었습니다.

-중략- 경찰서에 수사를 의뢰했으나, 그간 수습위원회는 해체되고 새로운 운영위원과 교구장 이순훈을 선출하여 정상업무를 하고 있던 중 이상한 일이 또 일어났습니다. 수습에 앞장섰던 교구장 이순훈과 운영위원 9명 중 4명이 말 한마디 없이 교단에 사표를 냈으며 고소를 취하한 것입니다. 나머지 운영위원 5명이 교구규정(교구 운영위원은 5명 이상으로 한다)에 따라 새로 교구장 왕광준을 뽑아 교단에 임명 요청을 했으나 불법이 또 일어났습니다. 교단이 교구청사 공사 횡령사건이 유언비어라는 교령을 발포하고, 서울 교인의 권리를 빼앗는 교구 강제 점거라는 어처구니없는 일이 발생한

것입니다. -중략- 이와 같은 일련의 사건과 전국부인회 문제로 대한천리교 정상화추진위원회가 결성되어 그 부당성을 교단과 교의회에 서면으로 시정을 요구했으나 아무런 응답이 없었습니다. 어쩔 수 없이 우리는 대·정·위와 힘을 합쳐 서울교구를 접수했습니다만, 교의회 의장 김영제의 중재안(1. 어떤 경우라도 물리적 힘은 안 됨. 2. 서울교구 문제는 서울교구에서 서울교구장 왕광준 주도하에 대화로 해결하자. 3. 원칙을 지키는데 최선을 다하자.)을 받아들여 철수했지만 지금껏 아무런 응답이 없습니다. -생략-

〈전단〉

다 음

1. -생략-

2. 우리 일동은 교의회 의장님 뜻을 지지하여 모두 물러났으니 교단도 의장의 뜻을 지체 없이 받아들이기 바랍니다.

3. -생략-

4. 만일 위의 내용을 받아들이지 아니할 경우, 실제 신축공사 비리 사건(경찰서 조사 중임)을 유언비어라고 부당한 교령을 발포, 서울교구를 의도적으로 점거한 사태에 대하여, 다수의 신앙인의 명예를 실추시킨 책임과 비리 의혹 규명을 위한 재조사를 법으로 물을 것이며, 정의를 사랑하는 이 길의 모든 형제와 연대하여 끝까지 진실을 밝힐 것임을 정중히 알려드립니다. 끝.

이상의 전단을 만들어 전국 교회 및 교신도들에게 1995. 11. 21일자로 돌렸.

③ 업무방해죄로 주동자들을 형사 고발

이에 대하여 교단에서는 이들의 불법적인 교단점거에 대하여 1995년 10월 31일자로 원종석 외 4명을 상대로 서울교구장(대리) 최명진 이름으로 성동경찰서에 형사고소를 했다.

당시 고소장을 보면,

〈문서〉

고 소 장

고소인 : 서울특별시 중구 신당동 141-11번지
대한천리교 서울교구장(직무대행) 최명진

피고소인 : (갑) 서울특별시 양천구 신정2동 127-25
원종석(530819-1017513)
(을) 서울특별시 은평구 신사동 231-5
박순자(1946. 11. 20일)
(병) 서울특별시 강동구 성내3동 244-5
왕광준(271105-2079716)
(정) 서울특별시 동대문구 전농 3동 60-3호
김청자(약 50세)
(무) 서울특별시 성동구 응봉동 69-1
정명숙(530115-2052915)
외 성명 불상 20여 명

고소내용

피고소인 ①원종석은 지난 1993년도에 본 대한천리교단을 이탈하여 교단에서 제적 처리된 자로서, 피고소인 (을)박순자와 합동으로 대한천리교와는 하등 관계없는 사이비종단(하늘 가르침 실천 강회)을 결성하고 자기 임의로 대한천리교 교의와 예전 등을 변조하여 사용하였습니다.

또한, 자주 대한천리교라는 이름을 수시로 편의 사용하면서 순수한 신자들을 기만하고 유언비어를 퍼트리는 등, 교단을 혼란시켰습니다. 특히 대한천리교 자주교단추진위원회라는 유령단체를 만들어 전국의 대한천리교본부 산하 교회 등에 허위 날조된 전단을 뿌리며 교단을 비방하는 등, 온갖 수법을 동원하여 교정을 어지럽히고 있는 자들이며, ②, ③ -생략-④-전략-

또한, 고소인 최명진은 재단법인 대한천리교단 이사로서 현재 대한천리교 서울 교구장을 겸하고 있는 중입니다. 서울교구 청사 신축 공사 당시 부정이 있다고 고소하는 사건이 발생하여, 그 일이 수습이 될 때까지 교구장 직무를 대행하기로 하고 현재에 이르고 있습니다. 그런데 피고인 (갑) 등이 1995년 10월 28일 오후 2시 30분경, 서울시 중구 신당동 141-11번지 소재 대한천리교 서울교구 사무실에 약 20여 명의 남녀를 대동하고 난입하여 당시 혼자서 근무를 하고 있던 서울교구 경리 김정순(당28세)을 욕설을 하고, 위협하는 등 강제로 밖으로 쫓아내고, -중략- 교구장으로서 업무를 집행하지 못하게 하는 등, 대화로서는 도저히 해결할 수 없어 부득이 법에 호소하여 처리해 줄 것을 호소하며 -중략- 이에 엄중 조사하여 의법 처리해 주시기 바랍니다. 끝.
그리고 관계 증거 자료를 첨부하였다.

이때 최명진 교구장(직무대행)은 물론 교단본부 총무부장도 성동경찰서에 출석하여 진술해야 했다.
그 후, 이 사건이 서울지방검찰청에 이송되었다가 1996년 4월 26일자로 '귀하께서 고소하신 사건을 그 동안 수사한 바, 모두 범증 인정되어 기소 의견으로 송치하였음을 알려 드립니다.'고 성동경찰서에서 민원사건 처리결과 통지가 왔다. 그리고 1998년 8월 8일자로 서울지방검찰청 문영식 검사로부터 중간 통지가 왔는데, 죄명은 업무방해였고, 사건번호는 96형제 44214호 였다.
원종석은 업무 방해죄가 인정되어 약식기소 처분이 되었고, 왕광준, 박순자, 정명숙, 김청자 등은 기소유예 처분을 받았다.
당시 이에 대하여 교단에서는 항소는 물론 기물 손괴 등의 죄명으로 추가 고소하고 또 민사상의 손해 배상도 청구하려고 했으나 그들이 스스로 퇴거함으로 더 이상 문제 삼지 않았다.

4. 끝맺으며

-교조님이 바라시는 올바른 천리 문화 창달을 바라면서

대한천리교사 제5권 출판으로 나의 1차 계획을 마치려고 한다. 교사(敎史)를 쓰면서 느낀 소회가 많지만, 정리하면 대략 다음과 같다.

무엇보다도 훌륭한 지도자는 사심이 없고, 대의가 무엇인지 정확하게 파악하고, 미래를 볼 줄 안다는 것이다. 그래서 그가 남긴 업적은 하나의 역사가 되어 또렷이 빛나며 영속성을 갖는다.

무능한 지도자는 공과 사를 구별 못하고, 눈앞의 이익에만 급급하며, 불평불만을 앞세운다. 또, 현실에 도취되어 안일에 빠지고, 스스로의 권위에만 집착하고, 자신이 퇴보하고 있음을 보지 못하여 결국 스스로 사라진다.

그런 사실은 우리나라 건국 후부터 오늘날까지 사회 각계각층, 즉 정치, 경제, 사회, 교육, 문화, 종교 등의 모든 지도자들이 거울처럼 되비쳐 알려주고 있다. 지도자의 발자취는 하나하나 조명을 받아 누구에게나 소상히 드러나기 때문이다.

대한천리교가 창설된 후, 많은 지도자가 나타나 나름대로 교단을 위해 헌신한다고 했지만, 지금 그들의 진실과 공과를 정확하게 평가하기는 이르다. 이미 고인이 되신 지도자는 그분이 생전에 대한천리교를 위해 헌신했던 업적과 객관적 기록에 의하여 정당한 평가를 받게 될 것이다. 또 그렇게 올바르게 알려져야 한다. 그래야 자주·자립 교단인 대한천리교의 창립 이념과 정신이 대대손손 계승되고, 선각자의 발자취를 따라 실천하는 용재가 교단이나 교회의 지도자가 될 것이다.

오늘날 이 교단에서 가장 요망되는 것은 자주·자립 교단이라는 절대 절명의 주체의식과 사명감이다. 이것만 확립되면 머지않아 천리교 정신의 토착화는 물론 방방곡곡에 양기세계(陽氣世界)가 꽃 피고 나아가 범세계적으로 창달될 것이다.

끝으로, 필자는 본 교단사를 집필하면서 최대한 공정하고 사실에 근거하여 정확하게 기술하려고 노력했다. 그러나 혹여 필자가 모르는 중에 오류를 범하여 누가 되었다면 그것이 본의는 아니니 양해와 용서해주시길 바란다.